2022年度教育部人文社会科学研究青年基金项目"公共体育服务对居民幸福感的影响机制及治理路径研究"（项目批准号：22YJC890001）

公共体育服务对居民幸福感的影响及推进路径

陈慧娟　著

吉林大学出版社

·长春·

图书在版编目（CIP）数据

公共体育服务对居民幸福感的影响及推进路径 / 陈慧娟著 . —— 长春：吉林大学出版社，2023.11
ISBN 978-7-5768-2595-4

Ⅰ.①公… Ⅱ.①陈… Ⅲ.①群众体育 – 社会服务 – 影响 – 居民 – 幸福 – 研究 – 中国 Ⅳ.①D668

中国国家版本馆 CIP 数据核字 (2023) 第 225552 号

书　　名	公共体育服务对居民幸福感的影响及推进路径
	GONGGONG TIYU FUWU DUI JUMIN XINGFUGAN DE YINGXIANG JI TUIJIN LUJING
作　　者	陈慧娟
策划编辑	矫　正
责任编辑	李潇潇
责任校对	甄志忠
装帧设计	久利图文
出版发行	吉林大学出版社
社　　址	长春市人民大街 4059 号
邮政编码	13002
发行电话	0431-89580028/29/21
网　　址	http://www.jlup.com.cn
电子邮箱	jldxcbs@sina.com
印　　刷	天津和萱印刷有限公司
开　　本	787mm×1092mm　1/16
印　　张	14.25
字　　数	200 千字
版　　次	2024 年 6 月　第 1 版
印　　次	2024 年 6 月　第 1 次
书　　号	ISBN 978-7-5768-2595-4
定　　价	68.00 元

版权所有　翻印必究

前　言

美国著名管理学家彼得·德鲁克(Peter F.Drucker)曾经预言：中国最大的商机不是在制造业领域，而是在服务业领域。随着我国社会主义市场经济的不断完善、产业结构的逐步升级，我国即将进入一个服务型社会。而体育服务业既是服务业的重要组成部分，且在体育产业中处于核心地位，体育服务质量的优劣会直接影响体育服务业的持续、健康、稳步发展，也与体育服务消费者的健康安全、主观感受以及体育锻炼成效有着重要的联系。[1]

习近平在党的十九大报告中强调："完善公共服务体系，保障群众基本生活，不断满足人民日益增长的美好生活需要，不断促进社会公平正义，形成有效的社会治理、良好的社会秩序，使人民获得感、幸福感、安全感更加充实、更有保障、更可持续。"[2]我国政府将体育与科、教、文、卫并称五大社会事业，实际上就是将公共体育视为国家社会公共事业的一种形式，[3]它是推动全民健身事业发展的重要组成部分。

在新时代发展的背景下，我国社会的主要矛盾已经转化为人民日益增长的美好生活需要和不平衡不充分发展之间的矛盾。[4]而公共体育服务是政府职能转变在体育领域的延伸和实现，是构建基本公共服务体系不可或缺的重要组成部分，是新时代"人民美好生活"的重要组成部分。伴随我国

---

[1] 林晞，阎涛. 我国体育服务质量监管法律问题研究[J]. 沈阳体育学院学报，2011(04)：28-32.
[2] 习近平. 论坚持全面深化改革[M]. 北京：中央文献出版社，2018：372.
[3] 王才兴. 构建完善的体育公共服务体系[J]. 体育科研，2008(02)：1-13.
[4] 习近平. 决胜全面建成小康社会　夺取新时代中国特色社会主义伟大胜利——在中国共产党第十九次全国代表大会上的报告[N]. 人民日报，2017-10-28.

体育人口的逐年增长，且为了适应更加个性化、多元化的群众体育需求，进一步加强城市公共体育服务的供给质量与供给效率势在必行。① 然而，受诸多因素影响，我国在一定程度上产生了公共体育服务的供需矛盾，呈现出了发展不平衡不充分的矛盾形态，② 供需错位正是公共体育服务的供需关系产生矛盾的根源所在。换言之，从"质"的方面来看，公共体育服务的供给质量与在现实社会中公众对其期望值存在着较大差距。目前来看，政府公共体育服务的供给质量与人民日益增长的公共体育服务需求的矛盾，是我国公共体育服务改革中亟待解决的问题。在社会发展过程中，不同时期会产生与之相应的公共体育服务需求，为此需要提供不同层次、不同类型、不同质量和水平的公共体育服务。③ 因此，是否可以处理好公共体育服务的供需关系是影响公众幸福感的重要因素。

个人幸福感是人们对自身物质精神生活状态感到满意从而体验到相对持久性积极情感的主观感受，是反映健康水平的重要指标之一。它受到多重因素的影响，既受到性别、气质、自我效能感、压力应对方式、健康等个体特征影响，又受到家庭因素、文化因素、经济因素、社会支持系统等社会因素影响。④ 公共体育服务作为一种社会文化因素和公众体育参与作为健康因素势必会对个人幸福感产生影响。既往研究表明，公共服务能有效提升国民幸福感，体育参与能通过身体释放、社会互动机制为个体带来幸福感。居民主观幸福感来自多方面，运动是幸福和快乐的源泉，从运动中获取的幸福感受是其他来源不可替代的。⑤ 部分国外学者在剖析公共体育服务影响居民幸福感的内在机制时发现，加强公共体育政策的落地，特别是重视那些能够被民众便利获取的体育设施建设，能显著提高居民的体育锻

---

① 白玫. 抓住新矛盾 着力解决发展不平衡不充分难题——"十九大"报告学习体会之新矛盾篇[J]. 价格理论与实践, 2017（11）: 11-14.

② 张俊珍, 方可. 供给侧结构性改革视角下陕西省竞技体育的机遇与挑战[J]. 新西部, 2019（17）: 31-32.

③ 王家宏. 我国公共体育服务体系研究[M]. 苏州: 苏州大学出版社, 2016: 29.

④ 王永. 体育锻炼与扬州市老年人主观幸福感、自主生活能力关系的调查研究[J]. 当代体育科技, 2013（01）: 99-100.

⑤ 张勇, 李凌. 体育参与对主观幸福感的影响——基于社会学实证研究[J]. 沈阳体育学院学报, 2021（02）: 92-102+107.

炼参与率，进而提升居民幸福感。①

公共体育服务幸福感作为公共体育服务体系建设的重要组成部分，其对公共体育服务事业发展和体育强国建设有着重要影响。本书基于公共管理理论、质量管理理论、健康促进理论以及体育行为学理论，通过实证研究，分析了公共体育服务对居民幸福感的传导路径和效应演化特征，能拓展公共体育服务的研究视野，明晰公共体育服务满足人民美好生活需求的内部机制，推动公共体育服务研究向纵深方向发展；探讨了"幸福导向"理念下我国公共体育服务精准化治理路径研究，丰富了公共体育服务体系构建的理论内涵，促进了公共体育服务本体作用的发挥。

全书设置六章，从公共体育服务的概念切入，从宏观和微观两个层面探讨了公共体育服务的内容，梳理了我国城市社区体育公共服务的发展历程，总结了发达国家公共体育服务协同治理的经验；对居民幸福感进行了理论概述；对公共管理理论、质量管理理论、健康促进理论以及体育行为学理论的发展脉络、交叉演化、自身局限进行了全面梳理，从而实现批判性的借鉴，深入剖析公共体育服务存在的问题与困境，为探讨"幸福导向"理念下我国公共体育服务精准化治理路径提供了现实依据；在此基础上，从有形性、可靠性、保证性、响应性、移情性和便利性6个维度构建城市社区公共体育服务质量评价指标体系，对我国公共体育服务质量进行科学有效的评价，进而探究公共体育服务与居民幸福感的内在作用机理，通过混合研究方法探究公共体育服务对居民幸福感的评价维度及影响因素；从转变公共体育服务供给方式、恰当实施城乡公共体育服务均等化策略、优化公共体育资源配置、提升社会体育服务组织公共治理能力以及持续改进公共体育服务质量五个方面提出优化局民公共体育服务对幸福感的路径建议，以及从运行保障机制、经济支撑机制，文化认同机制、信息互通机制、赛事推动机制、政策协同机制以及绩效评估与问责机制七个方面提出优化公共体育服务对居民幸福感的推进机制。

本书丰富了不同等级城市的居民公共体育服务幸福感的研究，并将对公共体育服务幸福感研究领域起到扩充作用，进一步完善了公共体育服务

---

① Humphreys B R, Mcleod L, Ruseski J E. Physical activity and health out come: Evidence from Canada[J]. Health Economics, 2014（01）：33-54.

体系建设。

  理论与实践之间的隔阂需要实践检验来克服。未来研究需要将理论创新与策略设计有计划分步骤地进行实证检验，科学评价实施效果，并同步完善居民公共体育服务幸福感提升策略，持续改进公共体育服务质量，处理好公共体育服务的供需关系，以提升城市居民公共体服务幸福感。

陈慧娟
2023 年夏

目 录

第一章 公共体育服务基本理论概述 ·················· 1
 一、公共体育服务的含义及内容 ·················· 1
 二、我国城市社区公共体育服务发展历程及国外经验借鉴 ········ 22

第二章 居民幸福感现状与影响因素 ·················· 35
 一、幸福感理论概述 ······················ 35
 二、居民幸福感现状 ······················ 45
 三、居民幸福感影响因素 ···················· 46

第三章 公共体育服务对居民幸福感影响的理论基础与现实依据 ····· 63
 一、理论基础 ························ 63
 二、现实依据 ························ 87

第四章 城市社区公共体育服务质量评价指标体系的构建 ········ 103
 一、公共体育服务质量评价指标体系构建的思路和原则 ········ 104
 二、城市社区公共体育服务质量评价指标系的建立 ·········· 105
 三、城市社区公共体育服务质量指标体系权重分析与实证 ······· 118

第五章 优化公共体育服务对居民幸福感的推进路径 ·········· 138
 一、转变公共体育服务供给方式 ·················· 138
 二、恰当实施城乡公共体育服务均等化策略 ·············· 142
 三、优化公共体育资源配置 ···················· 149

四、提升社会体育服务组织公共治理能力 ……………………… 153
　　五、持续改进公共体育服务质量 ………………………………… 165

第六章　优化公共体育服务对居民幸福感的推进机制 ……………… 174
　　一、运行保障机制 ………………………………………………… 174
　　二、经济支撑机制 ………………………………………………… 194
　　三、文化认同机制 ………………………………………………… 197
　　四、信息互通机制 ………………………………………………… 200
　　五、赛事推动机制 ………………………………………………… 202
　　六、政策协同机制 ………………………………………………… 204
　　七、绩效评估与问责机制 ………………………………………… 205

参 考 文 献 ……………………………………………………………… 208

第一章　公共体育服务基本理论概述

公共体育服务是我国基本公共服务体系的重要组成部分,是改善民生、提高人民幸福指数、满足人民日益增长体育需求的基本保障。党和国家高度重视公共体育服务体系建设工作,《体育强国建设纲要》[①]战略任务中明确提出,构建更加完善的全民健身公共服务体系;习近平提出:"要紧紧围绕满足人民群众需求,统筹建设全民健身场地设施,构建更高水平的全民健身公共服务体系。"[②]但是,随着人民群众体育需求的多元化增长,我国公共体育服务存在着参与主体权责不清、服务内容供应不足、服务保障不到位等治理问题,亟须通过治理能力和治理体系研究加以解决。

本章从公共体育服务的概念切入,从宏观和微观两个层面探讨了公共体育服务的内容,梳理了我国城市社区体育公共服务的发展历程,总结了国外发达国家公共体育服务协同治理的经验,为本书的后续研究奠定了基本的理论基础。

一、公共体育服务的含义及内容

(一)公共体育服务的含义

1. 公共体育服务与体育公共服务

当前,"公共体育服务"与"体育公共服务"的使用在政府和学术界存在不同,政府都使用"公共体育服务",如在政府的相关文件和国家体

[①] 国务院办公厅关于印发体育强国建设纲要的通知_体育_中国政府网[EB/OL].(2019-09-02)[2023-04-05] https://www.gov.cn/zhengce/content/2019-09/02/content_5426485.htm.
[②] 习近平.论把握新发展阶段、贯彻新发展理念、构建新发展格局[M].北京:中央文献出版社,2021:406.

育总局领导的讲话中使用的是"公共体育服务"。而从现有的对"公共体育服务"的研究文献来看,学术界对"公共体育服务"与"体育公共服务"混合使用。

学者们对"公共体育服务"和"体育公共服务"这两个概念进行了比较分析,认为"体育公共服务"构词比较贴切,原因如下。

①在以往的研究中,"公共体育"主要指高等学校的公共体育课程或者教学。如果不加以限定和区分,容易引起歧义。

②"公共服务"是一个比较成熟的概念,汉语的构词习惯基本上是"限定词+上位概念"。"公共服务"是上位概念,"公共"与"服务"不能分割,"体育"为限定词,因此构词为"体育公共服务"。

郇昌店、闵健、肖林鹏等学者认为,"公共体育服务"的构词更合适,采用政府统一的称谓更有利于研究,原因也有两点。

①在我国的五大公共事业——教育、科学、文化、卫生、体育中,"公共教育服务""公共卫生服务"等词语已经广泛使用并得到了社会的认可,是"公共体育服务"术语的参照。

②虽然从2008年至2010年在官方用语中"体育公共服务"一词也频繁出现,但是,自2011年起至今政府均以"公共体育服务"取而代之,足见"公共体育服务"已经是官方的共识。

如今,对"体育公共服务"与"公共体育服务"这两个概念的辨析争论比较平静,但这两个专有名词仍然不断出现在各类相关的研究中。其实,无论是"体育公共服务",还是"公共体育服务",二者只是构词不同,具体所指的内涵并没有本质区别。本书赞同使用与官方一致的"公共体育服务"这一构词形式,称谓统一,有利于后续研究的开展与深入。

2. 公共体育服务

"概念引导我们进行探索"[①],公共体育服务概念的界定是问题研究的逻辑起点。如果我们对公共体育服务概念界定不清,那么可能形成错误的结论。目前官方和学术界使用了"体育公共服务"和"公共体育服务"两个概念,经过分析和研究发现,由于词语上的使用而产生了理解上的分歧,

---

① [英]维特根斯坦. 哲学研究[M]. 陈嘉映,译. 上海人民出版社,2001:540.

这样势必会影响我国体育领域公共服务发展的进程,因此,对公共体育服务概念的界定显得尤为重要。

有关这个问题的概念界定不应只局限于在"体育"概念内和"体育"系统中,应从中国梦的实现、公共服务职能强化的大环境下,从健康中国建设的视角去考虑,纳入国家公共服务供给总体布局、体系和建设健康中国的范畴内,从满足国民精神文化需求、提升国民健康素质、增强社会核心竞争力等高度来认识和实践。2016年10月,中共中央、国务院印发了《健康中国2030规划纲要》这一提高全民素质的行动纲领。全民健康是国家综合实力和核心竞争力的重要体现,是经济社会和公民素养发展进步的重要标志。全民健身活动的开展是实现全民健康、提升公民身体素质的重要途径和手段,是增强全体人民群众体质、幸福美好生活的基础保障。而加大公共体育服务供给是促进全民健身活动开展、提升公民身体素质的着力点。在我国转型期,基本公共体育服务供给是政府的责任与义务,强化公共服务职能,公共体育服务注重于以人为本、关注公众的身体健康、实现公平、均等化公共体育服务,体现了政府职能从"体育管理"向重视"公共体育服务"的转变。[①] 所以,公共体育服务应包含这几个方面含义:首先它是政府的一种职能,主导公共体育服务供给过程;其次应是保障广大人民群众享受体育的权利;最后以满足公民的公共体育需要为公共体育服务供给的出发点和落脚点,提供丰富优质的公共体育产品与服务,促进社会福利最大化。

综上所述,本书对公共体育服务界定为,公共体育服务就是为实现和维护广大人民群众享受公共体育权益,以政府为主导,多元主体参与,通过多种合作机制和方式的灵活运用,满足公众多样化体育需求目的而提供的公共体育产品或服务的过程,主要包括:政策法规建设服务;体育经费、体育场地和设施服务;体育组织服务;体育活动服务;体育信息咨询服务;科学健身指导与培训服务;全民体质监测服务等方面。

(二)公共体育服务分类

近年来,国内研究公共服务的专家和学者越来越多,取得了显著成绩。通过查阅大量的文献资料发现,公共体育服务方面的研究有待加强,现有

---

① 戴永冠. 公共体育服务概念、结构及人本思想[J]. 武汉体育学院学报,2012(10):6.

的公共体育服务形成了以下几种公共体育服务的分类模式,如属性特征、存在形态、内容结构、受益范围、提供程度、公众需求视角等分类标准。(如表1-1所示)

表1-1 现有的公共体育服务的分类标准与类型

分类视角	类型
供给现状	维护性公共体育服务
	基础性公共体育服务
	经济性公共体育服务
	社会性公共体育服务
属性特征	纯公共体育服务
	准公共体育服务
内容构成	基础设施类公共体育服务
	信息服务类公共体育服务
	要素保障类公共体育服务
	技能培训类公共体育服务
受益范围	全国性公共体育服务
	地方性公共体育服务
	社区公共体育服务
存在形态	实物类公共体育服务
	精神类公共体育服务
	健身娱乐类公共体育服务
	信息类公共体育服务
提供程度	保障性公共体育服务
	发展性公共体育服务
公共需求	物质需求类公共体育服务
	精神需求类公共体育服务
	制度需求类公共体育服务
	技能需求类公共体育服务

本书按照一定社会经济发展阶段下"公民对公共服务的基本需求""政府提供公共服务的最小范围"[①]的标准将公共体育服务分为保障性和发展性两种。

---

① 陈振明,等. 公共服务导论[M]. 北京:北京大学出版社,2011:65.

1. 保障性（基本）公共体育服务

保障性公共体育服务，是指在社会经济发展现阶段和一定的时空条件下，在社会共识的基础上，政府为了满足全社会公众或某一类群体共同的、基本的体育权利，利用公共权利和公共体育资源的社会生产过程。保障性服务主要保障了公民基本的体育权利，即公民参与体育锻炼的权利、健康和发展权，是一定社会经济发展阶段下公民享有的"最小范围"边界的公共体育服务，有学者把它称为"最低纲领"。按照我国政府提出的推进基本公共服务均等化、建立健全"公平公正的、全民受益的、可持续发展的公共服务体系"的政策目标，保障性公共体育服务比一般意义上的公共体育服务更具有丰富和深刻的"均等化"意义，凸显了它的公共性、普惠性和公平性。保障性公共服务会结合公民的需求层次以及经济社会发展的水平高低和政府建设的能力大小来制定范围，尤其关注中西部经济不发达地区和农村的公共体育服务需求，主要包括公共体育服务政策与法律法规、公民体质测试服务、全民健身活动、体育经费投入、体育场地与运动设施的规划、建设和服务、健身指导等方面。这些公共体育服务的提供，既是公共体育服务的公平与正义的体现，又是提高民族素质、建设和谐社会的手段和机制。

总体来说，保障性（基本）公共体育服务关系到广大人民群众的切身利益和基本体育权益，是保障我国公民共享发展成果的关键，政府应该努力寻求切实可行的供给措施与机制，特别是要加大公共财政的投入，促进基本公共体育服务均衡发展，真正让全体公民享受到改革开放所取得的成果。

2. 发展性（非基本）公共体育服务

所谓发展性公共体育服务是指在社会经济发展现阶段和一定时空条件下，在社会共识的基础上，政府为了满足某一类群体共同的、更高层次和更高质量的、关系到公民人权的社会生产过程。保障性公共体育服务主要是公民享有的"最小范围"边界的公共体育服务，而发展性公共服务，则是除了最小范围以外的公共服务。发展性公共体育服务特征具体表现如下：一是该类服务消费所带来的社会公益性不够明显，即使提供的数量稍少、质量稍差，也不会影响全社会的发展；二是发展性公共体育服务对象只是一部分对此类服务有需求的少数人，而非全部公民；三是政府不需花费大量的人力、物力等公共资源或公共权利来发展此类公共体育服务，需要政府作用的直接程度会远远低于保障性公共体育服务，因此，在公共财政投入有限的情况下，可以借助市场和社会来协助提供此类公共体育服务，暂时缓解政府提供服务的压力，或者根据区域经济社会发展情况，由各级政府共同承担责任。例如提供科技推广、职业俱乐部联赛、休闲娱乐、大型竞赛表演、体育用品消费、体育中介等的体育产业服务。

3. 保障性（基本）公共体育服务和发展性（非基本）公共体育服务的比较

保障性服务和发展性服务在具体的分类上是没有固定的界限的，而是要结合不同国、不同地区社会经济、文化发展阶段具体情况进行分析，二者的区别是相对的。保障性公共体育服务的具体范围随着时间、地点、经济发展水平等因素的变化而不断变化的，但这种保障性的公共体育服务必须界定在一定的程度范围内，超过这个程度就是发展性公共体育服务而不是保障性公共体育服务了。在合理范围内，政府可根据不同的能力水平和不同的需求紧迫程度，为社会公众提供不同层次的保障性公共体育服务。保障性公共体育服务和发展性公共体育服务主要有以下区别。（如表1-2所示）

表1-2 保障性（基本）公共体育服务和发展性（非基本）公共体育服务比较

	保障性公共体育服务	发展性公共体育服务
主要内容	涉及基本体育权利的低层次公共体育服务	相对较高层次、高质量的公共体育服务
基本属性	公共性、普惠性合公平性	针对某类群体（如较高收入群体、较高体育消费群体）
发展阶段	地区经济社会发展较低阶段	地区经济社会发展较高阶段
需要层次	公民的基本体育需求及迫切体育需求	公民的较高体育需求，非迫切需求
责任承担者	以政府为主（特别是中央政府各省市政府）	多元主体可以是政府、市场或社会（非政府组织）等

借鉴陈振明所著的《公共服务导论》关于保障性公共服务与发展性公共服务的比较可见，随着社会经济水平的不断发展，人民的生活水平也在不断地提高，由政府供给的保障性（基本）公共体育服务将会越来越多，而人民群众对公共体育服务的质量、数量与覆盖面等方面也会提出更高的

要求。引进市场竞争机制，充分发挥私人部门和非营利组织的作用，提供充足优质的发展性公共体育服务。

（三）公共体育服务的特征

公共体育服务是公共服务体系中基本公共服务的重要组成部分，它具有公共服务的全部特征的同时，还具有公共体育服务的独特特征。

1. 公共性

樊炳有和高军合著的《体育公共服务——内涵、目标及运行机制》一书中，对公共体育服务的公共性特征阐释得十分贴切："公共性是公共体育服务获得的非竞争性与受益上的非排他性的统一，是某一范围或具备某些条件的群体共同拥有的公共体育服务产品或劳务。因为政府采用分级管理，所以公共体育服务一般是有地域范围和具备相应条件的。但是同一对象群体在同一范围内，应共同享有无差别的公共体育服务。公共体育服务的产品和劳务要公平分配，以保障公民的基本体育权利，人人享有基本体育服务。例如，要合理分配场地设施与人力资源，使各个区域都有提供公共体育服务的能力，使公民共享公共体育服务成果。"[①]

2. 公益福利性

公益福利性，公益福利性特征主要体现的是公共体育服务的政府供给，不以赢利为目的，而以公民利益、社会利益为出发点的公共体育服务供给。我国的公共体育服务大多由政府供给，具有一定程度的社会福利色彩，是政府对公民实行的无偿供给的体育类公共福利。公共体育服务供给的着力点是追求社会效益，而非追求经济效益，终极目标是促进社会的和谐与稳定，提高公共体育服务供给效率，使公民享有体育类教学、训练、科研成果，满足公民的日益增长的体育需求，全面提高广大人民群众的健康水平，加速推进全民健身现代化。可以说，公益福利性是公共体育服务的重要特征和本质属性，是区别于其他经营性体育服务产业的根本。即使由企业、其他组织或个人提供的具有营利性特征的公共体育服务，政府也会通过补贴等形式，使广大人民群众最终能低价或者免费享有公共体育服务，也具

---

① 樊炳有，高军. 体育公共服——内涵、目标及运行机制[M]. 北京：人民体育出版社，2010：76-77.

有公共福利的性质，体现了政府的服务职能以及对公民的人文关怀。

3. 均等化

均等化是指公共体育服务要公平分配，均衡布局，政府有必要在同一区域的任何地方、任何群体都可以享受到大致相同的公共体育产品与劳务。公共体育服务的均等化主要体现在两个方面：第一，我国全体公民享受公共体育服务的机会是均等的；第二，公共体育服务供给所能满足的公民体育需求程度是均等的。简而言之，就是提供的公共体育产品与劳务是大致相同的。公共体育服务的均等化既是绝对的也是相对的，是绝对与相对的协调统一。也就是说，在进行公共体育服务供给时要尽量做到公平、公正，均衡布局，使广大人民群众享受公共体育服务的机会均等、体育需求的满足程度均等，最大限度地体现社会公平，但也要允许不同地域、不同群体间由于特定时期、特定条件存在一定的差异。

4. 多样性

多样性是指公共体育服务在服务种类、产品的类型、服务的对象、服务组织的管理形式、服务信息渠道等方面的多种多样。提供的服务各类和产品类型的多样性，是指提供的服务和产品能基本满足所有成员各种各样的体育需求；服务对象的多样性，是指要求服务要惠及不同群体，对社区居民、白领、外来工、未成年人、老年人、残障人等，都能提供不同需求的体育服务；服务组织管理的多样性，是指建立健全以政府部门为主导，以多种体育协会为基础，以社会体育指导员和志愿者为骨干，以各种健身场所为依托的多元化组织管理系统；服务信息渠道的多样，是指政府和体育组织可以通过互联网、广播、电视、报纸、宣传栏、杂志等多种媒体，多渠道地提供体育信息服务。[1]

5. 便利性

便利性主要是指政府或体育组织提供的公共体育服务是方便的、日常化的服务，如居民区的绿地健身设施选址要便利，尽量贴近公民的生活区域，应是近距离的、身边的，使公民能就近参与。对一些特殊群体，如老年人、残疾人等，场地设施的就近设置为其参与体育锻炼提供了方便，增加了他

---

[1] 王才兴. 构建完善的体育公共服务体系[J]. 体育科研，2008（02）：1-13.

们体育锻炼的频率。另外，在公共体育产品的设计上要充分迎合公民的心理，要考虑符合公民的身体特征、体育锻炼的习惯等实际需求，增加产品使用的方便性。

6. 动态性

动态性是指公共体育服务供给主体（各级政府和社会组织）的供给能力、供给客体（全体公民）的服务需求，会随着国家与社会经济、政治、文化的发展呈现动态的特征。随着市场经济的不断发展，人们的物质生活水平日益提高，公民素质也得到了普遍提高，更多公民的公共体育服务需求也随之发生转变，由物质需求向精神需求，由生存需求向发展需求转变。公共体育服务供给内容（体育公共产品和服务）也会随着社会组织的壮大、市场机制的完善而不断变化。

（四）公共体育服务内容

正如有学者所言，"公共服务有两个很重要的方面：第一个就是提供公共用品来满足公共需求，第二个就是要提供公共政策，对市场实行监管，在不同的私人之间维持公正"[1]。这意味着，以政府为主体的公共组织在向公众提供公共体育服务时，其内容至少包含两大类：宏观上的政策法规和微观上的体育产品和服务，后者具体还包含多项内容，在此将做简单梳理。

1. 宏观上的政策法规

虽然我们在这里把政策法规放在一个范围内进行讨论，但一般认为，政策和法规两个术语所描述的是两种不同事物，政策在狭义上一般是国家政权机关或政党为了实现政治、经济、文化上的目的，根据历史条件和当前情况制定的一套措施和办法。而法规是法令、条例、规则、章程等法定文件的总称。在我国，法规主要有国务院制定和颁布的行政法规，省、自治区、直辖市人大及其常委会制定和公布的地方性法规，设区的市、自治州（2015《立法法》最新修订），也可以制定地方性法规，报省、自治区的人大及其常委会批准后施行[2]。法规也具有法律效力，所以意味着带有强制性和惩处性，而政策没有这样的特征。其次，法规的稳定性较强，而政策的适应

---

[1] 章建刚. 什么是公共服务 [J]. 新湘评论，2012（11）：12.

[2] 参见《中华人民共和国立法法》。

性强，面对社会变化随时调整。不过，我国有学者也将政策法规共同纳入"公共政策"的概念之中，如国家行政学院张金马教授把公共政策定义为："党和政府用规范、引导有关机构团体和个人行动的准则或指南。其表达形式有法律规章、行政命令、政府首脑的书面或口头声明和指示以及行动计划与策略等等。"① 在这个定义下，法规也是公共政策的表达形式。本书也采纳这样的立场，将法规纳入公共体育服务政策供给的考察范围。

值得注意的是，在以成文法形式立法的社会中，法规即体现在法规文本中，但政策却未必全然体现于政策性文件中，因为政策可以被宽泛地理解为政府为解决问题而做出的决定和行动，这个决定未必是以文件的形式发布的，政策性文件也未必包含完整的政策方案。但是，一方面，现代政府的政策通常都是以文本的形式公布并实施的（在我国有些政府的政策只在政府内部公布），另一方面，作为政府行动的外部观察者，我们通常也只能通过政策性文件来解读政府的政策方案。那些鼓励、保障和扶持体育公共服务发展的法律（规）和政策是公体育共服务得以顺利进行的前提和保障。自 1995 年以来，我国政府已经出台了许多与体公共育服务有关的、各种层次的政策法规和规范性文件。

透过这些政策法规和规范性文件，我们可以大体勾勒出这 20 多年来我国公共体育服务的面貌。首先，公共体育服务发展的总目标是通过向社会公众提供普惠性的体育产品和服务，满足社会成员基本的体育需求，提高和改善公民的身体素质和生活质量。其次，我国公共体育服务的发展是分阶段逐步推进的，通常每 5 年左右，国务院和国家体育总局会制定未来 5 到 10 年的体育发展规划，明确公共体育服务在一定时间内的发展目标和具体任务。第三，公共体育服务的实施主要依托于一些政策项目，包括"全民健身计划""农民体育健身工程""雪碳工程""健康与养老服务工程"等，其中"全民健身计划"居于核心。第四，公共体育服务供给的核心主体是政府，但是政府也允许和鼓励各种社会力量参与到公共体育服务的建设中来，成为公共体育服务的"提供者"或"生产者"。第五，近年来我国公共体育服务的整体水平有明显提升，但还存在一些突出问题，包括未

---

① 张金马. 政策科学 [M]. 北京：中国人民大学出版社，1992：19-20.

能实现公共体育服务全覆盖和均衡发展、群众健身场地和设施不足、公共体育服务的资金投入不够、特殊人群公共体育服务不足等，针对这些问题，中央政府层面专门出台了促进公共体育服务均等化、盘活大型体育场馆向社会公众开放、将体育彩票公益金用于群众体育事业、促进老年人和残疾人体育健身等方面的政策和规范性文件。

2. 微观上的公共体育产品和服务

政府通过一系列政策法规明确了公共体育服务的长期战略目标和短期任务目标，但这些目标的实现有赖于政策文件发布后政府和其他社会组织实际上向社会大众提供了多少实实在在的有形体育产品和无形体育服务。那么，通常政府和其他社会组织需要提供哪些具体的体育产品和服务呢？这一问题的答案一定随着国情、地域、文化、经济发展水平、社会发展阶段等条件的不同而不同，20多年来，我国政府提供的公共体育产品和服务项目如下。

（1）体育健身场地与设施

这是指有固定设施、器材，可用于开展体育健身、教学、训练和比赛的露天体育场或室内封闭体育馆。在我国，据第六次全国体育场地普查的数据显示，至2013年年底，大概有82种主要的体育场地类型和其他类型的体育场地共计169.46万个，这表明我国现有体育场地数量已具有一定规模，但是从体育场地分布情况（如表1-3、1-4所示）看，并非所有体育场地都可当作公共体育场地设施，比如那些由私营企业投资兴建的体育场地设施往往并没有占用任何公共资金，所以原则上并不属于政府可直接支配的公共体育设施；而由政府投资兴建的一些体育场地在初始目的上并非是对所有群众开放的公共体育设施，比如军队系统的体育场地一般是专供军队人员使用，不对普通群众开放。

表1-3 全国分系统体育场地状况（至2013年末）

系数类型	场地数量（万个）	数量占比（%）	场地面积（亿平方米）	面积占比（%）
合计	169.46	100.00	19.92	100.00
体育系统	2.43	1.43	0.95	4.77
教育系统	66.05	38.98	10.56	53.01
军队系统	5.22	3.08	0.43	2.16
铁路系统	0.36	0.21	0.02	0.1
其他系统	95.4	56.3	7.96	39.96

注：数据来源于国家体育总局发布的第六次全国体育场地普查数据公报（http://www.sport.gov.cn/n16/n1077/n1467/n3895927/n4119307/7153937.html）和由国家体育总局体育经济司编写的《第六次全国体育场地普查数据汇编》（http://www.sport.gov.cn/pucha/index.html）。另外，2013年后再未进行过全国体育场地普查，近几年发布的"全国体育场地统计调查数据"并不包含分系统体育场地数据。

表1-4 全国分机构类型体育场地面积情况（至2013年末）

单位类型		场地数量（万个）	数量占比（%）	场地面积（亿平方米）	面积占比（%）
合计		164.24	100	19.49	100
行政机关		8.39	5.11	0.86	4.40
事业单位		68.66	41.81	11.45	58.75
企业单位		13.77	8.38	4.11	21.11
	内资企业	12.94	7.88	3.40	17.44
	港、澳、台商投资企业	0.46	0.28	0.39	2.00
	外商投资企业	0.37	0.22	0.32	1.67
其他单位		73.42	44.70	3.07	15.74

数据来源于国家体育总局发布的第六次全国体育场地普查数据公报（http://www.sport.gov.cn/n16/n1077/n1467/n3895927/n4119307/7153937.html）。

另外，那些占用（或部分占用）公共财政资金、理论上属于公共体育设施的体育场地也并非对所有群众开放。比如表1-3中显示，在2013年，我国有38.98%的体育场地设施属于教育系统，也就是说这些体育场地分布于各级学校的校园内，而从图1-1可以看出，至2020年年末，全国体育场地的分布格局与2013年相比并未发生根本转变，有45%的场地属于事业单位所有，主要是分布于各级学校之中。但如表 1-5 和表 1-6 显示，教育系统的体育场地中有 68.33% 未对社会开放，即使开放的那部分体育场地也并非全年开放，教育系统的体育场地中只有 12.5% 每年有 271 天以上对外开放。即使在体育系统中，也只有 64.37% 的体育场地是全天开放的，仍有 15.62% 的体育场地是不开放的。而在铁路系统中，有 81.78% 的体育场地完全不开放。

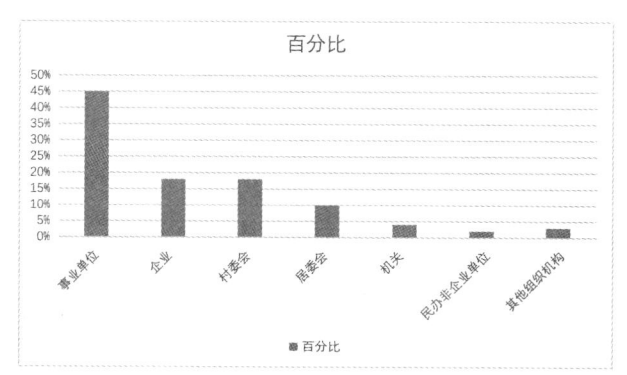

图1-1　2020年全国分机构类型体育场地面积分布图

注：数据来源于国家体育总局发布的《2020年全国体育场地统计调查数据》。

表1-5　全国分系统体育场地2013年对外开放状况

	合计 数量（个）	合计 占本系统比例（%）	体育系统 数量（个）	体育系统 占本系统比例（%）	教育系统 数量（个）	教育系统 占本系统比例（%）	铁路系统 数量（个）	铁路系统 占本系统比例（%）	其他系统 数量（个）	其他系统 占本系统比例（%）
合计	1 642 410	100	24 322	100	660 521	100	3 605	100	953 962	100
不开放	562 296	34.24	3 798	15.62	451 314	68.33	2 948	81.78	104 236	10.93
不分时段开放	234 273	14.26	4 868	20.01	153 072	23.17	179	4.96	76 154	7.98
全天开放	845 841	51.5	156.56	64.37	56 135	8.5	478	13.26	773 572	81.09

注：数量数据来源于由国家体育总局体育经济司编写的《第六次全国体育场地普查数据汇编》，比例数据是在此汇编数据基础上进行了一定运算所得。

表1-6 全国分系统体育场地2013年对外开放天数状况

	合计 数量（个）	合计 占本系统比例（%）	体育系统 数量（个）	体育系统 占本系统比例（%）	教育系统 数量（个）	教育系统 占本系统比例（%）	铁路系统 数量（个）	铁路系统 占本系统比例（%）	其他系统 数量（个）	其他系统 占本系统比例（%）
合计	1 642 410	100	24 322	100	660 521	100	3 605	100	953 962	100
不开放	562 296	34.24	3 798	15.62	451 314	68.33	2 948	81.78	104 236	10.93
1—90天/年	24 581	1.5	507	2.08	14 899	2.25	9	0.25	9 166	10.93
91—180天/年	105 199	6.4	1 224	5.03	66 952	10.14	33	0.91	36 990	3.88
181—270天/年	125 517	7.64	1 694	6.96	44 818	6.78	47	1.3	78 958	8.27
271天以上/年	824 817	50.22	17 099	70.31	82 538	12.5	568	15.67	724 612	75.96

注：数量数据来源于由国家体育总局体育经济司编写的《第六次全国体育场地普查数据汇编》，比例数据是在此汇编数据基础上进行了一定运算所得。

因此，虽然据体育场地"六普"显示我国平均每万人拥有体育场地12.45个，人均体育场地面积1.46平方米，但由于现有体育场馆向社会大众开放的情况并不良好，所以在客观上可供社会大众实际利用的体育场馆更少。这个问题早已为我国政府所认识和重视。尽管如此，从总体上看，我国现有体育场馆的开放情况仍不尽如人意，尤其是学校的体育场地向公众开放的情况仍需要进一步改善。

值得注意的，正因为我国体育场地设施的所属情况和开放情况错综复杂，以至于我们难以准确无误地指出现有体育场地设施中有多少完全属于公共体育设施，所以通常情况下，学者以及政府官员在论及我国公共体育服务可利用的体育场地时，只是将军队系统的体育场地排除在外。这一方面是面对复杂现实的一种便利之选，更重要的是，这些体育场地设施都是进行体育公共服务可以利用的潜在资源，因为即使有些体育场地并不是完全由政府投资或筹资兴建和管理的，但是政府可以通过购买和财政补贴等方式促进其为公众所用。

另外，需要强调的是，政府提供体育场地设施并非只是投资或通过其他途径向社会筹资兴建体育场地设施和通过财政补贴等政策措施改善现有体育场馆向社会开放的情况，对建设的体育场地设施进行监督、管理和维护等内容也应被包含在内。

（2）国民体质监测

国民体质监测"是指国家为了系统掌握国民体质状况，以抽样调查的方式，按照国家颁布的国民体质监测指标，在全国范围内定期对监测对象统一进行测试和对监测数据进行分析、研究"[①]。实际上，通过大规模的体质状况调研，了解国民体质的基本情况，并以此建立评价标准督促国民进行运动健身是许多国家都采用的做法。在我国，1995年实施的《中华人民共和国体育法》中就规定：国家推行全民健身计划，实施体育锻炼标准。但直到2000年，我国才第一次开展了大规模的国民体质监测，并以此为标志正式建立了国民体质监测制度，该制度规定：每五年进行一次国民体质监测，监测对象为3~69岁的中国国民，按年龄分为幼儿（3~6岁）、儿童青少年（学生）（7~19岁）、成年人（20~59岁）和老年人（60~69岁）四类人群，以随机抽样调查的方法，在全国32个省（市、自治区）抽取等量样本，每一次的全国总样本量为40~50万余人，监测内容包含身体形态、机能和素质三个方面共计20项指标。截至2017年，我国的国民体质监测已经完成了四次，2020年开展了第五次国民体质监测，但结果尚未对社会公布。

（3）科学健身指导

所谓科学健身指导，即是由体育指导者根据锻炼者自身的情况，运用一定的卫生保健知识和体育运动知识，提出合理的运动处方，帮助其进行健身活动、增强体质的过程。科学健身指导是公共体育服务体系当中很重要的组成部分，因为它更有助于培养公众的运动健身意识和养成健康的运动方式和生活方式。近年来，我国政府重视对国民健身运动进行科学指导，国家体育总局自2009年开始，通过"国家主导、地方承办、社会参与、专家支持的形式，每年在全国范围内举办'科学健身全民健康'全国运动健

[①] 国民体质监测工作规定 _ 国家体育总局 [EB/OL].https://www.sport.gov.cn/n315/n331/n403/n1955/c573942/content.html.

身科学指导系列活动",至2016年"已覆盖45个地市,惠及22万人"[①],2017年开始,国家体育总局体育科学研究所和国家国民体质监测中心又主办"科学健身中国行"全国运动健身科学指导系列活动。

同时,我国政府一直在探索将国民体质监测与科学健身指导结合起来的方法。比如,在国家体育总局的指导及体育彩票公益金的支持下,2001年体育总局科研所就组织设计和购置了检测车以及体质评价系统。检测车于2002年开始运行,"历经15年完成了近15万人次的测试工作"[②]。之后,许多省市也推出了国民体质检测车。2012年,国家体育总局着力推进建设"国民体质测定与运动健身指导站",并提出力争在"十二五"期间建成国家、省、市三级"国民体质测定和运动健身指导站"网络,推动国民体质测定和运动健身指导工作常态化。为了实现这一目标,2012年国家体育总局在北京、上海、浙江、江苏、山东、新疆等地启动了"国民体质测定与运动健身指导站"的试点工作,2014年又在广东和江苏两省进行第二期试点,为在全国推广建设和运行"指导站"探索工作机制和管理模式方面的经验做法。内蒙古、云南、贵州等省均把建设"体质测定与运动健身指导站"列入本省全民健身计划之中。至2017年,全国全民健身站点已达到每万人3个。

(4)社会体育指导员的培养

社会体育指导员"是指在竞技体育、学校体育、部队体育以外的群众性体育活动中从事技能传授、锻炼指导和组织管理工作的人员"[③]。在我国全民健身系统中,社会体育指导员的功能定位是组织和指导群众进行科学健身,所以,培养社会体育指导员就成为政府开展体育公共服务的一个项目,它事关向公众输出专业的体育健身指导人才。

我国的社会体育指导员制度是在20世纪90年代初正式建立起来的,从整个发展看,我国社会体育指导员的制度分为两类,一类是社会体育指

---

① 数据来源于国家体育总局网站上的报道"2016全国运动健身科学指导系列活动启动"(2016-09-22),详见http://www.sport.gov.cn/n316/n343/n1191/c758076/content.html。
② 数据来源于国家体育总局网站上的报道"从体质检测入手为拉动产业发展提供支撑"(2016-05-13),详见http://www.sport.gov.cn/n316/n343/n1193/c724266/content.html。
③ 定义引自1993年由原国家体委颁布的《社会体育指导员技术等级制度》第二条。社会体育指导员技术等级制度_360百科[EB/OL].https://baike.so.com/doc/7039631-7262536.html.

导员技术等级制度，该制度以1993年原国家体委颁布的《社会体育指导员技术等级制度》为基础，它确定了我国社会体育指导员的等级标准。2011年国家体育总局公布《社会体育指导员管理办法》，对我国社会体育指导员的组织管理、培训教育、申请审批、注册办理、工作保障、服务规范、奖励处罚等内容进行了规范，同时该《办法》还附有社会体育指导员技术等级标准，该标准在原《社会体育指导员技术等级制度》的基础上进一步明确了社会体育指导员的等级条件和特许条件。另一类是社会体育指导员的职业标准制度，该制度以2001年劳动与社会保障部颁布的《社会体育指导员国家职业标准》为基础，它明确了社会体育指导员职业的四个等级等基本问题，以该制度为基础，我国社会体育指导员的职业化进程有了一点进展。这两类制度的差别是，前者中的社会体育指导员属公益类，"主要从事社会体育活动的公益事业，其性质主要是义务从事社会体育的指导工作，不进入国家的劳动管理体系"[1]；后者中的社会体育指导员属职业类，"主要从事社会体育的有偿指导工作，其性质是纳入国家劳动服务管理体系，进入社会体育产业市场，主要从事社会体育和全民健身的经营和指导服务"[2]。从当前来看，我国全国健身活动中活跃的社会体育指导员是无偿义务性的，他们已成为我国体育公共服务体系和志愿服务体系中不可或缺的部分。到2019年，全国登记注册的社会体育指导员已有200多万人。《"健康中国2030"规划纲要》强调："加强社会体育指导员队伍建设，到2030年，实现每千人拥有社会体育指导员2.3名"[3]，届时，以全国15亿人口计，社会体育指导员将达到345万余人，这将为我国进一步开展体育公共服务提供重要的人才支持。

---

[1] 李相如，刘国永. 关于我国两种社会体育指导员制度的比较研究——兼论构建中国社会体育指导员制度体系的设想 [J]. 体育科学，2005（03）：78.

[2] 李相如，刘国永. 关于我国两种社会体育指导员制度的比较研究——兼论构建中国社会体育指导员制度体系的设想 [J]. 体育科学，2005（03）：78.

[3] "健康中国2030"规划纲要_360百科[EB/OL].https://baike.so.com/doc/24468687-25312554.html.

（5）发展和培育体育社会组织

体育社会组织"是指从事各种体育运动、健身活动的组织"[1]，它通常是由人们自愿组成的、从事某种体育运动健身活动的民间社会组织，一般具有非政府性、非营利性、志愿性、专业性、自发性、公益性等几个特征。根据民政部的标准，我国的体育社会组织主要分为三类：体育社团（包括项目和人群协会）、体育民办非企业单位和体育基金会。事实上，除了这些法人类体育社会组织外，我国还有许多未登记的自发性群众体育组织，包括体育健身站点、健身团队、网络体育组织等。

一般来说，既然体育社会组织往往是由人们自发自愿组成的，那么它就不会因行政指令而设立，理论上政府也不应该干预这些组织的运作，只需要通过宏观政策对这些组织的运行加以规范。但由于我国体育社会组织的总体发展水平较低，所以在其发展中存在许多困难，正如2013年民政部副部长顾朝曦在全国政协召开的"构建多元化的全民健康服务体系——发挥体育社会组织的作用协商座谈会"的发言中指出的："能力建设仍然是体育社会组织发展的薄弱环节，多数体育社会组织规模较小，相当一部分没有专职工作人员、内部治理不完善、民主管理不落实、依赖政府成为惯性、自身服务能力较弱、发挥作用不足，特别是在资金筹措方面，社会组织面临共性问题，既需要增强自身'造血'功能，也有待政府购买服务、彩票公益金倾斜、收受减免等扶持政策的完善"[2]。另一方面，体育社会组织"在实现人们的共同体育愿望、维护争取体育权益、组织开展竞赛活动、普及推广体育活动、提高运动技术水平和提供专业化体育等方面具有独特功能和作用"[3]，它是吸引和整合社会体育资源、推动全民健身的重要社会力量。并且，近年来，随着一些地方政府逐渐推广向体育社会组织购买体育公共

---

[1] 这一定义是民政部2007年8月28日发布的《民间组织分类标准及指标解释》根据体育社会组织特有的功能做出的解释。民政部办公厅关于修改民政事业统计台账民间组织分类的通知 —— 政策法规 [EB/OL].http://www.sz.gov.cn/szzt2010/zdlyzl/ggsy/mzxx/shzzxx_mz/zcfg/content/post_1350916.html

[2] 转引自刘国永，裴立新. 群众体育蓝皮书 中国体育社会组织发展报告（2016）[M]. 北京：社会科学文献出版社，2016：57.

[3] 刘国永，裴立新. 群众体育蓝皮书 中国体育社会组织发展报告（2016）[M]. 北京：社会科学文献出版社，2016：6.

服务等措施的实施，体育社会组织已经越来越多地参与到体育公共服务供给之中，促进了公共体育服务供给的多元化发展。因此，在这两种张力之间，就需要政府向这些社会组织提供某种支持和服务，来帮助这些组织成长和发挥作用，这也构成了我国政府提供公共体育服务的一项内容。

总体来看，我国政府向体育社会组织提供的具体服务集中于两个方面：资金支持和帮助其增强自身能力建设的举措。

在资金方面，为了帮助体育社会组织解决和克服融资困难[①]，近年来，我国政府重视建设常态化地向体育社会组织"输血"的机制，尤其是自党的十八大以来，各级政府通过推出多项财政配套政策扶持体育社会组织，主要包括财政专项资助、彩票公益金资助与政府购买服务资助三种方式。国家体育总局2016年印制了《支持体育社会组织开展全民健身公共服务经费管理办法（试行）》，并已在江苏、江西、宁夏、新疆4个省份开展试点工作。

在帮助体育社会组织进行能力建设方面，许多地方通过购买体育公共服务的方式委托体育社会组织承办群众体育赛事或活动，借此培养体育社会组织参与体育公共服务的能力。广东韶关和江苏常州等市的体育局还重视建设体育社会组织孵化基地，为体育社会组织提供公办公场所、办公设备、注册协助、扶持基金、能力建设、发展指导等关键性支持。在这些政策措施的作用下，近年来我国体育社会组织数量不断增长，如图1-2所示，2012年以来，我国法人类体育社会组织的增长幅度有所提高。

---

① 一般来说，体育社会组织资金来源主要有三，即政府资助、服务收费和社会捐赠。但从我国体育社会组织发展的现实情况来看，长期以来，财政没有向体育社会组织资助的制度安排，相关的法律法规限制服务收费和禁止从事营利性经营活动，社会捐赠氛围及数额远不如发达国家。因此，融资渠道不畅导致资金缺乏长期制约我国社会体育组织发展。

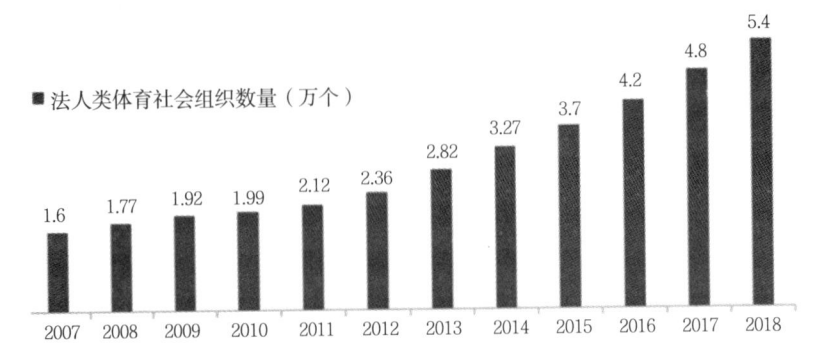

图1-2 2007-2018年我国法人类体育社会组织数量情况

注：图中2007-2017年的数据是基于民政部历年发布的《社会服务统计公报》所提供的数据计算而成，2018年的数据是在民政部发布的《2018年民政事业发展统计公报》所提供的数据基础上计算得出，2018年后国家体育总局、民政部和国家统计局均未发布过关于体育社会组织数量的数据。

当然，我国体育社会组织的发展还存在许多问题，比如，在未登记的群众体育组织方面，有学者根据自己的调查和推测提出，全国未登记社会组织数量"10倍于在册的社会组织数量"[1]，而据国家体育总局群体司调查，我国95%以上的体育社会组织还没有"正式身份"[2]。但目前活跃度最高的恰是这些组织，它们在广泛开展丰富多彩的全民健身活动中发挥了重要的不可替代的作用，如何让这些组织拥有合法的身份将是政府下一步通过有效的制度供给来解决的问题。

另外，目前来看，我国体育社会组织的总量还是不足，每万人仅拥有0.28个正式登记的体育社会组织；体育社会组织自身的能力也有待提高，据有的学者分析，目前有90%以上的体育社会组织不具有承接政府购买的资格[3]。这些意味着政府推广向社会力量购买公共体育服务的实践会缺少有效的组织基础，所以有赖于政府在发展和培育体育社会组织方面有更多有价值的举措。

---

[1] 黄晓勇，高翔等：中国民间组织报告（2008）[M]．北京：社会科学文献出版社，2008：6.
[2] 体育社会组织初步发展 破解全民健身三个问号_体育_腾讯网[EB/OL].https://sports.qq.com/a/20150508/031387.htm
[3] 刘国永，裴立新．群众体育蓝皮书 中国体育社会组织发展报告（2016）[M]．北京：社会科学文献出版社，2016：55.

（6）群众体育活动服务

这里的群众体育活动是指各类群众性体育竞赛、体育运动展示和表演活动。积极开展形式多样的群众性体育活动是体育公共服务的应有之义，但这并不意味着由政府直接出资举办各类群众体育活动。2008年，由国务院下发的《中共中央国务院关于进一步加强和改进新时期体育工作的意见》中指出："构建群众性体育服务体系，要坚持政府支持与社会兴办相结合……群众性体育组织和体育活动以社会兴办为主"。由此，政府在群众体育活动方面更多地鼓励社会力量主办，政府在这方面的服务责任主要在于：帮助体育社会组织募集资金举办群众体育赛事和活动；为各类社会组织开展群众性体育活动提供技术指导和协调性服务（如协调相关部门审批活动场地、协调宣传部门进行信息发布和宣传等）；协助有关部门举办全国性群众体育运动会等。

（7）体育信息服务

这是指通过建立互联网、电话热线、市民信箱、广播电视、报纸杂志等多渠道信息沟通网，为民众提供体育方面的情报及信息咨询服务。体育信息服务是公共体育服务不可或缺的组成部分。一方面，随着群众体育需求的增长和大众体育运动的深入展开，人们越来越希望能了解关于体育政策、体育健身设施、群众体育赛事等方面的信息；另一方面，国家要推进全民健身战略，也需要宣传体育公共政策、普及科学健身知识，提高人民群众体育健身意识。在这两种需求之间，有效的信息咨询和沟通平台必不可少。传统上，广播电视、报纸杂志、电话热线、市民信箱等渠道都是体育信息沟通的主要渠道，近年来，随着互联网尤其是移动互联网的深入发展，主流的体育平台已转移阵地。目前来看，我国体育信息公共服务平台主要是政府主导的体育网站如国家体育总局和地方体育行政部门的门户网站、重要体育社会组织的官方网站以及广播电视。不过，未来的发展趋势是更多利用移动互联网技术向公众提供体育信息和咨询服务。比如2013年青岛市率先推出了"全民健身数字（电子）地图"，该地图分为手机版和网络版，手机版的健身地图是一款应用于智能手机、平板电脑等移动终端的客户端软件，通过该软件，市民可以对周边的健身场所进行搜索查看，同时客户端可以对需要前往的健身场所进行地图导航，帮助市民快速、便捷地开展健身活动。市民只要免费下载"青岛市全民健身电子地图"客户端，就可以通过区域查询、项目查询等多种方式搜索出市区内健身场馆的分布位置、经营项目；通过健身地图，市民也可以查阅全民健身知识和最近相关的健身活动信息；随着健身地图功能的不断完善，通过健身地图，市民可以用手机查询某一场馆的场地使用情况和完成场地的预订[①]。之后，类似的电子地图在北京市、上海市、江苏省常州市、浙江省杭州市等城市纷纷上线，这种能"随身携带"的电子地图无疑会是交互性最强、信息传播最快、受众面最广的体育信息服务平台，会更加有效地为民众提供体育信息咨询，也可成为政府与民众沟通的重要桥梁，未来会成为我国体育信息公共服务的主流方式。

二、我国城市社区公共体育服务发展历程及国外经验借鉴

（一）我国城市社区公共体育服务的发展历程

通过查阅相关文献，对城市社区公共体育服务的发展历程及阶段还没有具体的划分，笔者通过对社区体育和城市社区公共体育服务的发展历程梳理，发现我国最早的社区体育起于20世纪80年代后期，城市社区公共服务最早发展于1987年民政部提出的"社区服务"这一概念，社区体育作为社区服务的一部分是以"单位制"的形式供给；1993年出台的《关于加快社区服务业的指导意见》扩大了社区服务的对象和内容，社区公共体育服务的福利性和公益性逐渐凸显；2006年国务院出台的《国务院关于加强和改进社区服务工作的意见》，明确了资金支持趋向市场和更加注重社区居民在城市社区公共体育服务发展中的作用，城市社区体育进入快速发展的新阶段。基于以上背景，将我国城市社区公共体育服务的发展阶段划分为：初步探索阶段（1987—1992年）、持续发展阶段（1993—2005年）、快速发展阶段（2006年至今）。

1. 初步探索阶段（1987－1992年）

这一时期的社区服务处于初步探索阶段，社区公共服务作为福利事业

---

① 青岛首推全民健身电子地图-青岛新闻网[EB/OL].https://www.qingdaonews.com/content/2013-04/19/content_9706537.htm

的重要组成部分主要由民政部倡导推动，主要以街道、居委会为依托[①]，社区公共服务的概念、内容、供给方式和资金保障没有具体规定，以街道为依托并鼓励社会力量和群众兴办小型灵活、形式多样的社会福利设施。我国"社区体育"最早出现在天津市河东区二里桥街，20世纪80年代后期，北京、上海、武汉等一些大城市开始成立街道联合体协，以街道办事处牵头组织单位居民开展体育活动。1987年民政部在大连和武汉召开的民政工作会议上阐述里社区服务的性质、目的和功能，即社区服务就是在社区内为居民提供物质和精神上的各种社会福利和社会服务，为社区居民创造一个和谐、良好的社会环境，以达到缓和社会矛盾、调节人际关系的目的，这也使我国将社区体育作为社区服务的内容。这一时期的经济体制主要是计划经济，国家采取强有力提取和再分配手段几乎垄断一切资源，城市社区公共体育服务的供给模式主要是单位制，其推进路线为"政府—单位—职工"。城市社区公共体育服务的供给模式主要是全能政府的单一供给模式，扮演了"提供者"和"生产者"的双重角色，导致缺乏社会诉求的积极回应。

计划经济时期城市社区公共体育服务呈现"封闭运行、条块分割"的特点，使社区公共体育服务的配置效率低下和资源短缺，社区公共体育服务的资源受中央政府和地方政府的计划、支配和调控，社区公共体育服务供给受政府的宏观调控，市场组织和居民参与力度甚微。人民生活水平低下，社区公共体育服务在"先生产、后生活"的观念下开展，导致人们多元的体育需求难以形成。

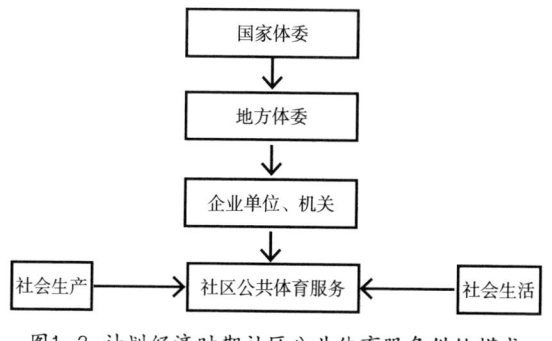

图1-3 计划经济时期社区公共体育服务供给模式

---

① 沈赓方，奚从清. 城市社区服务[M]. 杭州：浙江大学出版社，1989：5-6.

2. 持续发展阶段（1993—2005年）

在国务院等多个部门协调合作的基础上，社区公共体育服务扩大了服务对象和服务内容，这一阶段的社区公共服务呈现多部门联合推进的特点，改变了计划经济时期政府完全垄断和单一供给的模式，社区公共服务设施和网络体系逐渐凸显。1993年，多部门联合发布了《关于加快发展社区服务业的意见》明确了社区公共服务社会化、产业化和法制化，提出多方筹集资金并纳入第三产业参与社区公共服务供给[①]。与此同时，随着服务内容的增多，社区公共体育服务的资金短缺问题日益凸显，社区公共服务开始向产业化方向发展，主要内容有：在社区服务的资金筹集方面，增加政府对社区公共服务的资金投入；建立了社区公共服务的价格体系，根据服务对象和项目的不同以有偿方式进行服务，以改变社区服务的价值补偿不足的状况；建立充满活力的社区公共服务运行机制，实行不同的经营管理方式。

1998年，《国家发展计划委员会关于发展第三产业扩大就业》中明确规定，鼓励个人、民营和社会共同加强社区服务设施建设，促进社区内各单位服务设施对外开放，实现公平享有。这一阶段的城市社区公共体育服务主要有以下特点：一是社区公共体育服务的对象从传统民政福利对象转向全体社区居民和驻企业单位；二是社区公共体育服务的价值理念在部分地区出现偏差，社区公共体育服务的福利性和公益性逐渐凸显。

3. 快速发展阶段（2006年至今）

2006年，国务院颁布了《国务院关于加强和改进社区服务工作的意见》明确了居委会、民间组织、企业和个人在社区公共服务中的职责，建立社区公共服务的体系框架。这一时期的社区公共服务主要内容包括七个方面：就业服务、社区文化建设、社会保障服务、卫生和计划生育服务、教育和体育服务、社区流动人口管理和服务、社区安全服务[②]。

城市社区公共体育服务的主体方面，强调基层政府要指导社区居委会听取居民对社区公共体育服务的意见并向政府反映，促进社区公共体育服务质量的不断提高。在社区公共体育服务资金保障和运行机制方面，政府

[①] 翟启运. 民政部国家计委等14个部委联合通知各地加快发展社区服务业[N]. 人民日报，1993-10-21.

[②] 李春. 我国城市社区公共服务模式的发展历程与启示[J]. 理论导刊，2013（02）：26-28.

要帮助社区落实关于开展社区公共体育服务的资金,对参与社区公共体育服务的社会团体和市场组织给予政策和资金支持,充分发挥行政机制、市场机制、志愿机制在社区公共体育服务发展中的作用。这一时期社区公共体育服务主要呈现以下特点:一是重新明确了社区公共体育服务福利性、公益性的社会属性,二是强调了社区公共体育服务的社会化发展,引导社区公共体育服务组织、社会组织和非营利性组织参与社区公共体育服务建设,三是注重社区居民在社区公共体育服务体系建设中的主体地位,增强了社区居民的主体性意识,逐渐参与到社区公共体育服务的需求识别、服务评价和监督反馈中。

(二)国外公共体育服务协同治理模式及经验借鉴

1. 美国公共体育服务协同治理模式

(1)顶层设计:政策健全、提倡公平

1979年到2009年连续颁布的4部健康公民计划,指出将增强社区体育中心数量作为重要指标,把市场化的运营方式引入城市社区体育活动中心,从而保证城市社区居民的基本体育健身需求,其目的是通过体育来预防疾病,进而促进健康。"健康公民"计划分为计划、执行和评价三个部分,每10年更新一次[①]。此外各州都有权自我颁布本地区的公共体育服务政策,社区也拥有自己的实施法令,使社区体育有法可依,确保大众参与体育锻炼。1919年出台的《体育法案》,政府首次将工作目标设定为体育工作;1978年,美国国会通过的《业余体育法》保障了业余运动员的相关权利,促进了美国的业余体育活动的开展,大力发展大众体育。此外,美国政府针对不同人群出台了相关的体育政策法律法规,2001年,联邦政府颁布了《国家蓝皮书:促进50岁以上成年人身体活动》旨在促进中老年人的身体活动与体质健康,与此同时还推出了《大众体育计划》促进公众的体育参与积极性,2010年5月,美国卫生部与公共服务部颁布了《全民健身计划》,针对美国的肥胖人群、青少年和儿童体育参会与匮乏的现状制定实施,旨在通过体育锻炼促使民众参加体育锻炼形成积极健康的生活方式,各州也相应出

---

① U.S.DEPARTMENT OF HEALTH AND HUMAN SERVICES. Healthy people 2000:Understanding and improving health[R].Washington,DC:U.S.Government Printing Office,1990.

台了州立全民健身计划，促进美国公共体育服务在政府、社会、公民等主体参与下的良性发展。

表1-7 美国历年来出台的主要体育法规相关政策

年份	政策名称	针对人群
1919	《突遇法案》	大众体育
1950	《奥林匹克协会组织法》	大众体育
1978	《业余体育法》	业余运动员
1979	《健康公民1990》	大众体育
2001	《国家蓝皮书》	50岁以上成年人
2001	《老年体育计划》	老年人
2009	《健康公民2020》	大众体育
2010	《全民健身计划》	肥胖人群、青少年、儿童
2013	青少年身体活动指南包	青少年

（2）组织机构：层次分明、间接管理

美国是典型的联邦制国家，由联邦政府、州政府和地方政府三级政府组织构成，公共体育服务由三级政府负责政策制定政策和提供资金支持，受到新公共服务管理理论的影响，政府在管理公共体育服务中只是"掌舵"，社会组织和企业在公共体育服务的过程中发挥了巨大作用。尽管如此，美国政府形成了健全的体育组织架构，美国体育组织机构分为政府主管、体育社团、体育俱乐部和企业俱乐部等多种组织形式（如图1-4所示），此外，政府在提供公共体育服务的过程中较少参与体育管理，而是由各种非营利体育社团间接管理，主要负责公共体育服务的发展计划和体育设施建设和体育资源的开发利用。美国公共体育服务主要组织实施由非营利性组织负责，非营利体育组织主要有美国奥委会、美国志愿组织、美国体育休闲学会、全国性学术团体、大学生与学术体育协会，美国奥委会下设100个单项体育组织，单项体育组织包括各类体育俱乐部。社区公共体育服务主要由公园和休闲部门负责，社区公园系统是开展社区体育的重要场所，社区公园配用完善的体育场地设施，休闲部门主要负责宣传和引导社区居民参与体育锻炼和制定一定的体育锻炼计划，此外，社区体育社团在社区公共体育服务中起到了关键作用，主要为社区居民提供相关的健身指导。

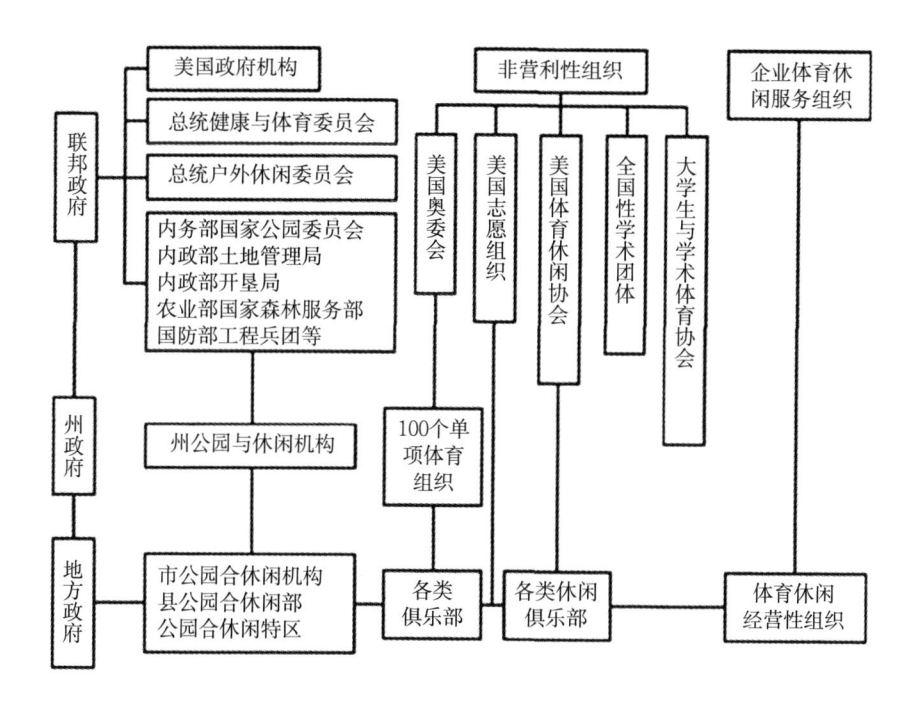

图1-4 美国体育组织结构图

（3）经费保障：市场参与、渠道多元

美国公共体育服务的经费来源主要有政府投资、体育彩票收入、体育公益组织投资等多元渠道，政府投资的比例约占国内生产总值的1%，政府投资的方式也分为直接投资和间接投资，政府投资上至联邦政府下到地方政府和社区政府都在政府财政支出中拨出财政专款用于修建公共体育场地设施。除此之外，美国公共体育经费保障主要依靠社会筹资，社会筹资主要包括体育休闲经营性组织的会费、举办赛事的收入和场地设施租赁费用，社会公益组织在公共体育服务的供给中扮演了重要的角色，主要包括企业赞助、社会捐赠等，比如美国的职业篮球、棒球等运动场地设施的投资建设主要依靠企业赞助，这样的服务模式既保证了体育赛事的顺利运转同时又保障了体育赛事的经费来源，对企业宣传也发挥了重要的作用。社区体育是美国提供公共体育服务的重要载体，社区体育的经费保障主要依托政府拨款和设立专项基金。

2. 英国公共体育服务协同治理模式

（1）政策法规：以人为本、重视社区

英国是一个比较重视体育的国家，首都伦敦曾在1908年、1948年、2012年举办过三届奥运会，对英国体育的现代发展产生了深远影响，特别在第二次世界大战后，英国更加重视体育的发展，将体育作为激励民众生活热情的重要手段。英国政府提供公共服务的主要思想是公共部门和私人部门合作，优势互补，是一种积极的福利政策。公共体育服务是英国政府提供的公共服务的重要组成部分，自1948年开始的政府福利制度改革促进英国政府出台了一系列的体育政策，以促进体育事业的发展。英国公共体育服务政策（见表1-8）可以分为三个阶段，第一阶段是20世纪50至70年代，这一阶段是社区体育发展的标志；第二阶段是20世纪80至90年代，这一阶段是社区体育快速发展的重要时期；第三阶段是21世纪以后，体育事业进入全面发展的时期。英国体育政策主要包括三个部分：精英体育、社区体育、青少年体育。针对不同的侧重点，英国政府出了的不同的体育政策，以促进体育事业的发展，如1972年发布的《体育供给计划》规定了政府兴建体育场馆设施的具体目标；1975年发布的《体育运动和娱乐白皮书》将体育纳入政府公共服务的范畴并规定是公民的基本权利；1982年发布的《未来十年社区体育的发展》提出了根据人群的不同特点推荐合适的运动项目，注重以人为本；1995年《体育：发展游戏》确定了体育管理核心机构责任并明确提出优先发展竞技体育和学校体育；2000年颁布的《大众体育的未来》提出关注大众体育的未来，明确规定大众体育与学校体育和竞技体育协调发展；2002年出台的《游戏计划》强调让更多的人参与体育运动，特别是低收入人群、青少年和女性参加体育活动。时至今日，英国在公共体育服务的过程中依旧注重民众需求，除此之外，英国政府还出台政策促进社区体育的发展，为民众提供了高质量的公共体育服务。

表1-8 英国政府历年来出台的主要体育政策

年份	政策名称	针对人群
1972	《体育供给计划》	大众体育
1975	《体育运和娱乐白皮书》	大众体育
1982	《未来十年社区体育的发展》	社区体育
1995	《体育：发展游戏》	精英体育、学校体育
2000	《大众体育的未来》	大众体育
2002	《游戏计划》	青少年、女性、低收入人群

（2）组织机构：政府调控、公众参与

英国政府自上而下重视公共体育服务的发展，各种体育社会组织机构都能提供公共体育服务，英国公共体育服务的组织机构主要受到政府宏观调控，除此之外，英国政府还联合社会非政府组织参与公共体育服务的供给，形成了以英国政府为统领的体育管理组织机构。政府主要负责公共体育服务政策的制定，社会组织和非营利性体育组织负责体育政策的执行和实施，政府在政策的实施过程中实施监督反馈，英国政府下属的文化、媒介和体育部主要负责全国的体育事业，包含多个体育理事会。同时，不同的体育管理部门负责不同的体育事业的发展，如英国奥委会主要负责竞技体育的发展，教育和就业部负责学校体育的发展，英国体育理事会负责社区体育的发展。英国政府在公共体育服务的过程中主要负责提供政策支持和财政拨款，在实施过程中联合体育俱乐部、企业、社区志愿组织形成了健全的公共体育服务组织网络。英国政府将社区体育作为提供公共体育服务的重要载体，重视社区民众中弱势群体和特殊人群的体育锻炼需求，体育社团、基金会和体育俱乐部免费为群众提供体育锻炼指导，例如英国的职业足球俱乐部会向社区居民开放体育场地设施，并为社区居民提供健身指导，同时，俱乐部也会对社区儿童进行专业训练，从而为职业俱乐部输送优秀运动员，为英国的精英体育发展奠定了基础。

（3）服务保障：经费多样、活动丰富

英国公共体育服务的经费来源主要有三种形式：国家财政拨款、彩票公益基金和自筹。政府对公共体育事业的财政拨款占国民收入的0.5%左右，英国公共体育服务的财政拨款主要由英国文化传媒体育部负责，然后由英格兰体育理事会负责具体的实施计划。政府的公共体育服务财政拨款一是用于资助申请的体育项目和投资预先确定的体育事业项目，如大众体育计划、青少年儿童体育参与计划和社区体育项目。二是用于激励体育设施建设，如社区体育设施建设、体育俱乐部启动基金等。三是用于标志性体育设施建设和大众体育促进计划。所谓标志性体育设施就是大规模的多功能体育场馆，如北格林威治是一个多功能体育馆，能够进行体育比赛和娱乐表演，在2012年曾作为伦敦奥运会的比赛场馆，同时向公众开放，为大众提供公共体育服务。英国的彩票公益基金也是为公共体育服务提供资金支持的重要方式，如2010—2013年彩票公益金用于公共体育服务的资金支出占比分别为49%、53%、63%和70%，呈逐年上升的趋势。彩票公益金主要用于发展大众体育事业、促进青少年儿童的体育参与和体育基础设施建设，在公共体育服务的发展过程中发挥了重要作用。自筹主要包括政府鼓励非政府组织、企业和个人通过捐赠和赞助支持公共体育事业的发展，此外还包括体育俱乐部的会费、体育基金会的创收，这些俱乐部和基金会基本都是免费或低收费运营，但近年来体育俱乐部的收入逐年递增，这也为向民众提供更好的服务质量提供了资金支持。英国公共体育服务活动的开展主要由体育俱乐部和体育志愿组织负责。英国大约有15万个体育俱乐部，主要利用学校和社区公共体育设施为英国民众提供体育服务。此外，英国的支援志愿服务体系发达，为了激励更多的人参与体育志愿服务，英国出台了《志愿者参与计划》，旨在促进体育志愿者的参与，支持社区体育的发展。英国体育志愿者遍及整个体育俱乐部和社区，他们为俱乐部会员提供个性化服务，以及为社区民众提供身体练习、健康诊断等基础性的体育服务。活动开展涉及儿童、青少年、老年人、残疾人等不同人群，英国将社区作为宣传体育活动的重要地点，职业足球俱乐部免费为社区儿童进行专业化的训练，激励青少年参与体育活动，社区体育能开展17种体育项目，满足了不同社区民众的体育需求。

3. 德国公共体育服务协同治理模式

（1）顶层设计：政策健全、与时俱进

德国公共体育服务体系的建设非常重视政策法规的顶层设计（见表1-9），公共体育服务的制度建设主要包括俱乐部和大众体育，二战后，发展大众体育成为政府和民众关注的重要方面。1959年德国奥林匹克协会和德国体育联合会共同发起了"黄金计划",旨在通过建造体育场地设施促进全体国民积极参与体育运动。"黄金计划"促进了德国体育场地设施数量和服务质量的提升,是政府提供公共体育服务的引擎,。"黄金计划"主要分为三个阶段实施推进,政府通过一系列"黄金计划"为民众建造了足够数量的休闲、运动、娱乐和游戏的体育场地设施。[1]1966年德国联邦政府出台的《德国体育宪章》提出加强学校体育与体育俱乐部的合作,为学生提供更好的体育锻炼场馆,将学校体育作为青少年体质健康促进的重要平台。1992年德国政府和德国体育联合会又推出了"东部黄金计划",极大地改善了德国东部地区的体育场地设施。"黄金计划"和"东部黄金计划"促进了德国体育基础设施建设,激发了民众参与体育锻炼的热情。2000年德国出台的《德国体育指南》和《联合声明》规划了大众体育的发展目标,2002年开展的"体育使德国更好"活动促进了全民健身的发展。[2]

表1-9 德国政府历年来出台的主要体育政策

年份	政策名称	针对人群
1959	"黄金计划"	大众体育
1966	《德国体育宪章》	学校体育
1992	"东部黄金计划"	大众体育
2000	《德国体育指南》	大众体育
2000	《联合声明》	大众体育
2002	"体育使德国更好"	大众体育

(2)供给模式:分级治理、自治协同

德国政府在体育事业发展的过程中采用分级治理的管理模式,政府在体育事业发展中只是协助者的角色。政府层级分为联邦政府、州政府和地方政府,地方政府享有自治权,不同级政府采用分权治理。联邦政府中最具代表性的是内政负责经济体育的发展;州政府设有专门管理体育事业的

---

[1] AUDIT COMMISSION.Public Sports and Recreation Facilities:Making them fit for the future[R]. London:Audit Commission, 2006.

[2] SPORT BUND D.Sport in Deutschland[M].FrankFurtam Main:Deutscher Sportbund Generalserariat, 2003:30-31.

部门,主要负责各州学校体育发展和体育设施建设与维护;地方政府设有专职体育管理机构和负责人,负责体育俱乐部发展和体育设施建设和维护。德国公共体育服务没有专门的体育管理机构,公共体育服务管理主要由体育社会组织承担,德国奥林匹克联盟和体育俱乐部主管德国体育事业的发展,奥林匹克联盟由16个体育联合会、62个体育单项协会和20个特殊体育协会组成,奥林匹克联盟负责制定相关体育政策、分配体育资源,体育俱乐部负责提供场地设施和健身指导并收取一定的会员费,但体育俱乐部大都是非营利的,联邦政府将体育纳入国家的公益事业规划中,在公共体育服务中为体育社会组织提供资金支持和建议。体育俱乐部是德国体育组织的典型特征,经过近200多年的发展,当前德国已拥有9万多个体育俱乐部,会员超过2700多万人[1],体育俱乐部大都没有自己的体育场地设施,超过一半的俱乐部使用学校体育场地设施,政府对免费向俱乐部提供场地设施的体育俱乐部提供财政拨款,一些非营利的体育俱乐部享有减免税收等政策优惠,体育俱乐部同时与企业、商业组织、保险公司等机构进行不同形式的合作为德国民众提供丰富多样个性化的公共体育服务。

(3)经费保障:国家资助、市场自筹

德国政府每年用于发展体育事业的资金一般占国民生产总值的1%以上,德国公共体育服务的资金来源主要包括国家财政拨款和市场化自筹,政府拨款仅占资金的10%,其余资金大都通过体育俱乐部通过体育彩票、企业赞助、会员费等市场化手段自筹,体育彩票是政府财政拨款的重要部分,会员费和企业赞助是体育俱乐部的重要资金来源,许多体育俱乐部与企业保持良好关系,企业通过冠名的方式为俱乐部提供资金支持从而提高自己的知名度。

(4)活动开展:全民普及、志愿服务

德国体育发展的侧重点是群众体育,倡导全民参与体育运动,群众体育的核心是体育俱乐部,体育俱乐部很好的支持和保证了全民健身的开展,俱乐部可以提供场地、器材、教练指导和参与比赛的机会。体育俱乐部活动形式多样,活动形式可分为健身休闲、体育旅游、体育探险等类别,如

---

[1] 刘波. 德国体育俱乐部体制与群众体育关系的研究[J]. 体育与科学,2009(01):64-68.

城市马拉松赛、自行车赛、悬崖跳水等，奥林匹克体育联合会下属管理的体育俱乐部几乎可以涵盖所有的奥运会项目，从而保证了全民健身活动的开展。全民体育的发展与志愿服务分不开，社会体育指导员在群众体育的开展过程中发挥了巨大作用，社会体育指导员大都是志愿者，他们从事不同的行业。大众体育锻炼指导员需要精通2项以上体育运动，指导内容为一般体育健身活动和运动康复；专项体育指导员主要负责运动专项的理论知识和技能培训，同时还承担着俱乐部的发展规划和训练工作；青少年体育指导员体育俱乐部中青少年会员运动项目的开展；体育俱乐部指导员主要负责运动处方的制定，针对心脏病、骨质疏松、心脏病等多种疾病预防及治疗进行相关指导。

4. 国外公共体育服务协同治理经验启示

（1）协同引擎：相关政策法规制定应注重接续性和连贯性

政府顶层设计是公共体育服务体系发展的重要保障，在公共体育服务体系发展中具有重要的引领作用，可以充分地协调各方资源投入公共体育服务体系建设过程中。通过梳理美国、英国、德国和日本等发达国家公共体育服务体系建设的概况发现都非常注重政策法规的制定，如德国1960年到1990年实施的三个"黄金计划"，注重政策制定的接续性和连贯性，并根据不同的人群制定相应的政策，满足了不同人群的体育锻炼需求，促进了公共体育服务体育建设与完善。目前我国关于体育政策法规主要以《体育法》为推进体育工作的实施依据，随着2008年成功举办奥运会后大众体育得到空前发展，相继出台了《全民健身计划2016-2020》《健康中国2030规划》等政策法规，在宏观角度对体育工作做了大致规划，缺乏针对学校体育、竞技体育、大众体育等具体体育工作的发展规划，在体育工作实施推进中缺乏实施标准和监督评估制度。因此，在体育政策法规建设方面应以《体育法》为依据，出台针对学校体育、竞技体育和大众体育发展的政策法规，使公共体育服务在发展过程中有法可依，并根据实际需要和地方特色制定符合实际的政策法规，形成完整系统的配套体育政策法规，使公共体育服务真正惠及每个人，确保人人享有体育参与的权利与机会。

（2）协同主体：公共体育服务供给应多部门协同联动

受新公共管理理论的影响，发达国家政府对公共体育服务的管理是"掌舵"而不是"划桨",公共体育服务不应由政府单独供给,政府在公共体育服务的过程中发挥协调各方、调动资源的作用,参与公共体育服务的供给主体包括政府、学校、企业、体育社会组织和民间组织,政府统揽全局负责政策制定、体育发展规划和财政资金支持,学校负责免费向民众开放体育场地设施,企业通过赞助和捐赠向俱乐部、社区提供体育设施,体育社会组织负责民众体育活动的开展和健身指导。此外,政府还联合其他政府部门协同管理公共体育服务,如美国联邦政府中有12个政府部门参与公共体育事务管理,英国文化部、传媒部、交通部和财政部也是公共体育服务的供给主体,英国城市公园在建设中也会规划自行车道和健身跑道,提高了公共体育服务的设施建设和服务水平,政府协调多方参与公共体育服务供给成为大众体育快速发展的重要原因。目前我国公共体育服务的供给主体主要还是政府体育部门,因此应该将体育与医疗卫生部门、教育部门、财政部门联合形成多部门协调联动机制,通过多元供给主体协同治理公共体育服务,同时与社会组织和非政府部门形成合作关系,通过协调政府组织、企业单位、社会组织和公民个人共同推进公共体育服务体系建设。

(3)协同保障:资金支持应坚持政府财政与社会多元渠道投入

发达国家的公共体育服务体系建设经费主要有政府财政拨款、体育彩票公益金、企业赞助和体育社团组织自筹等渠道,形成了以"政府主导、社会参与"的多元投入格局。当前我国公共体育服务的资金支持过度依赖政府的财政支持导致公共体育服务的资金来源出现严重不足,因此,应该鼓励社会资本投资公共体育服务,如体育赛事运营、竞赛表演等,引导和鼓励社会力量在社区建设小型、便利的体育健身设施,将公共体育服务发展规划纳入政府工作考核机制中,并将公共体育服务设施建设与经济发展目标纳入城市建设规划中。在顶层设计中完善中央政府财政转移支付能力,兼顾农村和落后地区公共体育服务发展,财政支持形成省、县、乡三级承担体制,省级政府要明确财政保障制度并规划好公共体育服务财政支出所占比例。最后,政府还要从制度保障、财政补贴、减免税收等方式鼓励吸引社会力量参与公共体育服务建设,构建社会各方力量参与公共体育服务建设的环境氛围。

第二章　居民幸福感现状与影响因素

幸福感是指人类基于自身的满足感与安全感而主观产生的一系列欣喜与愉悦的情绪，是对社会福利最终结果的测量，对幸福的追求是人类从事一切活动的最终目的。幸福感与个人的成长发展有着紧密的关系，一个充满幸福感的人，会拥有更加积极乐观的人生态度，所以，在遭遇人生的波折时，充满幸福感的人会有更加稳定的应对表现。同时，幸福感也关系到一个家庭的稳定和谐，当家庭成员感觉幸福时，成员间的关系会更加紧密，而充满幸福感的家庭，也会带给家庭成员更多的安全感。另外，从社会的宏观层面来看，居民的幸福感还是国家治理水平、社会文明程度的重要衡量标准，从20世纪开始，一个国家居民的幸福指数就作为衡量这个国家发展程度的指标，被广泛地应用和讨论。

公共体育服务作为一种社会文化因素和公众体育参与作为健康因素势必会个人幸福感产生影响。既往研究表明，公共服务能有效提升国民幸福感，体育参与能通过身体释放、社会互动机制为个体带来幸福感。

一、幸福感理论概述

（一）幸福感在不同领域中的概念界定

从古至今，幸福一直是人们从事各种事业所追求的重要目标，且从广义上讲，它是人们对目前所处环境或状况所感到的一种自身的满足体验，但从狭义上来看，目前，不同领域的学者或专家对其的解释存在差异。在哲学领域，我国儒家思想认为：幸福在人类的生活中并非孤立，而是需要在人际交往中逐渐追求幸福，尽管它属于理想社会，但人们在现实社会中，遵守社会道德规范的前提下对其向往与追求是合情合理的。当然，国外许多哲学家也对其进行了深刻的解释,如:梭伦(Solon)认为拥有财富和德行对于幸福感的获得是极其重要的[①];无独有偶,亚里士多德也从自身行为、道德操守等角度解释了对幸福获得的重要性[②],柏拉图以及黑格尔等人的观点也认为"拥有德行,获得幸福"[③],且黑格尔甚至提出幸福属于道德伦理范畴[④]。同时,还有一部分国外哲学家从快乐的角度来探讨幸福:伊壁鸠鲁(希腊文是:Ἐπίκουρος,英文:Epicurus)在亚里斯提卜(Aristippos)所提出的幸福来自肉体上感官的快乐,认为心灵的快乐对其更为关键[⑤]。当然后来哲学家也同意了这一看法,如:康德等人指出任何美好感受的获得,可以表现为幸福。由此可见,哲学家们认为,幸福是一种价值导向,他受到财富、德行等因素的约束,表现为一种肉体感官和心灵思想上的快乐。

在经济学领域,幸福感理论走过了从早期经济学家对其的重定性研究到现代经济学家对其的重定量研究,且随着计量经济学成为经济领域研究的主要方法,使有关幸福感的历史和经验研究逐渐应用减少。早期,经济学家在通过计量经济学对幸福进行研究时,为了使其内容明确化,采用"效应"一词对其进行了取代,当然学者们还经常采用"福利""期望"以及"满足"等词来对其定量化。经济学家萨缪尔森等人认为,幸福等于效用与期望之比,是人们在现实社会中实现满足感的程度,其实现程度越高则越幸福[⑥]。而现代的经济学家对其的研究始于《富国论》,作者亚当·斯密(Adam Smith)主要从哲学的视角对其进行了阐释,认为幸福源自个体享受生活、热爱生活,积极乐观、拥有德行的人更容易获得幸福[⑦]。同时,亚当·斯密

---

① 冯俊科. 西方幸福论:从梭伦到费尔巴哈[M]. 北京:中华书局,2011:25.
② [古希腊]亚里士多德. 亚里士多德文集:尼各马可伦理学[M]. 北京:中国民艺出版社,2005:13.
③ [古希腊]柏拉图. 柏拉图全集(增订版)[M]. 王晓朝译. 北京:人民出版社,2015:105.
④ [德]格奥尔格·威廉·弗里德里希·黑格尔. 黑格尔历史哲学[M]. 北京:九州出版社,2011:63.
⑤ [美]伊壁鸠鲁,卢克来修. 自然与快乐:伊壁鸠鲁的哲学[M]. 包利民译. 北京:中国社会科学出版社,2004:28.
⑥ [美]萨缪尔森,诺斯,弗里德曼,等. 西方经济学经典选读[M]. 王学武,左柏云,李俊等人译,深圳:海天出版社,2002:47.
⑦ [英]亚当·斯密. 西方经济学圣经译丛富国论[M]. 唐日松译,北京:华夏出版社,2017:95.

还提出了适当财富、收入、自由、平等对幸福的影响,并指出这些因素是获得幸福的条件。后来,学者们通过理论与实证分析了影响幸福的内、外部因素,包括:性格、人口统计特征、经济状况等。由此看来,经济学家除了在某种程度上同意了哲学家的观点外,还特别强调了经济因素对幸福感的影响。

在心理学领域,起初,心理学学者将主观幸福感界定为个体在全身心投入的生活中,充分发挥自身潜能,从而达到自我实现的体验,因此,幸福发生在个体从事与深层价值最匹配的生活活动中,努力表现完美的真实潜力[①]。与其他领域相似,尽管多年来心理学学者们对幸福较为关注,但在很长一段时间,针对幸福的心理学概念学者们并非达成完全一致。直到1999年迈尔斯(Myers S C.)提出幸福是一种愉悦的积极情感,并且人民希望这种情感能够持续[②]这一观点之后,学者们才开始普遍认同幸福是与快乐有关的特定情感状态[③]。时至今日,学者们也普遍接受了从积极情感的角度来对幸福进行界定,并认为这是一种简单、实用的界定方式[④]。后来,在心理学家在对幸福展开实证研究中,为了提高可测性,采用了"主观幸福感"概念。其实,主观幸福感是幸福的主要状态,且由于主观幸福感受情感、认知的影响,使人们通过生活快乐感或生活满意度来对其进行评价。由此看来,心理学家与经济学家所理解的幸福感差异也在于经济学家所强调的经济因素作用。

在社会学领域,社会学者们将幸福感界定为个体对自己与他人、集体、社会之间的关系质量及对生活环境、社会功能(如:健康、人际适应等)的自我评估。因此,社会学领域重视个体与他人之间的关系、个体与社会

---

① WATERMAN A S. Two conceptions of happiness: contrasts of personal expressiveness (Eudaimonia) and hedonic enjoyment[J]. Journal of Personality and Social Psychology,1993(04):678-691.
② MYERS S C. Financial Architecture. European Financial Management[J]. European Financial Management,1999(05):133-141.
③ ANGNER E, Miller M J, Ray M N, et al. Health literacy and happiness: A community-based study[J]. Social Indicators Research,2010(02):325-338.
④ DUNCAN G. Should happiness-maximization be the goal of government?[J]. Journal Happiness Study,2010(11):163-178.

组织等社会机构之间的联结、个体对社会生活满意感的评估等[①]。Frey指出，由于居民的主观幸福感能够较合理、完整的评价个人对生活的满意程度，因此，通常将其用于衡量幸福感。虽然，学者们在构建幸福感影响因素模型时主要测量了居民的总体幸福感，如：中国社会综合调查针对居民幸福感的调查问题为："总的来说，您觉得您的生活是否幸福？"。但这一单维度评价的幸福感与其他多维度评价的相关维度具有极高的相关性，因此，该评价方式也将具有极高的信度水平。也正因如此，本研究将选取居民的主观幸福感指标作为重要变量之一。

综合来看，学者们根据自身领域对幸福感的概念界定存在一定差异。如：哲学家侧重"价值取向"，经济学家侧重"幸福资源"，心理学家侧重"主观体验"，而社会学家侧重的是"生活满意度"。

（二）幸福感的宏观、中观及微观影响因素

幸福感的影响因素既包括宏观的经济因素、社会发展以及自然环境，中观的社区能力、政府信任以及组织影响，也包括微观的人口统计学特征等。在宏观因素方面：首先是经济因素，一个国家或地区的经济水平在一定程度上能影响人们的幸福感水平。尤其是当经济失调，失业率和通货膨胀严重时，此时经济的萧条导致了社会福利水平的下降，进而导致居民幸福感的降低。国内学者刘军强等人通过实证研究，得出经济增长是居民幸福感的重要积极因素[②]。国外学者拉斐尔（Rafael D T）等人从经济学角度探讨了失业、通货膨胀对居民幸福感的影响，发现其与居民幸福感具有显著的负相关关系，且失业因素对其的影响更大[③]。后来，学者们也均验证了这一结论，如亚利桑那（Alesina A）等人证明了通货膨胀对幸福感具有显著的负面效应[④]。

---

① Wann D L, Pierce S. The Relationship between sport team identification and social well-being: additional evidence supporting the team identification social psychological health model[J]. North American Journal of Psychology，2005（01）：117-124.

② 刘军强，熊谋林，苏阳. 经济增长时期的国民幸福[J]. 中国社会科学，2012（12）：82-102.

③ Rafael D T, Robert M C, Andrew O. Preferences over Inflation and Unemployment: Evidence from Surveys of Happiness[J]. American Economic Review，2001（03）：335-341.

④ Alesina A, Tella R D, Culloch R M. Inequality and Happiness: Are Europeans and Amerieans different?[J]. Journal of Public Economics，2004（88）：2009-2042.

其次是社会发展因素，社会发展涉及分配公平、公共服务、社会福利、城镇化以及民主制度等。袁正、郑欢等人在分配公平与幸福感之间关系的研究中指出，居民幸福感与收入不公呈显著的负相关关系[1]；丁述磊在《公共服务对居民幸福感的影响》一文中指出，公共服务水平的提高能够显著增加居民幸福感[2]。袁书华等人的实证研究发现，社会福利是主观幸福感的重要影响因素之一[3]；樊娜娜通过分析城镇化对居民幸福感的影响作用，发现城镇化的发展与居民幸福感存在倒"U"型关系，表现为城镇化在一定程度上能够提升居民幸福感，但是当城市过度拥挤时，又会降低居民幸福感[4]；石磊在解析民族幸福感现象时指出，从实质民主的角度来看，实质性民主对居民主观幸福感具有正效应[5]。这些研究证实了社会发展的各项因素均对居民幸福感具有一定的作用价值。

在自然环境因素上，自然环境对居民幸福感的影响是毋庸置疑的，它能对其产生直接影响，如雷丹扎、大卫的实证研究表明，气候变暖能够显著降低人们的幸福感水平[6]。当然，环境污染、自然景观等也均是影响居民幸福感的重要自然环境因素。如：郑君君，刘璨等人基于 CGSS 对环境污染影响居民幸福感进行了研究，其结果显示主观感知的环境污染程度能够对居民的幸福感产生负面影响[7]等。但是，目前来看，自然环境对人们幸福感的影响仍然没有得到我国学者的重视，在这方面我们还需要做出更多的努力。

在中观影响因素方面，其社会支持、政府治理、组织因素以及社区能力均是影响居民幸福感的重要因素。内厄姆等人的研究认为，良好的社会

---

[1] 袁正，郑欢，韩骁. 收入水平、分配公平与幸福感[J]. 当代财经，2013（11）：5-15.

[2] 丁述磊. 公共服务对居民主观幸福感的影响——基于医疗、住房、就业服务视角[J]. 东北财经大学学报，2016（01）：77-84.

[3] 袁书华，邢占军. 农村留守儿童社会福利与主观幸福感的关系研究[J]. 中国特殊教育，2017（09）：9-14.

[4] 樊娜娜. 城镇化、公共服务水平与居民幸福感[J]. 经济问题探索，2017（09）：86-93.

[5] 石磊. 民主与幸福感——解析中国的民主幸福感现象[J]. 青年研究，2018（03）：55-67.

[6] Rehdanza K, David M. Climate and Happiness[J]. Ecological Economies，2005（52）：111-125.

[7] 郑君君，刘璨，李诚志. 环境污染对中国居民幸福感的影响——基于 CGSS 的实证分析[J]. 武汉大学学报（哲学社会科学版），2015（04）：66-73.

支持网络有利于消除个体心理障碍,缓解心理压力,从而提高幸福感水平[1];陈刚、李树的研究发现,政府治理对居民幸福感的影响要远高于经济增长对其的影响程度,且政府治理显著影响低收入居民的幸福感,但对高收入居民的幸福感影响较小,并指出提高政府治理将不仅能够增加居民幸福感,而且还能够缩小高、低收入居民幸福感的差距[2];阿卜德(Abd H)等人的研究则指出,组织中的积极人际关系与幸福感具有重要的关联,且高品质的人际交往将是员工幸福感的重要来源[3];孟祥斐的研究得到社区能力与居民幸福感具有积极的正相关关系,社区能力显著地影响了居民幸福感的提升[4]。这些研究均从中观层面表达了它们对居民幸福感影响的自身价值。

在微观层次因素方面,目前,学者们的理论分析与实证研究均已证明了人口统计学特征是居民幸福感的重要影响因素,包括:性别、年龄、民族、宗教信仰、婚姻状况、教育程度、工作性质以及收入情况等。普遍发现,已婚人群的幸福感高于未婚、丧偶人群,健康人群高于身体状况不佳人群,受教育越高的群体其幸福感高于教育程度低的群体,居民的收入越高其幸福感越强烈[5],如:费勒(Ferrer-I-CarbonellA.)的研究发现,绝对收入对主观幸福感具有积极的影响作用[6]。后来学者也进一步验证了这一观点,即:经济收入显著预测了居民幸福感[7]。当然,这些结果可能因为调查不同的国

---

[1] Nahum-Shani I, Bamberger P, Bacharach S. Social support and employee well-being: The conditioning effect of perceived patterns of supportive exchange[J]. Journal of Health and Social Behavior, 2011(01): 123-139.

[2] 陈刚,李树. 政府如何能够让人幸福?——政府质量影响居民幸福感的实证研究[J]. 管理世界, 2012(08): 55-67.

[3] Abd H, Hashim I, Zaharim N. Workplace friendships among bank employees in Eastern Libya[J].Digest of Middle East Studies, 2013(01): 94-116.

[4] 孟祥斐. 政府绩效、社区能力与居民幸福感——基于深圳与厦门的数据考察[J]. 领导科学, 2015(23): 8-10.

[5] Hayo B. Happiness in Transition: An Empirical Study on Eastern Europe[J]. Economic Syslems, 2007 (02): 204-221.

[6] Ferrer-I-Carbonell A. Income and Well-being: An Empirical Analysis of the Comparison Income Effect[J]. Journal of Public Economics, 2005(05): 997-1019.

[7] Momtaz Y, Ibrahim R, Hamid T, et al. Sociodemographic predictors of elderly's psychological well-being in Malaysia[J]. Aging & Mental Health, 2011(04): 437-445.

家或地区，其结论存在一定差异，如：针对性别对幸福感的影响研究，欧美的女性幸福感较男性强烈，俄罗斯等国家则表现出男性更高，而针对日本的研究则得出性别与幸福感无关的结论。当然，还存在影响因素与幸福感之间存在 U 型关系，如：在年龄对幸福感影响的研究中，学者们发现幸福感随着年龄的提升而成 U 型变化特征[①]。

由此可见，无论是宏观的经济发展、中观的社会支持，还是微观的人口统计学特征，其均在某种程度上对居民幸福感具有显著的影响作用。也正是因为存在不同角度对居民幸福感的影响贡献，即：居民幸福感的获得是多因素导致的结果，学者们便从自身所学领域对居民幸福感的影响进行了各自的相关解释。从文献资料中可以见得，社会发展中的公共服务对居民幸福感具有重要的影响价值，因此，公共资源的投入必然也将对居民幸福感具有独特的自身贡献。

（三）幸福感的不同测量方法

既然幸福感能在社会学领域、心理学领域以及经济学领域进行计量研究，那么，对幸福感的测量便是进行定量研究的基础。目前，针对幸福感的量化存在不同的测量方法，主要包括单维度测量和多维度测量两类方法。

①在单维度测量方面，主要是被试者通过对自身的状态或体验进行主观描述，从而评估被试者的幸福水平[②]。且大部分研究的问题相似，即：总的来说，您觉得您的生活是否幸福？（中国综合社会调查便采用此问题来对居民幸福感进行评估）。只是许多学者在评估时所使用的等级不同，有的采用 3 级记分，有的采用 5 级记分，还有的采用 7 级记分，这通常根据自身的研究需要而定。如：古林等人（2010）的研究对幸福感评价时采用"非常幸福、比较幸福还是非常不幸福"，而博米尔斯基等人的研究则将居民的幸福感状态分为 7 个等级，"7"最高等级，代表着"极其幸福"[③]。目前，除中国综合社会调查采用这一方法对居民幸福感情况进行评估外，美国综合社会调查也采用了单维度问题对其进行了评估："综合各方面因素，

---

① 顾德宁，顾燕. 健康忠告：当代人身心问题警示录[M]. 南京：东南大学出版社，2009：25.
② Mogillivray M. Human Well-being: Issues, Concepts and Measures[M]. Basingstoke: Palgrave Macmillan, 2007.
③ 亓涛伟. 转型期中国居民主观幸福感的计量分析[D]. 武汉：华中科技大学，2010.

您觉得您最近生活怎么样？"。由此看来，无论国内还是国外，幸福感的单维度问卷评价均由于它具有较高的表面效度[①]，使其在各个国家和研究领域得到了广泛的应用。

②就多维度的幸福感测评而言，早在20世纪70年代迪普伊就将幸福感划分为健康、快乐、行为控制、精力、情绪化以及焦虑等六个维度，并包括33道题项；后来，德内夫（Deneve K）等人在基于前人研究的基础上，将幸福感设定为四个维度：生活满意度、快乐、积极情感及消极情感[②]。

在进入21世纪后，我国社会学学者邢占军将其分为十个维度，包括：知足充裕体验、成长发展体验、社会信心体验、自我接受体验、身体健康体验、家庭氛围体验、心理健康体验、目标价值体验、人际适应体验以及心态平衡体验[③]。但由于条目过多，在数据收集过程中通常会影响到收集的效度。

目前，无论是采用单维度测评还是多维度测评更为合适，各领域学者均未给出确定性结论。但无论如何，对居民幸福感的评估最为广泛的方法仍然是自我报告法，也正是由于它具有非常高的表面效度以及实施与统计的方便性，得到了国内、外各数据库以及专家们的广泛认可与采用。

本书主要从人口特征，即居民自身因素、居民的家庭因素、居民的价值取向、经济因素以及居民所处的中国的社会环境因素，这五个方面出发，选取相关指标研究居民幸福感的影响因素。

在人口特征方面，男女存在着先天性的差异，女性对事件的感知更为细腻，而男性普遍在许多事物的感知上更为粗犷，所以对同一事件，男女的感受会有所不同；如今中国社会的老龄化现象越来越严重，而适龄青年在国家鼓励生育的政策下仍不愿生育，中国的青少年也面临着不小的学业压力，所以年龄可能也是影响居民幸福感的重要因素；中国已经进入高等教育普及化阶段，但一年比一年更严重的"就业难"现象也使许多居民产生了学历焦虑；中国的城镇与乡村存在着较大的发展差距，这也可能使得居民产生不同的幸福感受；拥有健康的身体是一切的前提，身体的健康程

[①] 郑希付. 我们的幸福感[M]. 广州：暨南大学出版社，2008：10.
[②] Deneve K, Cooper H. The happy personality: a meta-analysis of 137 personality traits and subjective well-being[J]. Psychological Bulletin, 1998（02）：197-229.
[③] 邢占军. 测量幸福：主观幸福感测量研究[M]. 北京：人民出版社，2005：57.

度会明显地影响居民对事物的感知；人具有社会性，群居是人类进行生产活动的主要形式，所以居民的人际关系好坏会对居民产生积极或者消极的影响；中国法律规定居民具有信仰自由，信仰可能会对居民的思维方式产生影响；另外，生活的成就感与居民生活的幸福感密切相关。综上所述，本书在人口特征（即居民自身素质）方面选取了性别、年龄、受教育程度、城乡分类、健康状况、人际关系、宗教信仰这7个指标，作为分析居民幸福感的影响因素。

幸福感是居民的主观态度，一个人的性格，或者说价值观念是影响一个人幸福感的重要因素，所以本书选取了居民是否有过捐款行为、居民认为很有钱的重要程度、居民认为生活有乐趣的重要程度、居民认为有成就感的重要程度、居民对关系比能力重要的认同感这5个指标作为居民价值取向的衡量标准，进而分析居民价值取向对居民幸福感的影响。

在家庭因素方面，首先选取了居民的婚姻状态作为解释变量，婚姻是居民幸福感的一个重要来源，良好的婚姻状态会对居民产生正向的影响，与配偶的亲密程度往往也反映着居民的幸福感；居民的家庭成员数量也会在一定程度上影响每个家庭成员获取的资源，所以引入了家庭成员数量作为分析指标；幸福感是居民的主观态度，所以引入了居民认为家庭美满的重要程度和居民认为子女有出息的重要程度作为评价标准。综上所述，本书在家庭因素方面选取了家庭成员数量、婚姻状态、对父母的信任程度、认为与配偶关系亲密的重要程度、认为家庭美满的重要程度、认为子女有出息的重要程度这6个指标作为分析居民幸福感的影响因素。

在社会环境方面，政府是维持社会稳定、和谐发展的重要前提，居民对政府的评价体现了政府对居民生活的良性影响程度；环境问题是当今世界面临的重大课题，雾霾、黑雨、工厂废弃物排放等都会对居民的生活状态产生不良影响；住房问题是中国当代居民最为关注的问题，传统的买房观念使得中国的房价居高不下，购房对居民来说是不小的压力；完善的社会保障制度意味着高水平的社会福利制度，社会保障是居民生活实践的最底线；医疗水平可以衡量一个社会的文明程度，中国现阶段致力于解决居民看病难的问题。综上所述，本书选取居民对本市县政府的评价、居民对干部的信任程度、居民中国环境问题的严重程度、中国贫富差距问题的严重程度、中国住房问题的严重程度、中国社会保障的严重程度、医疗水平这7个指标作为研究中国居民幸福感的影响因素。

在经济因素方面，从事农业劳动意味着要付出更多的体力劳动，从事非农业劳动意味着更多的不确定性；不同的收入水平对应着不同的生活质量，但也可能面对着不同的压力；随着中国经济进入产业升级的转型阶段，中国社会已经进入内卷化时期，就业问题在各个年龄层都更加突出，越来越激烈的社会竞争是造成当代中国居民焦虑的主要原因；所以本书引入居民收入、居民工作性质、居民认为我国就业问题的严重程度这三个指标作为研究我国居民幸福感的影响因素。

本书的数据来源是2018年的中国家庭追踪调查数据。中国家庭追踪调查（China Family Panel Studies，CFPS）旨在通过跟踪收集个体、家庭、社区三个层次的数据，反映中国社会、经济、人口、教育和健康的变迁，为学术研究和公共政策分析提供数据基础。CFPS由北京大学中国社会科学调查中心（ISSS）实施。项目采用计算机辅助调查技术开展访问，以满足多样化的设计需求，提高访问效率，保证数据质量，是北京大学和国家自然基金委资助的重大项目。

CFPS重点关注中国居民的经济与非经济福利，以及包括经济活动、教育成果、家庭关系与家庭动态、人口迁移、健康等在内的诸多研究主题，是一项全国性、大规模、多学科的社会跟踪调查项目。CFPS样本覆盖25个省、市、自治区，目标样本规模为16 000户，调查对象包含样本家户中的全部家庭成员。CFPS调查问卷共有社区问卷、家庭问卷、成人问卷和少儿问卷四种主体问卷类型，并在此基础上不断发展出针对不同性质家庭成员的长问卷、短问卷、代答问卷、电访问卷等多种问卷类型。

本章旨在研究个体的居民幸福感影响因素，所以选取了2018年中国家庭追踪调查的个人问卷部分，2018年中国家庭追踪调查个人问卷包含997个指标，共32 669条数据。本章通过主观判断选取了28个指标作为本书研究的基础数据，为了分析的有效性和完整性，首先删除了缺失值部分，将无收入的未成年群体的收入水平赋值为0；同时，需要根据本书的研究内容对原始数据进行进一步的赋值处理。因篇幅所限，具体操作过程和处理方法不在此赘述，下面只对居民幸福感现状和影响因素加以分析。

二、居民幸福感现状

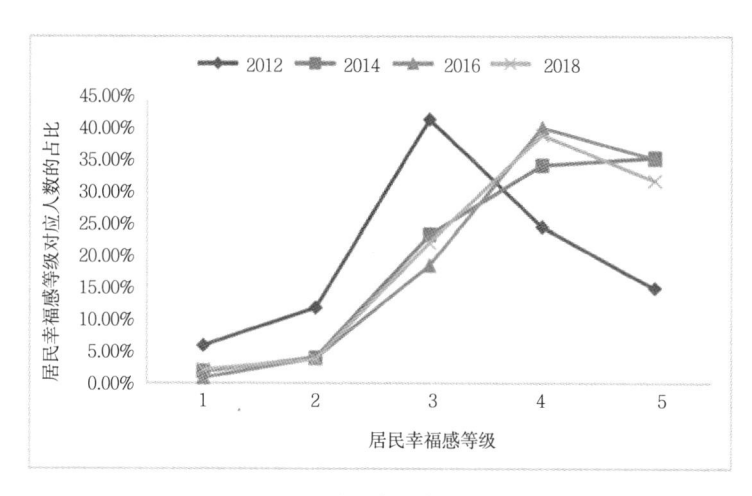

图2-1 居民幸福感折线图

图2-1是CFPS数据2012年、2014年、2016年、2018年居民幸福感的调查结果折线图。从图中可以看到，我国居民的幸福感是逐渐提高的，在2012年，我国居民的幸福感最低，大部分居民认为自己一般幸福，而在2014年以后，感觉自己比较幸福的居民人数占比都是比较大的，2016年的居民幸福感要略高于2018年的居民幸福感。

表2-1 2018年居民幸福感频数表

幸福感	频数	百分比	累计比
1	704	2.3	2.3
2	1 247	4	6.2
3	7 193	23	29.3
4	11 192	35.8	65.1
5	10 919	34.9	100
累计	31 255	100	

表2-1是2018年居民幸福感的频数表，从整体上来看，2018年我国居民的幸福程度比较高。对自己的幸福感评分在7~8分（感觉比较幸福）的被调查者占总调查人数的比例最大，是35.8%；对自己幸福感评分在9~10分（感觉自己很幸福）的被调查者占总调查人数的比例也比较大，是34.9%，对自己幸福感评分在5~6分（感觉一般幸福）的被调查者占

总被调查人数的比例是23%，对自己幸福感评分在3～4分（感觉比较不幸福）的被调查者占总人数的比例是4%，而对自己幸福感评分在0～2分（感觉很不幸福）的被调查者仅占总人数比例的2.3%；感觉自己不幸福（对自己幸福感评分在5分以下）的人数仅占总调查人数的6.2%。

三、居民幸福感影响因素

（一）人口特征对居民幸福感的影响

1. 年龄对居民幸福感的影响

表2-2 不同年龄的居民幸福感的卡方检验

卡方检验	值	自由度	渐进显著性（双侧）
卡方统计量	204.179	12	0
有效个案数	15 314		

设定显著性水平为0.05，由上表可以看到，卡方检验的值为204.179，P值趋近于0，所以在0.05的显著性水平上，认为被检验的变量间存在差异，即不同年龄层次的居民幸福感不同。

表2-3 年龄与幸福感的交叉表

		幸福感					总计
		1	2	3	4	5	
1	59岁以上（人）	36	63	296	361	529	1285
	占年龄的百分比	2.80	4.90	23.00	28.10	41.20	100.00
	占幸福感的百分比	11.20	10.90	8.60	6.00	10.70	8.40
2	46至59岁（人）	44	69	329	344	418	1204
	占年龄的百分比	3.70	5.70	27.30	28.60	34.70	100.00
	占幸福感的百分比	13.70	11.90	9.60	5.70	8.50	7.90
3	18至45岁（人）	236	427	2688	5063	3739	12153
	占年龄的百分比	1.90	3.50	22.10	41.70	30.80	100.00
	占幸福感的百分比	73.30	73.70	78.40	83.60	75.80	79.40
4	18岁以下（人）	6	20	117	285	244	672
	占年龄的百分比	0.90	3.00	17.40	42.40	36.30	100.00
	占幸福感的百分比	1.90	3.50	3.40	4.70	4.90	4.40

由上表可以发现，我国18岁以下的青少年感到十分幸福的人数占青少年总人数的36.30%，感到十分不幸福的青少年占青少年总人数的0.90%；18岁至45岁的青年人感到十分幸福的青年人占青年人总人数的30.80%，

感到十分不幸福的人数占青年人总人数的1.9%；46岁至59岁的中年人感到十分幸福的人数占总人数的34.7%，感到十分不幸福的中年人占中年人总人数的3.7%；而59岁以上的老年人感到十分幸福的比例达到了41.2%，感到十分不幸福的老年人的比例是2.8%。

通过分析可以发现，青少年是我国幸福感最高的群体，中年人的幸福程度排在第二位，而老年人虽然感到十分幸福的比例较高，但感到比较幸福的人数占老年人总人数的28.1%，感到十分不幸福的人数占比也达到了2.8%，说明我国老年人群体内部的幸福感差异较大。

2. 城乡居民幸福感的比较

表2-4 城乡居民幸福感的卡方检验

	值	自由度	渐进显著性（双侧）
卡方统计量	194.416	4	0
有效个案数	31255		

设定显著性水平为0.05，由上表可以看到，我国城乡居民幸福感卡方检验统计量的值为194.416，P值趋近于零，所以在0.05的显著性水平上，认为我国城乡居民的幸福感存在差异。

表2-5 城乡分类与幸福感的交叉表

		幸福感					总计
		1	2	3	4	5	
0	很差（人）	417	722	3835	5047	5513	15534
	占城乡分类的百分比	2.70	4.60	24.70	32.50	35.50	100.00
	占幸福感的百分比	59.20	57.90	53.30	45.10	50.50	49.70
1	很好（人）	287	525	3358	6145	5406	15721
	占城乡分类的百分比	1.80	3.30	21.40	39.10	34.40	100.00
	占幸福感的百分比	40.80	42.10	46.70	54.90	49.50	50.30

我国乡村居民感到比较幸福的人数占乡村居民总人数的32.5%，感到十分不幸福的人数占乡村居民总人数的2.7%；我国城镇居民感到比较幸福的人数占城镇居民总人数的39.1%，而感到十分不幸福的城镇人数占城镇总人数的1.8%。通过分析可以发现，我国城镇居民的幸福感要高于我国乡村居民的幸福感。

3. 健康状况对居民幸福感的影响

表2-6 不同健康状况居民幸福感的卡方检验

	值	自由度	渐进显著性（双侧）
卡方统计量	2 008.750	16	0
有效个案数	31255		

同样设置显著性水平为0.05，我国不同健康状况的居民幸福感的卡方检验统计量值为2 008.750，P值趋近于0，所以可以说在显著性水平0.05上，我国不同健康状况的居民幸福感存在差异。

表2-7 健康状况与幸福感的交叉表

		幸福感					总计
		1	2	3	4	5	
1	很差（人）	69	115	721	1 291	2 530	4 726
	占健康状况的百分比	1.50	2.40	15.30	27.30	53.50	100.00
	占幸福感的百分比	9.80	9.20	10.00	11.50	23.20	15.10
2	较差（人）	65	14	890	2 068	2 201	5 367
	占健康状况的百分比	1.20	2.70	16.60	38.50	41.00	100.00
	占幸福感的百分比	9.20	11.50	12.40	18.50	20.20	17.20
3	一般（人）	218	438	2 978	5 228	3 823	12 685
	占健康状况的百分比	1.70	3.50	23.50	41.20	30.10	100.00
	占幸福感的百分比	31.00	35.10	41.40	46.70	35.00	40.60
4	较好（人）	87	191	1 211	132	1 007	3 816
	占健康状况的百分比	2.30	5.00	31.70	34.60	26.40	100.00
	占幸福感的百分比	12.40	15.30	16.80	11.80	9.20	12.20
5	很好（人）	265	360	1 393	1 285	1 358	4 661
	占健康状况的百分比	5.70	7.70	29.90	27.60	29.10	100.00
	占幸福感的百分比	37.60	28.90	19.40	11.50	12.40	14.90

通过上表可以了解到，健康状况很好的居民感到十分幸福的比例是53.5%，感到十分不幸福的比例是1.5%；健康状况较好的居民感到十分幸福的比例是41%，感到十分不幸福的比例是1.2%；健康情况一般的居民感到十分幸福的比例是30.1%，感到十分不幸福的比例是1.7%；健康情况较差的居民感到十分幸福的比例是26.4%，感到十分不幸福的比例是2.3%；健康情况很差的居民感到十分幸福的比例是29.1%，感到十分不幸福的比例是5.7%。

通过以上分析可以了解到，我国居民感到十分幸福的比例随着健康水平的提高而增加，健康状况较好的居民感到幸福的人数比例也比较大，而健康状况不好的居民感到幸福的人数占比也比较低。

4. 学历水平对居民幸福感的影响

表2-8 不同学历水平居民幸福感的卡方检验

	值	自由度	渐进显著性（双侧）
卡方统计量	1 091.782	16	0
有效个案数	31255		

设置显著性水平为0.05，我国不同学历的居民幸福感的卡方检验的统计量值是1 091.782，P趋近于0，所以可以认为在显著性水平0.05上，我国不同学历水平的居民幸福感存在差异。

表2-9 学历水平与幸福感的交叉表

		幸福感					总计
		1	2	3	4	5	
1	小学及以下（人）	462	727	3 526c	3 916d	5 505c	14136
	占学历水平的百分比	3.30	5.10	24.90	27.70	38.90	100.00
	占幸福感的百分比	65.60	58.30	49.00	35.00	50.40	45.20
2	初中阶段（人）	159	299	2 099	3 331	2 942	8 830
	占健康状况的百分比	1.80	3.40	23.80	37.70	33.30	100.00
	占幸福感的百分比	22.60	24.00	29.20	29.80	26.90	28.30
3	高中阶段（人）	58	130	99	2 141	1 432	4 754
	占学历水平的百分比	1.20	2.70	20.90	45.00	30.10	100.00
	占幸福感的百分比	8.20	10.40	13.80	19.10	13.10	15.20
4	大学专科（人）	19	57	343	939	599	1 957
	占学历水平的百分比	1.00	2.90	17.50	48.00	30.60	100.00
	占幸福感的百分比	2.70	4.60	4.80	8.40	5.50	6.30
5	大学本科及以上（人）	6	34	232	865	441	1 578
	占学历水平的百分比	0.40	2.20	14.70	54.80	27.90	100.00
	占幸福感的百分比	0.90	2.70	3.20	7.70	4.00	5.00

学历水平在小学及以下的居民中，感到十分幸福的比例是38.9%，感到比较幸福的比例是27.7%，而感到十分不幸福的比例是3.3%；学历在初中水平的居民中，感到十分幸福的比例是33.3%，感到比较幸福的比例是37.3%，而感到十分不幸福的比例是1.8%；学历水平在高中的居民中，感到十分幸福的比例是30.1%，感到比较幸福的比例是45%，感到十分不幸福的比例是1.2%；在学历水平是大学专科的居民中，感到十分幸福的比例是30.6%，感到比较幸福的比例是48%，感到十分不幸福的比例是1.2%；在学历水平为大学本科及以上的居民中，感到十分幸福的比例是27.9%，

感到比较幸福的居民比例是54.8%，感到十分不幸福的比例是0.4%。

通过以上分析可以发现，学历水平较低时，居民感到十分幸福的比例相对较大，但在学历水平较高时，居民感到十分不幸福的比例相对较小，学历水平较高时，感到比较幸福的比例是相对较大的。

5. 人际关系对居民幸福感的影响

表2-10 不同人际关系居民幸福感的卡方检验

	值	自由度	渐进显著性（双侧）
卡方统计量	12 179.747	16	0
有效个案数	31 255		

设置显著性水平为0.05，我国居民不同人际关系水平的幸福感的卡方检验统计量的值是12 179.747，P值趋近于0，说明在显著性0.05水平上，可以认为我国居民不同的人际关系水平的幸福感间存在差异。

表2-11 人际关系与幸福感的交叉表

		幸福感					总计
		1	2	3	4	5	
1	人际关系很差（人）	149	63	96	39	86	433
	占人际关系的百分比	34.40	14.50	22.20	9.00	19.90	100.00
	占幸福感的百分比	21.20	5.10	1.30	0.30	0.80	1.40
2	人际关系较差（人）	86	361	425	266	179	1 317
	占人际关系的百分比	6.50	27.40	32.30	20.20	13.60	100.00
	占幸福感的百分比	12.20	28.90	5.90	2.40	1.60	4.20
3	人际关系一般（人）	232	535	4 020	3 029	1 799	9 615
	占人际关系的百分比	2.40	5.60	41.80	31.50	18.70	100.00
	占幸福感的百分比	33.00	42.90	55.90	27.10	16.50	30.80
4	人际关系较好（人）	104	194	1 980	676	4 111	13 158
	占人际关系的百分比	0.80	1.50	15.00	51.40	31.20	100.00
	占幸福感的百分比	14.80	15.60	27.50	60.50	37.60	42.10
5	人际关系很好（人）	133	94	672	1 089	4 744	6 732
	占人际关系的百分比	2.00	1.40	10.00	16.20	70.50	100.00
	占幸福感的百分比	18.90	7.50	9.30	9.70	43.40	21.50

居民的人际关系很差时，感到十分幸福的人数的比例是19.9%，感到十分不幸福的人数比例是34.4%；当居民的人际关系较差时，感到十分幸福的人数比例是13.6%，感到十分不幸福的人数比例是6.5%；当居民的人际关系一般时，感到十分幸福的人数比例时18.7%，而感到十分不幸福的人数比例是2.4%，当居民的人际关系较好时，感到十分幸福的人数比例时

31.2%，感到十分不幸福的人数比例是 0.8%，在居民的人际关系很好时，感到十分幸福的人数比例是 70.5%，感到十分不幸福的人口比例是 2%。

通过上述分析可以发现，当居民的人际关系较好时，居民感到幸福的人数占比也比较高，而在居民的人际关系很差时，居民感到幸福的人数占比也偏低。

（二）社会环境对居民幸福感的影响

1. 对政府的信任程度对居民幸福感的影响

表2-12 对政府信任程度不同的居民幸福感的卡方检验

	值	自由度	渐进显著性（双侧）
卡方统计量	2 758.321	16	0
有效个案数	31255		

设置显著性水平为 0.05，我国对政府信任程度不同的居民的幸福感的卡方检验的统计量的值是 2 758.321，P 值趋近于 0。所以，在统计学上，可以认为我国对政府信任程度不同的居民的幸福感存在差异。

表2-13 对政府信任程度与居民幸福感的交叉表

		幸福感					总计
		1	2	3	4	5	
1	计数（人）	300	367	1 500	1 433	1 620	5 220
	对政府的信任程度	5.70	7.00	28.70	27.50	31.00	100.00
	幸福感的百分比	42.60	29.40	20.90	12.80	14.80	16.70
2	计数（人）	89	323	1 332	1 598	1 146	4 488
	占对政府的信任程度的百分比	2.00	7.20	29.70	35.60	25.50	100.00
	占幸福感的百分比	12.60	25.90	18.50	14.30	10.50	14.40
3	计数（人）	180	346	3 067	4 871	3 787	12 251
	占对政府的信任程度的百分比	1.50	2.80	25.00	39.80	30.90	100.00
	占幸福感的百分比	25.60	27.70	42.60	43.50	34.70	39.20
4	计数（人）	48	123	816	2 631	2 204	5 822
	占对政府的信任程度的百分比	0.80	2.10	14.00	45.20	37.90	100.00
	占幸福感的百分比	6.80	9.90	11.30	23.50	20.20	18.60
5	计数（人）	87	88	478	659	2 162	3 474
	占对政府的信任程度的百分比	2.50	2.50	13.80	19.00	62.20	100.00
	占幸福感的百分比	12.40	7.10	6.60	5.90	19.80	11.10

根据上面的频数表可以看到，对政府很不信任的居民中，感到十分幸福的人数占比是31%，感到十分不幸福的人数占比是5.7%；对政府比较不信任的居民中，感到十分幸福的人数占比是25.5%，感到十分不幸福的人数占比是2%；对政府信任程度一般的居民中，感到十分幸福的人数占比是30.9%，感到十分不幸福的人数占比是1.5%；对政府比较信任的居民中，感到十分幸福的居民人数占比是37.9%，感到十分不幸福的居民人数占比是0.8%；对政府很信任的居民中，感到十分幸福的人数占比是62.2%，感到十分不幸福的人数占比是2.5%。

通过以上的分析可以了解到，在对政府很不信任的居民中，感觉不幸福的比例更高；而在对政府比较信任和对政府很信任的居民中，感到十分幸福的比例更高。

2. 环境问题对居民幸福感的影响

表2-14 环境问题与居民幸福感的卡方检验

	值	自由度	渐进显著性（双侧）
卡方统计量	1 458.401	16	0
有效个案数	31 255		

设置显著性水平为0.05，认为中国环境问题严重程度与居民幸福感的卡方检验的统计量的值是1 458.401，P值趋近于0，说明对我国环境问题看法不同的居民的幸福感存在显著差异。

表2-15 环境问题与幸福感的交叉表

		幸福感					总计
		1	2	3	4	5	
1	计数（人）	152	183	843	1 141	2 268	4 587
	占环境问题的百分比	3.30	4.00	18.40	24.90	49.40	100.00
	占幸福感的百分比	21.60	14.70	11.70	10.20	20.80	14.70
2	计数（人）	68	157	533	652	593	2 003
	占环境问题的百分比	3.40	7.80	26.60	32.60	29.60	100.00
	占幸福感的百分比	9.70	12.60	7.40	5.80	5.40	6.40
3	计数（人）	174	377	2418	2 908	2 477	8 354
	占环境问题的百分比	2.10	4.50	28.90	34.80	29.70	100.00
	占幸福感的百分比	27.70	30.20	33.60	26.00	22.70	26.70
4	计数（人）	96	261	1 689	3 756	2 153	7 955
	占环境问题的百分比	1.20	3.30	21.20	47.20	27.10	100.00
	占幸福感的百分比	13.60	20.90	23.50	33.60	19.70	25.50

续表

		幸福感					总计
		1	2	3	4	5	
5	计数（人）	214	269	1 710	2 735	3 428	8 356
	占环境问题的百分比	2.60	3.20	20.50	32.70	41.00	100.00
	占幸福感的百分比	30.40	21.60	23.80	24.40	31.40	26.70
	计数（人）	704	1 247	7 193	11 192	10 919	31 255
	占环境问题的百分比	2.30	4.00	23.00	35.80	34.90	100.00
	占幸福感的百分比	100	100.00	100.00	100.00	100.00	100.00

通过上表可以看到，认为我国不存在环境问题的居民感到十分不幸福的人数占比是3.3%，感到十分幸福的居民人数占比是49.4%，感到比较幸福的人数占比是24.9%；在认为我国环境问题较轻的居民中，感到十分不幸福的人数占比3.4%，感到十分幸福的人数占比是29.6%，感到比较幸福的人数占比是32.6%；在认为我国环境问题一般严重的居民中，感到十分不幸福的人数占比是2.1%，感到十分幸福的人数占比是29.7%；认为我国环境问题比较严重的居民中，感到十分不幸福的人数占比是1.2%，感到十分幸福的人数占比是27.1%；认为我国环境问题很严重的居民中，感到十分不幸福的人数占比是2.6%，感到十分幸福的人数占比是41%。

整体来看，认为我国环境问题很严重的居民，感到十分幸福的人数占比偏低，认为我国环境问题不严重的居民，感到十分幸福的人数占比较高；但是认为我国环境问题较轻的居民感到十分不幸福的人数占比要高于认为我国环境问题比较严重的居民。

3. 医疗水平对居民幸福感的影响

表2-16 不同医疗水平与居民幸福感的卡方检验

	值	自由度	渐进显著性（双侧）
卡方统计量	438.942	16	0
有效个案数	31 255		

设置显著性水平为0.05，不同医疗水平与居民幸福感的卡方检验的统计量值是438.942，P值趋近于0，说明，在显著性0.05水平上，处于不同的医疗环境下居民的幸福感程度不同。

表2-17 医疗水平与幸福感的交叉表

		幸福感 1	2	3	4	5	总计
1	计数（人）	22	30	161	151	152	516
	占医疗水平的百分比	4.30	5.80	31.20	29.30	29.50	100.00
	占幸福感的百分比	3.10	2.40	2.20	1.30	1.40	1.70
2	计数（人）	100	181	852	1 029	789	2 951
	占医疗水平的百分比	3.40	6.10	28.90	34.90	26.70	100.00
	占幸福感的百分比	14.20	14.50	11.80	9.20	7.20	9.40
3	计数（人）	263	492	2 937	4 330	4 168	12 190
	占医疗水平的百分比	2.20	4.00	24.10	35.50	34.20	100.00
	占幸福感的百分比	37.40	39.50	40.80	38.70	38.20	39.00
4	计数（人）	244	440	2 662	4 890	4 477	12 713
	占医疗水平的百分比	1.90	3.50	20.90	38.50	35.20	100.00
	占幸福感的百分比	34.70	35.30	37.00	43.70	41.00	40.70
5	计数（人）	75	104	581	792	1 333	2 885
	占医疗水平的百分比	2.60	3.60	20.10	27.50	46.20	100.00
	占幸福感的百分比	10.70	8.30	8.10	7.10	12.20	9.20
总计	计数（人）	704	1 247	7 193	11 192	10 919	31 255
	占医疗水平的百分比	2.30	4.00	23.00	35.80	34.90	100.00
	占幸福感的百分比	100.00	100.00	100.00	100.00	100.00	100.00

认为周围医疗水平很差的居民中，感到十分幸福的人数占比是29.5%，感到十分不幸福的人数占比是4.3%；在认为周围医疗水平较差的居民中，感到十分幸福的人数占比是26.7%，感到十分不幸福的人数占比是3.4%；在认为周围医疗水平一般的居民中，感到十分幸福的人数占比是34.2%，感到十分不幸福的人数占比是2.2%；在认为周围医疗水平较好的居民中，感到十分幸福的人数占比是35.2%，感到十分不幸福的人数占比是1.9%；在认为周围医疗水平很好的居民中，感到十分幸福的人数占比是46.2%，感到十分不幸福的人数占比是2.6%。

根据上述分析可以了解到，认为周边医疗水平较好的居民中，感到十分幸福的人数占比较高，而认为周围医疗水平较差的居民中，感到十分幸福的人数占比较少，感到十分不幸福的人数占比偏高。

（三）家庭因素对居民幸福感的影响

1. 婚姻状态对居民幸福感的影响

表2-18 不同婚姻状态居民幸福感的卡方检验

	值	自由度	渐进显著性（双侧）
卡方统计量	477.734	16	0
有效个案数	31 255		

设定显著性水平为0.05，不同婚姻状态居民幸福感的卡方统计量值为477.734，P值趋近于0，所以在0.05的显著性水平上，认为我国不同婚姻状态的居民幸福感存在差异。

表2-19 婚姻状态与幸福感的交叉表

		幸福感					总计
		1	2	3	4	5	
1	未婚	132	224	1 206	2 320	2 443	6 325
	占婚姻状态的百分比	2.10	3.50	19.10	36.70	38.60	100.00
	占幸福感的百分比	18.80	18.00	16.80	20.70	22.40	20.20
2	已婚	433	859	5 345	8 244	7 771	22 652
	占婚姻状态的百分比	1.90	3.80	23.60	36.40	34.30	100.00
	占幸福感的百分比	61.50	68.90	74.30	73.70	71.20	72.50
3	同居	8	6a	34	42	37	127
	占婚姻状态的百分比	6.30	4.70	26.80	33.10	29.10	100.00
	占幸福感的百分比	1.10	0.50	0.50	0.40	0.30	0.40
4	离婚	45	58	212	161	101	577
	占婚姻状态的百分比	7.80	10.10	36.70	27.90	17.50	100.00
	占幸福感的百分比	6.40	4.70	2.90	1.40	0.90	1.80
5	丧偶	86	100	396	425	567	1 574
	占婚姻状态的百分比	5.50	6.40	25.20	27.00	36.00	100.00
	占幸福感的百分比	12.20	8.00	5.50	3.80	5.20	5.00
	婚姻状态总计	704	1 247	7 193	11 192	10 919	31 255
	占婚姻状态的百分比	2.30	4.00	23.00	35.80	34.90	100.00
	占幸福感的百分比	100.00	100.00	100.00	100.00	100.00	100.00

我国未婚居民感到十分幸福的人数占未婚总人数的38.6%，感到十分不幸福的人数占未婚总人数的2.1%；我国有配偶（已婚）居民感到十分幸福的人数占已婚总人数的34.3%，感到十分不幸福的已婚人数占已婚总人数的1.9%；感到十分幸福的同居的人数占总人数的29.1%，感到十分不幸福的同居的人数占同居总人数的6.3%；感到十分幸福的离婚的人数占离婚总人数的17.5%，感到十分不幸福的离婚人数占离婚总人数的7.8%；感到

十分幸福的丧偶的人数占丧偶总人数的36%，而感到十分不幸福的丧偶的人数占丧偶总人数的5.5%。

通过以上分析可以发现，我国未婚居民的幸福感最高，其次是已婚居民，虽然丧偶居民十分幸福的比例较高，但十分不幸福的比例也相对较高；离婚居民感到十分不幸福的比例是最高的，其次是同居的居民。

2. 对父母的信任程度对居民幸福感的影响

表2-20 对父母不同的信任程度与居民幸福感的卡方检验

	值	自由度	渐进显著性（双侧）
卡方统计量	1 566.588	16	0
有效个案数	15 314		

设定显著性水平为0.05，对父母信任程度不同，居民幸福感的卡方统计量值为1 566.588，P值趋近于0，所以在0.05的显著性水平上，认为对父母信任程度不同的居民的幸福感存在差异。

表2-21 对父母的信任程度与居民幸福感的交叉表

		幸福感					总计
		1	2	3	4	5	
1	计数（人）	18	10	9	6	12	55
	占对父母的信任程度的百分比	32.70	18.20	16.40	10.90	21.80	100.00
	占幸福感的百分比	5.60	1.70	0.30	0.10	0.20	0.40
2	计数（人）	13	14	15	7	8	57
	占对父母的信任程度的百分比	22.80	24.60	26.30	12.30	14.00	100.00
	占幸福感的百分比	4.00	2.40	0.40	0.10	0.20	0.40
3	计数（人）	40	89	258	96	78	561
	占对父母的信任程度的百分比	7.10	15.90	46.00	17.10	13.90	100.00
	占幸福感的百分比	12.40	15.40	7.50	1.60	1.60	3.70
4	计数（人）	32	96	584	715	180	1 607
	占对父母的信任程度的百分比	2.00	6.00	36.30	44.50	11.20	100.00
	占幸福感的百分比	9.90	16.60	17.00	11.80	3.70	10.50
5	计数（人）	219	370	2 564	5 229	4 652	13 034
	占对父母的信任程度的百分比	1.70	2.80	19.70	40.10	35.70	100.00
	占幸福感的百分比	68.00	63.90	74.80	86.40	94.40	85.10
总计	计数（人）	322	579	3 430	6 053	4 930	15 314
	占对父母的信任程度的百分比	2.10	3.80	22.40	39.50	32.20	100.00
	占幸福感的百分比	100.00	100.00	100.00	100.00	100.00	100.00

从上表可以看到对父母十分不信任的被调查者感到十分幸福的人数占比仅为21.8%，感到十分不幸福的被调查者的人数占比达到了32.7%；而在

对父母十分信任的被调查者中，感到十分幸福的人数占比35.7%，感到十分不幸福的人数占比仅为1.7%；在对父母比较信任的居民中，感到比较幸福的被调查者的人数占比达到了44.5%，而感到十分不幸福的人数占比仅为2%。

根据上面的分析我们可以了解到，随着对父母信任程度的增加，被调查的居民感到十分不幸福的人数占比是逐渐下降的，感到比较幸福和十分幸福的人数占比整体上是增加的，也就是说，居民对父母的信任感越强烈，则居民感到幸福的比例就会越大，本段部分验证了家庭因素会对居民的幸福感产生影响。

（四）价值取向对居民幸福感的影响

1. 对关系比能力重要的认同感对居民幸福感的影响

表2-22 对关系比能力重要的认同感与居民幸福感的卡方检验

	值	自由度	渐进显著性（双侧）
卡方统计量	53.439	16	0
有效个案数	15 314		

设定显著性水平为0.05，对关系比能力重要的认同程度不同的居民幸福感的卡方统计量值为53.439，P值趋近于0，所以在0.05的显著性水平上，认为对关系比能力重要的认同感不同，则居民的幸福感存在差异。

表2-23 对关系比能力重要的认同感与幸福感的交叉表

		幸福感				
		1	2	3	4	5
1	计数（人）	8	5	45	75	106
	占对关系比能力重要的认同感的百分比	3.30	2.10	18.88	31.40	44.40
	占幸福感的百分比	2.50	0.90	1.30	1.20	2.20
2	计数（人）	67	114	707	1 419	1 194
	占对关系比能力重要的认同感的百分比	1.90	3.30	20.20	40.50	34.10
	占幸福感的百分比	20.80	19.70	20.60	32.40	24.20
3	计数（人）	201	374	2 226	3 755	2 954
	占对关系比能力重要的认同感的百分比	2.10	3.90	23.40	39.50	31.10
	占幸福感的百分比	62.40	64.60	64.90	62.00	59.90
4	计数（人）	35	70	327	560	498
	占对父母的信任程度的百分比	2.30	4.70	21.90	37.60	33.40
	占幸福感的百分比	10.90	12.10	9.50	9.30	10.10

续表

		幸福感				
		1	2	3	4	5
5	计数（人）	11	16	125	244	178
	占对关系比能力重要的认同感的百分比	1.90	2.80	21.80	42.50	31.00
	占幸福感的百分比	3.40	2.80	3.60	4.00	3.60
总计	计数（人）	322	579	3 430	6 053	4 930
	占对父母的信任程度的百分比	2.10	3.80	22.40	39.50	32.20
	占幸福感的百分比	100.00	100.00	100.00	100.00	100.00

从上表可以看到，在十分不同意关系比能力更重要的被调查者中感到十分不幸福的人数占比是 3.3%，感到比较幸福的人数占比是 31.4%，感到十分幸福的人数占比是 44.4%；在十分同意关系比能力重要的被调查者中，感到十分不幸福的人数占比是 2.3%，而感到十分幸福的人数占比是 33.4%，感到比较幸福的人数占比是 37.6%；在既不同意也不反对关系比能力更重要的被调查者中，感到十分不幸福的人数占比是 1.9%，感到比较幸福的人数占比是 42.5%，感到十分幸福的人数占比是 31.0%。

根据上面的分析可以了解到，整体来看幸福感最高的群体是十分不认同关系比能力更重要的被调查者，其次是不同意关系比能力更重要这句话的被调查者，再次是既不同意也不反对关系比能力更重要的被调查者；也就是说中国的关系社会并没有舆论渲染得那么严重，居民普遍还是相信能力比关系更重要，并且认为能力更重要的居民有着更加幸福的人生体验。

2. 认为很有钱的重要程度对居民幸福感的影响

表2-24 很有钱的重要程度与居民幸福感的卡方检验

	值	自由度	渐进显著性（双侧）
卡方统计量	519.169	16	0
有效个案数	15 314		

设定显著性水平为 0.05，认为很有钱的重要程度不同的居民幸福感的卡方统计量值为 519.169，P 值趋近于 0，所以在 0.05 的显著性水平上，认为很有钱的重要程度不同的居民，幸福感之间存在差异。

表2-25 很有钱与幸福感的交叉表

		幸福感					总计
		1	2	3	4	5	
1	计数（人）	56	37	205	213	356	867
	占很有钱的百分比	6.50	4.30	23.60	24.60	41.10	100.00
	占幸福感的百分比	17.40	6.40	6.00	3.50	7.20	5.70
2	计数（人）	33	60	289	409	325	1 116
	占很有钱的百分比	3.00	5.40	25.90	36.60	29.10	100.00
	占幸福感的百分比	10.20	10.40	8.40	6.80	6.60	7.30
3	计数（人）	55	151	1 052	2 059	1 488	4 805
	占很有钱的百分比	1.10	3.10	21.90	42.90	31.00	100.00
	占幸福感的百分比	17.10	26.10	30.70	34.00	30.20	31.40
4	计数（人）	32	118	792	1 929	1 083	3 954
	占很有钱的百分比	0.80	3.00	20.00	48.80	27.40	100.00
	占幸福感的百分比	9.90	20.40	23.10	31.90	22.00	25.80
5	计数（人）	146	213	1 092	1 443	1 678	4 572
	占很有钱的百分比	3.20	4.70	23.90	31.60	36.70	100.00
	占幸福感的百分比	45.30	36.80	31.80	23.80	34.00	29.90
总计	计数（人）	322	579	3 430	6 053	4 930	15 314
	占很有钱的百分比	2.10	3.80	22.40	39.50	32.20	100.00
	占幸福感的百分比	100.00	100.00	100.00	100.00	100.00	100.00

认为很有钱不重要的被调查者感到十分不幸福的人数占比是6.5%，感到十分幸福的人数占比是41.1%；认为很有钱比较重要的被调查者感到十分不幸福的人数占比是0.8%，感到十分幸福的人数占比是27.4%；认为很有钱十分重要的被调查者感到十分不幸福的比例是3.2%，感到比较幸福的人数占比是31.6%，感到十分幸福的人数占比是36.7%。

根据上面的分析可以了解到，随着认为很有钱的重要程度的增加，被调查者感到比较幸福的比例是逐渐增加的，感到十分不幸福的被调查者人数占比是逐渐减少的，但在认为很有钱十分重要的居民中，感到十分幸福的人数占比是相对较少的，感到十分不幸福的人数占比是相对较多的，这也进一步证明了有钱程度与居民的幸福感之间并不存在确定的线性关系，钱在一定程度上可以提高居民的幸福感，但当金钱需求，或者说基本的物质需求被满足后，居民的幸福感就不再随着物质的增加而增加，因为随物质的增加，会出现其他更高层次的需求，影响居民的幸福感。

（五）经济因素对居民幸福感的影响

1. 收入水平对居民幸福感的影响

表2-26 不同收入水平的居民幸福感的卡方检验

	值	自由度	渐进显著性（双侧）
卡方统计量	324.092	16	0
线性关联	1.274	1	0.259

设置显著性水平为0.05，我国居民不同收入水平的幸福感的卡方检验的统计量值为324.092，P值趋近于0，说明在显著性0.05的水平上，可以认为我国不同收入水平的居民的幸福感存在差异。

表2-27 收入水平与幸福感的交叉表

		幸福感					总计
		1	2	3	4	5	
1	收入在1万元以下	561	961	5 321	7 653	8 344	22 840
	占总收入的百分比	2.50	4.20	23.30	33.50	36.50	100.00
	占幸福感的百分比	79.70	77.10	74.00	68.40	76.40	73.10
2	收入在1至3万元	69	119	693	1 045	912	2 838
	占总收入的百分比	2.40	4.20	24.40	36.80	32.10	100.00
	占幸福感的百分比	9.80	9.50	9.60	9.30	8.40	9.10
3	收入在3~5万元	50	91	678	1 188	881	2 888
	占总收入的百分比	1.70	3.20	23.50	41.10	30.50	100.00
	占幸福感的百分比	7.10	7.30	9.40	10.60	8.10	9.20
4	收入在5~10万元	19	64	422	1 041	637	2 183
	占总收入的百分比	0.90	2.90	19.30	47.70	29.20	100.00
	占幸福感的百分比	2.70	5.10	5.90	9.30	5.80	7.00
5	收入在10万元以上	5	12	79	265	145	506
	占总收入的百分比	1.00	2.40	15.60	52.40	28.70	100.00
	占幸福感的百分比	0.70	1.00	1.10	2.40	1.30	1.60
	收入总计	704	1 247	7 193	11 192	10 919	31 255
	占总收入的百分比	2.30	4.00	23.00	35.80	34.90	100.00
	占幸福感的百分比	100.00	100.00	100.00	100.00	100.00	100.00

收入在一万元以下的居民中，感到十分幸福的人数比例是36.5%，感到比较幸福的人数比例是33.5%，感到十分不幸福的人数比例是2.5%；收入在1至3万的居民中，感到十分幸福的人数比例是32.1%，感到比较幸福的人数比例是36.8%，感动十分不幸福的人数比例是2.4%；收入在3至5万的居民中，感到十分幸福的人数比例是30.5%，感到比较幸福的人数比例是41.1%，感到十分不幸福的人数比例是1.7%；收入在5至10万的

居民中，感到十分幸福的人数比例是28.7%，感到比较幸福的人数比例是52.4%，感到十分不幸福的人数比例是1%。

通过上述分析可以发现，我国居民收入水平较低时，感到十分幸福的人数比例相对较高；我国居民的收入水平较高时，感到十分幸福的人数比例偏低，感到十分不幸福的人数比例也相对较低，但感到比较幸福的人数占比偏高。也就是说收入在一定程度上可以提高居民的幸福感，可以将居民的幸福感提升到比较幸福的水平，但收入较高时，居民感到十分幸福的比例相对感到比较幸福的比例是偏少的。这也符合前文引用的伊斯特林等人的研究成果。

2. 工作性质对居民幸福感的影响

表2-28 不同工作性质居民幸福感的卡方检验

	值	自由度	渐进显著性（双侧）
卡方统计量	328.730a	4	0
有效个案数	31 255		

同样设定显著性水平为0.05，我国居民不同工作性质的幸福感的卡方检验的统计量的结果为328.730，P值趋近于0，所以在统计学显著性水平为0.05上，可以认为我国居民不同工作性质的幸福感存在差异。

表2-29 工作性质与幸福感的交叉表

		幸福感					总计
		1	2	3	4	5	
0	农业工作	303	482	2 617	2 880	3 286	9 568
	占工作性质的百分比	3.20	5.00	27.40	30.10	34.30	100.00
	占幸福感的百分比	43.00	38.70	36.40	25.70	30.10	30.60
1	非农业工作	401	765	4 576	8 312	7 633	21 687
	占工作性质的百分比	1.80	3.50	21.10	38.30	35.20	100.00
	占幸福感的百分比	57.00	61.30	63.60	74.30	69.90	69.40
总计	工作性质总计	704	1 247	7 193	11 192	10 919	31 255
	占工作性质的百分比	2.30	4.00	23.00	35.80	34.90	100.00
	占幸福感的百分比	100.00	100.00	100.00	100.00	100.00	100.00

通过上表可以看到，从事农业（农、林、牧、副、渔）工作的居民感到十分幸福的比例是34.3%，感到比较幸福的比例是30.1%，感到十分不幸福的比例是3.2%；从事非农业工作的居民感到十分幸福的比例是35.2%，

感到比较幸福的比例是38.3%，感到十分不幸福的比例是1.8%。

经过上述分析可以看到，从事非农业工作的居民感到幸福的比例要高于从事农业的居民感到幸福的比例。

第三章 公共体育服务对居民幸福感影响的理论基础与现实依据

任何一种成功的理论，其本身就是一种可以启迪后人的方法，它可以为人们提供一种新的或特殊的视角与观点，具有方法论的意义。公共体育服务对居民幸福感的影响及推进实践推进必须借助相关理论明确方向。公共体育服务的呈现状态在不断发生变化，即有内涵与外延的扩展，也有供给主体的多元化，还有了实现方式的丰富。质量管理理论引入公共服务领域并非无迹可寻，随着公共理论把竞争、结果、满意度等概念运用到实践中来，质量管理也就成了实现手段的最佳选择，然而质量管理的表现形式与价值体现也在发生变化，公共利益的保障是公共服务领域对质量的核心追求，公共体育服务质量改进的重要标准就是国民健康水平的提升。理论在演化过程中不断完善，但也存在无法克服的局限，尤其是以上理论运用到我国公共体育服务领域。公共体育服务理论研究必须具备扎实的理论基础才能发挥理论指导的相通性，克服"国情体情"的不适应，因此，本书对公共管理理论、质量管理理论、健康促进理论以及体育行为学理论的发展脉络、交叉演化、自身局限进行了全面梳理从而实现批判性的借鉴。

一、理论基础

（一）公共管理理论

现有研究普遍认为公共管理作为一种独立的范式还没有出现，公共管理是公共行政的一个分支学派[①]。西方传统的公共行政理论有三个主要基础：韦伯的官僚制、威尔逊的政治与行政二分法、泰勒的科学管理理论。可见，从历史语境来看，行政就是政策的执行，其核心理念是价值中立和效率优先。在20世纪70年代后期，适应社会和科学技术发展的要求，公共行政理论界出现了反思，公共管理界出现了新的思潮和流派。1991年美国的公共管理学术研讨会是公共管理学作为一个新的分支学科产生的标志。大会论文集《公共管理：艺术的现状》，可以看作是公共管理学派的"宣言"。部分学者认为公共管理更适合当代公共管理实践的要求，代表了公共组织管理研究的发展方向，更具生命力。

任何具有生命力的理论都带有鲜明的时代特色，回应了所处时代的实践要求。公共行政理论向公共管理理论转变，但并未将其取代。尽管，公共管理理论后来演化出多种流派，但是，提高政府的效率的主题与目的没有改变，只是理念与手段的变化。目前，我国基本公共体育服务的均等化还未全面实现，政府在提供基本公共体育服务的上责无旁贷。"举国体制"常常被诟病为体育事业市场机制改革的障碍，但是，并不能将其完全否定，而应该看到政府在基本公共体育服务均等化方面的价值。因此，本研究认为"举国体制"不能依然停留在强调秩序与规则的行政管理阶段，而应该进行适应新时代需求的"再解释"，进一步发挥自身优势。

（二）新公共管理理论

兴起于20世纪80年代的新公共管理运动以及在此基础上发展出来的新公共管理理论虽然实践模式多样、研究成果丰富、内部也存有争议，但我们仍能对新公共管理的核心内容做出一般性概括。从一般意义上说，新公共管理代表了一种尝试，即借用私营部门的管理思想和模式使公共部门越来越有效率以及改善政府效能，所以，新公共管理首先是一套公共管理的新模式，这套模式极大地借鉴和引用了在私营部门已经成功地运用着的管理方法。同时，在许多新公共管理理论家——如隶属于世界银行和经济合作与发展组织（OECD）的两位学者马尔科姆·霍尔摩斯（Malcolm Holmes）和戴维·尚德（David Shand）、美国学者奥斯本（David

---

① 王乐夫，蔡立辉. 公共管理学 [M]. 北京：中国人民大学出版社，2003：9.

Osborne)和盖布勒(Ted Gaebler)看来,新公共管理在根本上涉及重塑政府的作用、界限,重新定位政府与市场、政府与公民的关系,在这个意义上,新公共管理不只是在技术上变革公共部门的管理方法,它更是一套涉及规范性内容的政府管理理论。

1. 新公共管理的规范性主张

(1)政府的职能是"掌舵"而非"划桨"

新公共管理主张政府(行政部门)的职能是公共事务的"管理"而不只是传统公共行政学所定义的"执行",用奥斯本的术语即政府的职能是"掌舵"(通过政策开发来控制社会的发展方向)而不是"划桨"(直接提供服务)。因此,行政官员应是参与政策制定并承担相应责任的管理者。作为管理者,行政官员应该关注一切问题的全貌,尤其要关注制定目标和发现实现目标的最佳途径,而不只是"聚精会神于一项使命并且把这件事做好"[①]。同时,对目标的重视要求公共部门和行政官员更应关注行动的产出或结果而非投入和过程,所以要求公共部门制定明确的绩效标准来衡量政府部门和行政官员实现管理目标的情况。

(2)政府应为公民提供高质量公共服务

新公共管理认为政府不是高高在上的官僚机构,公民也不是被管制的对象,相反,公民作为"纳税人"提供了政府的税收,那么政府就有责任回报其纳税人,向其提供公共产品和服务。因此,政府和公民的关系就是公共服务的提供者和消费者(顾客)的关系。并且,新公共管理还主张,一个好的政府不只要向其"顾客"提供公共产品和服务,更要提供高质量的产品和服务,这就意味着政府要以顾客为导向,能回应不同顾客的多样化需求,追求顾客的满意度。

(3)政府应追求"3E"绩效目标

传统的公共行政学以政治-行政的二分为基础,认为公共行政的目的就是对各种资源加以最有效的利用,使政治决策得以最经济、最迅速的执行,因此,在传统的公共行政中,"效率"是基本的善。新公共管理也看重效率,但却不局限于此。因为新公共管理主张公共管理要关注目标的实现和回应

[①] [美]戴维·奥斯本,特德·盖布勒. 改革政府:企业家精神如何改革着公共部门[M]. 周敦仁等,译. 上海:上海译文出版社,1996:12.

顾客的需求,因此,它就不只注重投入产出的比率和执行政策的速度(效率,英文写作 Efficiency),它还注重产出或结果,包括质量和社会公众的满意程度(效能,英文写作 Effectiveness),以及关注在实现目标时的成本控制(经济,英文写作 Economy)。因此,与传统的公共行政相比,新公共管理追求更广泛的绩效目标,把公共部门的价值观从效率拓展到3E。

2. 新公共管理的技术性主张

新公共管理主张用"企业家精神"改革政府,也就是在政府部门中广泛引用私营部门的管理方法和经验来提高政府工作的效率和效能,以及在公共服务供给中引入市场机制。在这里,笔者结合美国学者格拉汉姆.阿利森(GrahamAllison)教授的"管理的一般职能"的框架[①]来概括新公共管理在公共部门管理方法和技术上的主张。

(1)政府应将私人部门的目标管理方法引入公共部门

因为传统公共行政把行政部门的职能定位于执行政策,行政官员不参与决策,所以确定组织的战略目标并非行政部门的职能。而新公共管理把政府的职能定位为管理,认为政府要专注于政策的制定,并采取战略性的或结果导向的决策方法,也就是专注于战略目标的制定,同时还主张把私人部门的目标管理方法引入公共部门,在制定目标时尽可能清晰明确,以便于据此目标设立明确的绩效考核指标来衡量行动的结果。

(2)内部管理更注重灵活性及成本控制

首先,新公共管理主张在公共部门中人员的组织和调配具有弹性。传统的公共部门人事管理以官僚制模式为基础,其特点是考试录取、职务常任、职位分类基础上的统一工资制度和等级晋升制度、终身雇佣制等,这些特点能为公务人员带来稳定感以及培养公务人员对部门的忠诚感,但很显然

---

① 阿利森归纳出管理的三个主要职能是战略、管理内部构成因素和管理外部构成因素。这三个职能还可做进一步划分,战略职能包括确定(组织的)目标和重点,以及设计操作计划以实现所定目标;管理内部构成要素包括人员的组织和调配、建立结构和制度,以及控制绩效;管理外部构成因素包括与组织的"外部"单位协调关系、与独立的组织协调关系,以及与新闻媒介和公众协调关系。详见 Graham Allison.Public and PrivateManagement: Are They Fundamentally Alike in All Unimportant Respects?[A]//in Frederick S. Lane(ed.)CurrentIssues in Public Administration[C].New York: St Martin's Press, 1982: 17.

这种人事管理体制不利于调动公务人员的工作积极性，导致效率低下等问题。新公共管理主张打破僵化的人事管理体制，在人员录用、工资等方面采用更为灵活的管理方式，如采用基于短期合同的聘任制，实行绩效工资或谈判方式确定的报酬，基于绩效而非资历的晋升和解雇，签订绩效合同、推行服务承诺制等，很显然，这是主张将私营部门的人力资源管理方法引入到公共部门之中。

其次，在组织结构上，新公共管理主张公共服务机构的分散化。即打破原来铁板一块的组织结构，围绕着工作职能把U型管理体系拆分成一个个小型的责任中心和核算中心，让它们负责一个或数目有限的公共项目的管理和运作。同时，用分散化的管理取代高度集权的等级结构，也就是主张分权，包括中央向地方分权，以使地方政府能更加灵活和因地制宜地行动；也包括一级政府组织内部层级之间的分权，如压平层级、资源的分配和服务的供给更多由一线的供给单位决定。新公共管理理论家认为，分权的机构有很多优越性，如"比集权的机构有多得多的灵活性；它们对情况和顾客的需求的变化能迅速地作出反应""权力分散的机构比集权的机构更有效率""更具创新精神"，能"产生更高的士气，更强的责任感"[1]等。

再次，在绩效上，传统的公共行政注重投入和过程，而新公共管理关注结果或产出。所以，新公共管理主张以结果为导向的绩效管理，要求各公共部门像私人部门那样，根据政策目标的不同，制订出明确的绩效标准和考核方法，最好制订量化的指标，尤其是在专业服务方面，以此作为衡量组织和个体实现目标的情况。尤其对个体来说，以绩效评估的结果作为晋升和确定工资待遇的主要依据。

当然，除了以上几点之外，大多数新公共管理理论家还强调政府部门像私营部门一样进行成本控制；改善财政管理，用私人部门广泛采取的绩效和项目预算制度取代原有的线性项目预算和会计制度等。

（3）政府应与外部组织和公民建立良好的互动关系

新公共管理要求政府与外部环境建立新关系。首先，新公共管理要求行政官员与政治官员形成新的互动关系。传统公共行政在政治-行政二分

---

[1] [美]戴维·奥斯本，特德·盖布勒. 改革政府：企业家精神如何改革着公共部门[M]. 周敦仁等，译. 上海：上海译文出版社，1996：235-237.

的基础上把政治官员与行政官员的关系定位为决策者和执行者、发号施令者与惟命者,新公共管理承认行政机构的基本政治特性,提出行政官员与政治官员共事于"管理"的互动过程之中,即行政官员参与公共政策的制定,与政治官员共同对决策的结果负责任。

其次,新公共管理要求政府和私营部门和第三部门之间围绕着公共服务的提供协调关系。长期以来,政府被当作规范市场运行和克服市场失灵的主体,政府的作用被限定在提供私人部门不能供应的公共产品和服务,这种限定反过来意味着政府在提供公共服务上具有垄断地位。但是,正因为垄断而非竞争,致使政府在提供公共服务时质量和效率都不令人满意。新公共管理理论也肯定政府是公共服务的责任主体,但是,却不认为所有公共服务都应由政府直接提供,而是主张可以根据服务内容和性质的不同,在政府直接提供、政府安排、组织私营部门和第三部门提供等方式之间灵活选择。这就要求政府首先要抛弃过去独占公共服务的心态,与私营部门和第三部门建立良好的合作关系,更多地让这些部门参与公共服务的供给。同时,还要把市场中的竞争引入政府的公共服务中来,也就是说使企业等社会力量通过竞争来获取公共服务的生产任务,具体的形式有合同外包、特许经营、竞争招标等。

再次,新公共管理主张行政官员对公众直接负责,负责的方式是向公民提供回应性服务,这就要求行政官员能主动了解公众需求,听取公众的意见,努力去满足人们多样性的需要和价值期望。

综上所述,新公共管理的核心是将市场竞争机制和企业管理方法引入到公共服务的提供和公共部门的管理之中,而之所以有如此主张,是因为新公共管理对政府的作用、政府与公民的关系和政府行动的价值取向有不同于传统公共行政的看法。所以,新公共管理是一套从价值到手段都有涉及的完整的公共行政范式。

新公共管理理论的核心价值取向是要政府成为"企业家政府",提高工作效率,政府甚至要做"精明的买家"。我国市场体制改革进程中,逐步确立了市场对资源配置的决定性作用,也抓住了市场机制的核心就是竞争。公私合营、政府购买、特许经营等方式都是这一理念的实际推行。对公共体育服务来讲,政府通过政府购买的方式,可以弥补政府资源的有限性,同时也将政府组织、市场主体放在同一平台,由广大民众做出选择,由此,可通过竞争来提升公共体育服务质量。政府不再是公共体育服务供给的唯一主体,这是为各国实践证明的,也是为我国理论界普遍接受的,这种理念既可以缓解政府压力又可以合理调动社会资源。然而,新公共管理理论也遭到了多方质疑,作为其思想精髓的企业家政府理论也受到众多学者尖锐批评。因此,本书借鉴新公共管理理论的同时,也要注重权衡实际条件,提倡构建公共体育服务多元供给的格局,并注重不同主体间的协同合作[①]。

(三)质量管理理论

从历史上看,私营部门是公共部门产生活力的重要源泉之一,公共部门在理念创新和技术的采用上不得不以私营部门为师[②]。私营部门以服务质量为导向有利于提高市场竞争力,而公共服务的质量改进要求在考虑公共服务公共属性的前提下来提高效率[③]。公共管理理论在政府与市场的边界、竞争与控制的选择、效率与效益的追求等方面的不断演化,对质量管理引入公共管理领域提供了机会,但也对两者的结合提出了相应要求,尤其是主导价值的融合与相互理论重建促进了质量管理理论与公共服务的成功对接。因此,对质量管理理论的梳理,尤其是基本理念、演化过程、自身缺陷以及纠正策略的深入研究是突破理论壁垒,扬长避短、实现无缝对接的前提。

1. 理论演化

质量管理最早出现在私人企业当中,管理对象最初是企业所生产的有形产品。在产品质量管理的初期阶段,企业家主要通过严格设定产品的误差范围和质量标准,对产品的质量进行严格的检测与把关,主要通过外在和事后的干预提升产品质量,质量控制延伸到企业生产的各个阶段。20世纪20年代,"统计质量控制之父"沃尔特·舒瓦特(Walter A. Shewhart)提出了统计过程控制,主要是通过统计取样和过程控制来克服传统检测质量控制流程复杂、费时费力等缺点,这种统计过程控制便是质量管理理论

---

① 董晓宇. 公共管理的由来及其与公共行政的内在差异——由传统公共行政到公共管理研究之一[J]. 北京行政学院学报, 2004 (01): 15-19.
② 基利. 公共部门标杆管理:突破政府绩效的瓶颈[M]. 北京:中国人民大学出版社, 2002: 15.
③ 陈文博. 公共服务质量评价与改进:研究综述[J]. 中国行政管理, 2012 (03): 39-43.

的起源[①]。

20世纪50年代的全面质量控制理论促使企业开始真正从管理的角度看待质量问题，产品质量管理也逐渐从质量控制与检查向全面质量管理方向发展，零缺陷管理理论、ISO9000标准体系、六西格玛理论在此阶段产生。二战后的美国并未对这种理论产生应有的重视，反而是亟须战后重建的日本接受了这种理论并将其发展成为全面质量管理理论（Total Quality Management）。随后，公共和私人组织用通常看起来像一种宗教热情接受这种理论。虽然它如今被广泛视为另一种失败的管理时尚，但它却继续对许多公共管理者和机构人士产生着强烈的影响，尤其是质量的持续改进成为全面质量管理的基本特征与原则影响深远。

20世纪70年代初期服务质量被定义为服务是否能达到预设的标准。然而，服务质量在本质上区别于产品质量。服务具有的无形性、易逝性与不可分割性等特性决定了服务质量是一种基于顾客感知的主观判断，必然呈现出一定的主观性、差异性、过程性和依附性。时代的发展使质量管理不断超越界限，进而囊括服务领域而不仅仅是产品。

20世纪80年代的西方新公共管理运动如火如荼地开展起来，质量管理的理念被引入公共组织实践。商业化手段在公共部门逐渐流行，商业计划、市场营销、绩效管理等质量管理手段也日益被公共服务管理者接受。公共组织开始尝试像私人组织那样运作与思考问题，强调顾客服务与结果导向的市场竞争机制与工商业的管理技术开始应用于公共服务。在丧失"公共性"质疑与生搬硬套的诟病当中，公共服务质量研究，开始重视"公共利益"，强调感知与期望、满意度、社会包容等服务质量维度。

2. 持续改进

质量管理的基本理念是清晰可循的。首先，高质量的服务并不是事后监督产生的，而是设计出来的，需要把质量端口前移，从源头上查找影响因素保证质量。其次，优质产品与服务不会一步到位，应该是在持续改进的螺旋上升过程中实现。质量的过程性需要明确持续改进的价值，也需要

[①] [美]乔纳森·R·汤普金斯. 公共管理学说史：组织理论与公共管理[M]. 上海：上海译文出版社，2010：19.

第三章　公共体育服务对居民幸福感影响的理论基础与现实依据

深入解析质量循环的演化过程与应用优势。PDCA 质量循环为组织质量改进提供了一个开发、测试以及变革的基础框架。结构化的解决方法能给组织提供统一的模板和工具，方便彼此之间交流，确保解决方案是客观产生的，而非个人观念轻率判断的产物[①]。

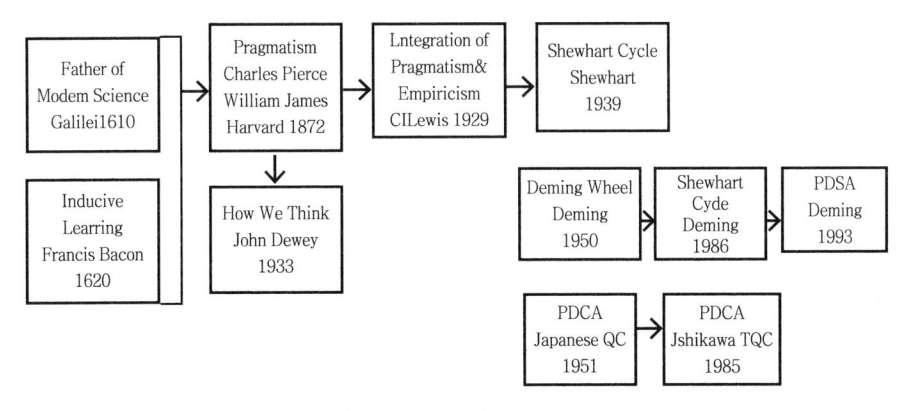

图3-1 质量循环的科学源头及演化过程

质量循环的设计起源于现代科学体系的确立（图3-1）[②]。伽利略（Galileo Galilei）被认为是现代科学之父，第一位把实验引进力学的科学家，开启了设计性实验的先河。弗朗西斯·培根（Francis Bacon）认为知识需要遵循有计划的结构，人们通过演绎和归纳来积累知识。"实用主义"（Pragmatism）是19世纪70年代美国土生土长的一个哲学流派。"形而上学俱乐部"（Metaphysical Club）的查尔斯·皮尔斯（CharlesPeirce）和威廉·詹姆斯（William James）在各在自己专攻的领域表述了实用主义的一些基本思想，认为思想决定行动，真理是由理想的实际结果所验证。

（1）舒瓦特循环（1939）

C.I.刘易斯（Clarence，Irving，Lewis）对师徒关系的舒瓦特（Walter A. Shewhart）和戴明（William Edwards Deming）产生了巨大的影响，他们认为真理是确定的，需要经过经验的验证来区分。舒瓦特于1939年出版的《质量管理角度上的统计学方法》（Statistical Method From the Viewpoint of

---

① 詹姆斯·R·埃文斯，威廉·MR·林赛，焦叔斌. 质量管理与质量控制（二）[J]. 中国质量，2011（02）：31-33.

② Langley G J, Nolan K M, Nolan T W. The foundation of improvement [J]. Quality Progress, 1994（27）.

Quality Control）一书，提出了舒瓦特循环（Shewhart Cycle）的新版本。与旧版本相比，标准、生产、检验三个步骤必须为一循环而不在一条直线上，有助于更科学的在生产过程中实现三个步骤（如图3-2所示）。必须指出的是：标准、生产和检验就对应科学方法中的假设、进行实验和对假设的检验，这三个步骤构建一个科学的、动态的、持续获得知识的过程[①]。

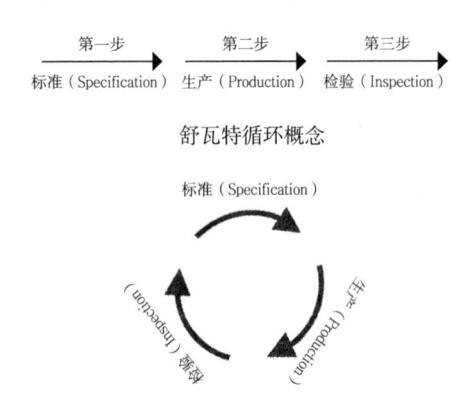

图3-2 舒瓦特循环（1939）

（2）戴明环（1950）

1950年，戴明应日本科学家和工程师联合会（JUSE）的邀请向大批日本工程师和公司经理介绍统计质量控制（SPC）。在此期间，戴明顺应了舒瓦特循环的变化，将设计（Design）、生产（Produce）、销售（Sell）的三步骤直线流程增加了第四个步骤"市场调研"并重新设计调整为新的循环，强调这四个步骤以产品和服务的质量为目的进行持续互动。在这个过程中，新的产品被设计、生产、销售，然后再根据顾客的反馈进行重新设计，形成一个永远不结束的循环（如图3-3所示）。日本人把这个新版本的循环称作"戴明环"（Deming Cycle），广泛使用、效果显著。

---

① Moen Ronald, Nonnan Clifford. The History of the PDCA Cycle [C]. The 7th Asian Network for Quality Conference, Tokyo, 2009（09）：17.

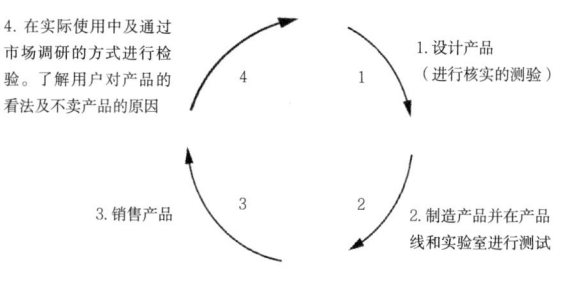

第三章 公共体育服务对居民幸福感影响的理论基础与现实依据

```
4. 在实际使用中及通过              1. 设计产品
   市场调研的方式进行检              （进行核实的测验）
   验。了解用户对产品的
   看法及不卖产品的原因    4    1

                        3    2

   3. 销售产品                     2. 制造产品并在产品
                                    线和实验室进行测试
```

图3-3 戴明环（1950）

（3）PDCA 循环（1985）

根据今井正明（Masaaki Imai）的描述，日本质量管理专家根据"戴明环"的理论发展出了 PDCA 循环（如图 3-4 所示）。PDCA 循环解决问题的四步骤循环包括计划（Planning）：界定问题与假设原因以及解决方案；执行（Doing）；检查（Checking）：评估结果；行动（Action）：如果结果不理想调整计划、结果令人满意就形成标准，强调通过建立标准预防错误复发或进行及时的标准修订。后来，石川馨（Ishikawa）对 PDCA 循环进行了重新定义（如图 3-5 所示），在计划步骤里包含更多的内容：确定目标并制订达成这些目标的方法。他认为好的管理意味着要允许标准能被持续改进使其能反映顾客的心声和抱怨，同时也能兼顾下一个流程提出的要求并逐步演化为更为细化的步骤，PDCA 循环也就成为质量持续改进的基础并一直运用至今[①]。公共体育服务涉及广泛领域，供给过程的每一环节都会影响最终的质量呈现，因此，需要采用 PDCA 循环实现过程的持续改进。

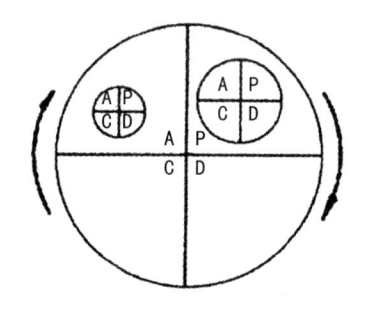

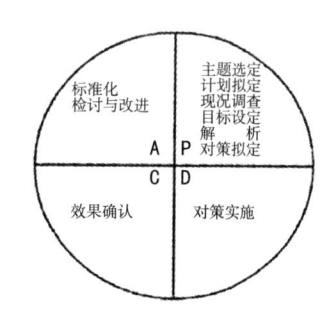

图3-4 今井正明的PDCA环（1951） 图3-5 石川馨的PDCA环（1985）

---

① Lillrank.P.,Kano.N..Continuous Improvement：Quality Control Circles in Japanese Industry[J].Journal of Asian Studies，1991（02）：416.

73

3. 服务质量模型

（1）SERVQUAL 差距模型

Parasuraman、Zeithaml 和 Berry（1985）提出了著名的 SERVQUAL 服务质量差距模型，认为服务质量是顾客期望服务水平与感知服务水平之间的差距。目前，SERVQUAL 模型在公共服务领域运用广泛，不断改进（如图 3-6 所示）。政府提供公共服务质量的高低正取决于服务传递过程中产生的缺口[①]。公共体育服务既要关注服务质量的提升还要重视基于顾客主观感受的质量评估，而后者受顾客对公共体育服务的期望影响更大，因此，公共体育管理当局需要通过质量策略以及期望教育干预顾客对公共体育服务质量的评价，以免期望盲目提高而导致质量缺口无限扩大。

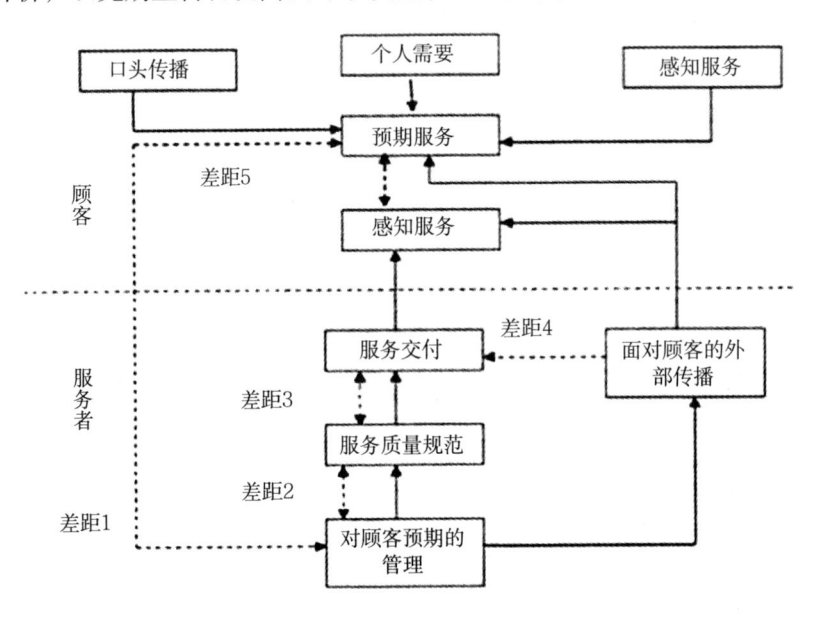

图 3-6 服务质量差距模型

（2）Kano 三因素模型

西蒙认为决策要素可分为事实要素和价值要素，二者相当于目的和手段的区别，随着时间的推移肯定会转化。在有限理性的前提下，要承认影响因素挖掘的阶段性，但不能放弃无限接近真理的追求。20 世纪 50 年代

---

① 陈东灵. 基于政府服务质量差距模型的政府服务改进[J]. 决策咨询通讯，2008（04）：70-74.

末，赫茨伯格提出了双因素理论。受双因素理论的启发，狩野纪昭于1979年10月发表了《质量的保健因素和激励因素》第一次将不满意与满意标准引入质量管理区域，Kano三因素质量模型逐步确立[①]。

Kano模型认为用户满意度与质量特性之间的关系可能呈非线性关系。产品或服务的质量划划分为三大类：必备质量、期望质量与魅力质量（如图3-7所示）[②]。Kano模型出现之前，管理人员往往会认为服务质量要素与满意度之间的关系是一维的，只要提高任何一项服务要素的质量水平，就能同等程度地提高用户的满意度[③]。Kano模型的提出，可以帮助各领域了解顾客需求的不同层次，识别出使顾客满意的关键因素[④]。目前，Kano模型在制造业或服务业应用广泛。公共体育服务质量受到多样化的因素影响，但是这些因素并非杂乱无章，可以借助以上因素理论加以划分，有助于进一步明确因素层次与价值。

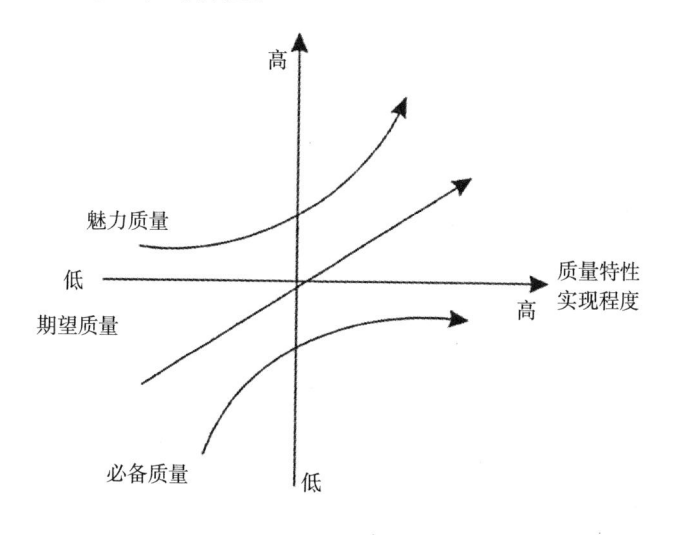

图3-7 三因素模型

---

① 施衍如. 基于Kano模型的少儿图书馆服务质量影响因素分类研究[J]. 图书馆, 2019（10）.
② 赵生辉, 汤志伟. 卡诺模型在政府公共服务中的应用[J]. 河南社会科学, 2005（S1）：14-15+18.
③ 齐向华, 符晓阳. 基于Kano模型的图书馆电子服务质量要素分类研究[J]. 情报理论与实践, 2015（04）：80-85.
④ 邵伟波, 魏丹, 刘晶. 基于Kano模型的政府信息公开的公众需求研究[J]. 图书情报工作, 2013（07）：25-30.

(3) 顾客满意度指数

美国联邦政府从 1999 年开始应用顾客满意度指数（CSI）来测量公众对公共服务的需求和满意度，进而评价政府的公共服务质量，其结果已经成为制定政策的重要参考指标（图 3-8）[1]。无论是产品质量还是服务质量都必须和顾客联系在一起，从顾客需求出发，而顾客既包括组织内部员工也包括产品与服务的"最终消费者"。满意度是公共体育质量的重要依据，也是公共体育服务质量改进的目标，必须加以重视，更要科学测量，顾客满意度指数为本书提供了重要参考。

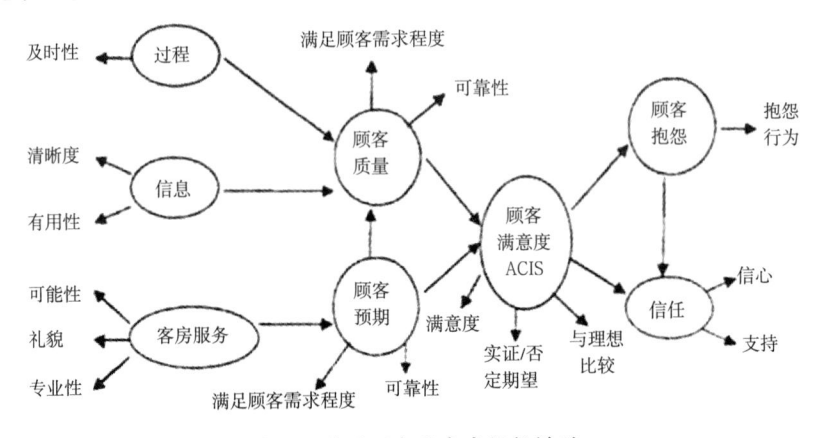

图 3-8 美国顾客满意度指数模型

（4）公共服务质量评估框架

公共部门的质量奖励项目起源于私营部门，从 1951 年第一个国家质量奖"日本戴明奖"开始，质量认证与奖励的设计随着质量概念的演化而不断完善，先后经历了从企业管理到政府创新再到专业化公共服务奖的三个发展阶段[2]。从 1991 年到现在，国际上大概设立了 25 个质量奖，其中大部分奖项的范围扩展到公共组织，有些国家还制定了专门的公共服务质量改

---

[1] 刘武, 朱晓楠. 地方政府行政服务大厅顾客满意度指数模型的实证研究 [J]. 中国行政管理, 2006（12）: 32-35.

[2] 陈振明, 孙杨杰. 公共服务质量认证的兴起 [J]. 湘潭大学学报（哲学社会科学版）, 2014（04）: 7-12.

进规划[①]。1991年，欧洲质量管理基金会（EFQM）设立 EFQM 卓越奖，为企业与非营利组织提供持续改进的管理框架，帮助申请者明确自身与卓越标杆的差距并加以改进，这一模式逐步成为欧洲最广泛使用的组织管理框架。EFQM 卓越绩效模型影响深远，后来应用到针对公共服务的欧洲通用评估框架（Common Assessment Framework）（如图3-9所示）。该框架涵盖5项促进（Enables）要素：领导力、员工、战略规划、伙伴关系和资源、流程，4项结果（Results）要素：员工结果、以公众为导向的结果、社会结果、关键绩效[②]。以质量认证和奖励的方式激励政府各部门改善服务已经成为世界各国及地区的普遍做法，服务质量认证可以作为公共体育服务质量的改进工具。

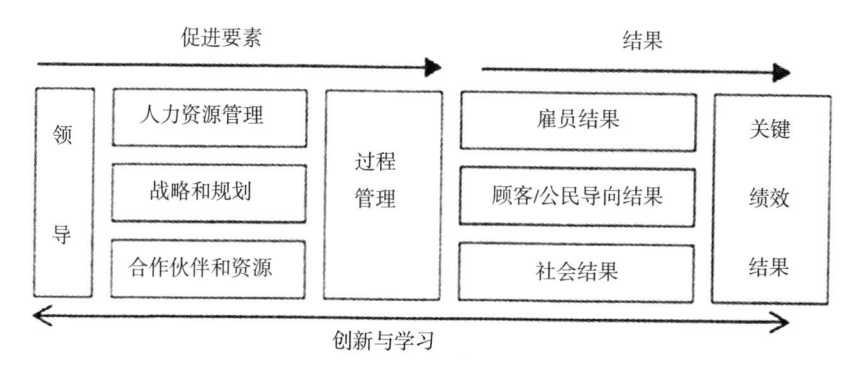

图3-9 欧洲公共服务通用评估框架

4. 质量管理理论在本书的应用

当前，公共部门采用商业部门与制造业部门开发的工具、技术和方法并加以调整取得了不同程度的成功。但根植于私营部门的质量管理方法扩展到公共服务后是否得当一直存在争议。政府资源的有限性和公众需求无限性间的矛盾是必然存在的，质量管理注重过程控制从而保证质量的做法容易忽视服务设计阶段的成本与结果的权衡；质量管理容易重视服务接受

---

① 詹姆斯·R·埃文斯，威廉·M R·林赛，焦叔斌. 质量管理与质量控制（二）[J]. 中国质量，2011（02）：31-33.
② 刘旭涛，纵向东. 欧盟国家公共部门通用评估框架评介[J]. 国家行政学院学报，2005（06）：77-80.

者个体利益，忽视社会共同利益，甚至对公共利益一知半解[1]。另外，尽管质量管理已经突破了客观标准与专家驱动的质量准则，并强调顾客需求驱动，但是，需求的无止境与多样性，对政府来说容易顾此失彼。为应对经营压力，将质量管理应用于公共体育服务领域，整个行业传播商业理念，容易造成推广商业竞争的假象，存在公共体育服务管理者忽视社会目标、无视社会责任的风险。

巴纳德（Chester Irving Barnard）认为企业组织和政府组织，具有相同的要素，在逻辑上也具有相同的性质。组织的真正差异，只是地区上和技术上的不同。德鲁克（Peter F. Drucker）也认为各种组织里，90%的问题是共同的。这为现代管理学的基本原理打造出了一个共用平台，也为质量管理理论运用到公共体育服务领域找到了逻辑支点。将广泛应用于商业部门的质量改进方法运用到公共体育领域是当前逐渐认可的路径选择，但又面临难以操作的现实困局。因此，公共体育服务在审慎借鉴质量管理理论精髓的基础上，需要对其进行适应性修正，寻求其他管理理论和工具手段的配合辅助，从而弥补缺陷，避免偏差。首先，将公共价值应用于公共体育服务全面质量管理并将之嵌入融合，能将质量管理强调的个体利益追求转换到组织对公共利益追求的轨道上。其次，高质量的公共体育服务必需大量的成本支持这是显而易见，质量的追求并不意味着与绩效管理分道扬镳，两者互为标示是理论的必然也是实践的需要，将过程开端的质量设计置于绩效管理的全局中，既能保证质量与成本的平衡，还能充实绩效评估的说服力。

（四）政府工具理论

质量管理把组织作为一个相互联系的整体，既有过程的阶段划分、也存在实现工具的相互融合，过程的连续性表现、需求收集、质量控制与评估质量各个环节，离不开多种分析方法与技术工具的支持。行政学研究的目标在于政府要做什么的职能问题和政府如何才能做好的工具问题[2]。政府

---

[1] Applepy, Pual. Morality and Administration in Democratic Government [M]. Baton Rouge: Louisana State University Press, 1950: 34-35.

[2] 阮庆文. 政府治理工具的运用与社会管理及其创新 [J]. 厦门特区党校学报, 2011 (04): 52-58.

工具（Governmental Tool）作为政府履行职能的载体，可以追溯到政府诞生之初，并伴随着政府行为的科学化而不断丰富。1964年，科臣（E.S.Kirschen）对64种常用政府工具的识别是政府工具研究开端的标志性界石。近年来，学界对政府工具研究开辟了全新的理论视角，为实际操作提供方法论，也为质量战略与政策执行之间建起了桥梁，为公共服务质量改进提供了可借鉴的"工具箱"[①]。随着理论与实践的发展，规范与实证并重发展对政策过程更具解释力，多学科的研究背景增强了工具途径的预见力，广泛的实践应用增强了政府工具的影响力。国内外关于政府工具的研究是一个不断顺应时代要求、克服理论滞后性的过程。尽管学术侧重点有所差异，但以工具分类为起点、工具选择为落脚点的研究进程基本相似，尤其后者对我国公共体育服务服务质量改进的实现过程具有重要启示价值。

（1）工具识别：特性与分类

工具自身的优势与局限不清晰，在研究结果的推行过程难免出现说服力不足的局面。公共组织的管理问题很大程度上缘于工具选择不当，归根到底是对政府工具的特性不清楚。因此，运用与研究政府工具的一般逻辑，应该首先研究各种工具的特性，再探究适用情境[②]。学者们基于特定的标准，结合不同的情境，帮助人们更清楚地认识各种工具的不同属性与分类。迄今为止，关于政府工具分类的研究成果丰富，但是令人信服的分类似乎并不存在。分类不能穷尽、排他性不清晰、静态化严重的困难似乎难以克服。但公共行政实践中，"强制—混合—志愿"的三分法被广泛认可，以"强制—自愿"关系为轴线进行基于政府权威的强制性工具、基于交易竞争的市场化工具、基于顾客为先的工商化工具，基于协同自治的社会化工具四种分类符合实际，较为合理[③]。

（2）环境分析：因素与情景

工具选择需要从广泛的背景和复杂的环境中发掘选择过程面临的各种

---

① 陈振明. 政府工具研究与政府管理方式改进——论作为公共管理学新分支的政府工具研究的兴起、主题和意义[J]. 中国行政管理，2004（06）：43-48.
② 陈振明，和经纬. 政府工具研究的新进展[J]. 东南学术，2006（06）：22-29.
③ 卢霞. 政府工具研究的新进展——对萨拉蒙《政府工具：新治理指南》的评价[J]. 福建行政学院学报，2005（02）：19-24+80.

影响因素以及工具与情景需要的匹配性。权变主义理论把工具特征作为适用情境的基础，试图通过分析工具应用过程中，实施主体、目标群体及利益相关者的环境变数来解释工具选择的规律。胡德（Hood）很早就给出了政府工具选择的四种影响因素：替代性、环境适应性、伦理性和经济性。彼得斯（Peters）筛选出"5I"框架：观念、制度、利益、个人与国际环境。陈振明指出影响工具选择的因素主要有五种：以前的工具选择、意识形态、政策目标、工具特性和应用背景。毛寿龙认为政府工具的选择是复杂的，是多种价值和标准权衡的结果，它涉及历史背景、文化和制度等因素。

（3）理性辨析：突破与融合

作为区分传统与现代社会的关键性概念，马克斯·韦伯对人类理性的划分是一种二维结构："形式合理性"和"实质合理性"。前者主要关注可计算性的程序和手段，即"工具理性"；后者则依据结果的价值做出判断，即"价值理性"。两者在启蒙运动之前处于相互渗透、相互统一的状态中[1]。近代以来，人类理性简化为工具与价值的二元结构，没有看到第三种理性即"制度理性"的存在，它是工具理性与价值理性在制度与体制上的共同体现。不同类别的政府工具承载着不同的价值取向与意识形态，政府工具的选择过程是一个多元主体在多种价值之间相互博弈与妥协的过程。因此，政府工具在公共体育服务领域的选择与应用，必须体现工具理性、价值理性与制度理性的互融互通。

（4）工具审视：标准与维度

政府不可能不受限制地从"工具箱"中加以选择"最适当的"工具，工具选择的过程也是一个从不同的维度出发、依据一定的标准评估的过程。萨拉蒙（Salamon）在其著作《政府工具：新治理指南》中归纳出政府工具的评估标准和关键维度：①评估标准：政府选择工具首先需要一系列共同的标准，对各种政府工具进行评价。评价标准归纳为五个方面：有效性关注的是结果，达到预定目标；效率关注收益和成本之间取得最佳平衡；公平性引导收益分配给那些最需要的人们；可管理性最简单和最直接的操作工具为最好的政府工具；合法性和政治可行性政治的支持与公民认同程度

---

[1] 向德平，刘风. 价值理性与工具理性的统一：社会扶贫主体参与贫困治理的策略[J]. 江苏社会科学，2018（02）：41-47.

影响着政府工具的选择。②关键维度：为更好地认识不同政府工具的优势与劣势，还要建立了一个多维度的分析框架，对政府工具进行多视角的分析。分析维度分别为：强制性程度主要是判断政府工具限制个人和集团行为的程度；直接性程度反映的是为实现目标而加入行动实体的复杂程度；自治性程度是利用已有的政府机构还是创建自己的机构为公民提供服务；可见性程度要求工具选择要尽可能被公众理解，特别是能否在预算过程中反映[①]。由此，不同政府工具的优势与特性可依据以上标准划分，并可从不同的维度评估效果，使得工具选择更具针对性。这种权变思想与评估依据为公共体育服务质量改进策略的工具选择提供了思路。

（5）政府工具理论在本书的应用

治理范式的转变在一定程度上给予政府工具更大的机遇与空间，其核心在于将关注的重心转移到了解决公共问题的独特工具与技术。政府工具选择不是对"机制""手段"简单的词汇转化，有其自身发展历程并已建立成熟的理论体系，在公共体育服务领域的运用也早有国外实践经验。作为可辨识、有预见性的"方法群"，不同政府工具的综合运用可解决不同的公共体育问题。公共体育服务质量提升战略目标的实现亟须操作层面具体手段的支撑，现阶段已经超越了政策、机制等层面的传统做法，需要采用当代公共服务领域普遍接受的政府工具理念。政府工具在公共体育服务领域的运用必须构建坚实的理论基础并结合实际探寻找出二者的契合点。政府工具作为工具的特性在于达成结果的确定性和预见性，但是又不同于现实世界中关于普通工具的描述，具有显著地多样性与复杂性，这不是工具思路的缺陷，反而是一种优势，更加适合复杂的现实需求。当前，公共体育服务引入政府工具理论正是对国家治理体系与治理能力现代化的响应，也是公共体育服务自身对时代要求的适应，方法论的丰富与视野的拓展可以为公共体育服务质量改进提供得心应手的工具选择。

（五）健康促进理论

1. 理论概述

健康促进（Health Promotion）是提高健康水平的最佳过程与途径，使

---

① 陈振明. 政府工具导论[M]. 北京：北京大学出版社，2009：105.

个人、集体乃至整个社会，在更大程度上主动修正不健康行为，优化生活方式，促进环境的改善，从而达到控制影响健康的各种危险因素，增进身心健康，提高生活适应状态的良好健康素质。考虑到不同的关注焦点，健康促进理论通常分成两类：解释理论与改变理论，前者着重研究问题产生的原因，帮助人们理解目标人群中为何存在问题行为；后者主要用以指导制定干预策略。近年来，现代健康促进的理论构建逻辑范例发生了改变，很多行为改变技术开始建立在减少行为改变的障碍因素上，努力营造有利于健康行为实施的环境，帮助人们做出行为改变的选择，而不是简单地迫使人们改变其行为[1]。

2. 健康促进策略

健康问题的背后都有着深层次的社会原因，需要运用多部门合作、综合多方力量的方式加以解决，仅仅依靠个人或医疗卫生系统无法解决一系列的居民健康问题和公共卫生问题。1986 年，首届国际健康促进大会通过的《渥太华宣言》明确指出，健康促进涉及五个主要策略：制定能促进健康的公共政策、创造支持的环境、加强社区的行动、发展个人技能、调整卫生服务方向。2013 年 6 月第八届国际健康促进大会提出将健康融入所有政策（Health in ALL Policies，HiAP）[2]。健康中国战略推进要强调政府的主导作用，也强调社会共同参与的公共健康协同治理。社会政策是推动健康中国建设的重要工具，要积极运用社会政策促进国民健康[3]。要将确保民众健康作为一项重要的议题列入各级政府以及社会发展规划中[4]。通过政府、社会与市场等方面的跨域合作，全方位、全周期地保障国民健康。

3. 公共体育与健康促进的互动

2007 年，美国运动医学会倡导"运动是良医"（Exercise Medicine）的理念，鼓励临床医生将"体力活动"作为基本生命体征融入问诊体系，提

---

[1] 萨拉蒙. 政府工具：新治理指南[M]. 北京：北京大学出版社，2016：78.
[2] 郑颖颖，史慧静. 健康促进理论与实践[M]. 上海：复旦大学出版社，2011：57.
[3] 胡琳琳. 将健康融入所有政策：理念、国际经验与启示[J]. 行政管理改革，2017（03）：64-67.
[4] 吕和武，吴贻刚. 美国建成环境促进公共健康对健康中国建设的启示[J]. 体育科学，2017（05）：24-31.

倡健身指导人员与临床医生共同参与疾病预防与治疗，提高民众科学健身水平。以治疗为中心的被动依赖型健康干预已经无法有效保证我国全体人民的健康，应逐步转化为主动自助的干预[①]。全民健身作为非医疗干预健康的重要手段，在主动干预中占有很重要的地位，是实现全民健康的重要途径，在实现健康中国过程中体现着多元价值。全民健身与全民健康深度融合的本质是探索一条运动促进健康之路，最终目的是解决我国面临的健康问题，促进健康中国战略的实施。

4. 健康促进理论在本书的应用

"健康中国"上升为国家战略，以提高人民健康水平为战略核心，以最终实现全民健康为基本目标。为发挥公共体育服务的健康促进价值，公共体育服务质量改进要把人民健康放在优先发展的战略地位，将提升国民健康水平为目标以及评价标准。公共体育服务质量影响因素分析要以健康促进理论为指导，通过为民众健身创设场馆设施、组织活动等环境支持，进而提高公众主动参与健身的意识与科学健身的能力。在公共体育服务质量改进策略设计上，明确人民主体地位，树立全方位、全周期保障人民健康的"大健康"理念，构建覆盖全人群、全生命周期的公共体育服务体系，确保实现均等化。遵循"国家治理体系和治理能力现代化"趋势，构建协同治理框架，推进多元主体跨域合作，打破体育、卫生、医疗等部门边界与壁垒，创新全民健身与全民健康的融合模式。

（六）体育行为学理论

1. 体育行为学的概念与要素

由于 20 世纪 30 年代末 40 年代初行为科学的产生，使各领域相关的行为科学逐渐兴起与发展，现今已应用到各个学科当中。行为是在一定环境中（主要指社会环境），人们在意识支配下按照一定规范进行并获得一定结果的客观活动，而行为科学是指运用科学的方法研究自然和社会环境中人类行为规律的学科群[②]。也正是因为行为科学的产生、推广与应用，以及

---

① 严迪英，张安玉，薛安娜，等. 健康促进干预：方法与应用[M]. 北京：中国医科大学，1999：195.
② 刘刚. 浅议体育行为学[J]. 昭乌达蒙族师专学报（自然科学版）. 2001（06）：51-52.

人类体育行为的存在，因此，学者们为了更好地认识这种体育行为的特征、影响因素以及发展规律，从而有效地控制与预测这种行为，提出了体育行为学理论[1]。自此，体育行为科学也应运而生。它为体育科学与行为科学搭建了一座桥梁，不仅完善了行为科学理论的欠缺，也填补了体育科学体系的空白[2]。同时，体育行为学不仅是行为科学和体育科学的简单结合，它还是一种对体育行为进行全方位研究的一门综合交叉学科，它涉及心理学、社会学、方法学、管理学以及哲学等学科。在体育学领域，体育行为学理论将解释如何预测并激发人们的体育行为机制，从而能有效地引导并调控体育行为，促进体育参与，进而提高人民的生活状态。

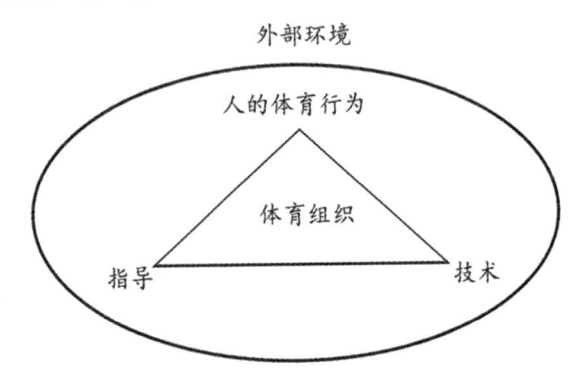

图3-10 体育行为学理论核心要素概念构图

要了解体育行为学理论，首先需要明确体育行为学理论中的关键要素。既有研究指出，体育行为学的关键要素包括：人、指导、技术、体育组织以及外部环境，见图3-10[3]。从图中可知，一个人要表现出体育行为，是与指导、技术相互作用的结果，同时，为了实现团队或个人目标，就需要各种形式的体育组织提供相应的训练或比赛条件，而这些要素又受到经济水平、社会发展以及资源丰裕等外部环境的制约。人类表现出体育行为实际上就是对各类外部环境的真实反映，比如：国家向社会投入了大量的人力资源、财力资源以及物力资源，培养并发展了体育社会组织，而这些组织所产生的服务产品服务于广大群众，包括：响应国家政策，促进公众体

---

[1] 刘一民. 关于创建体育行为学的构想[J]. 体育科学，1990（02）：82-83.
[2] 欧阳灵伦. 《体育行为学》评介[J]. 体育世界，1994（04）：47.
[3] 李跃年. 体育行为学[M]. 哈尔滨：哈尔滨工业大学出版社，2004：65.

育参与；实施公益活动，服务科学健身；承接公共体育服务项目，服务群众的基本体育需求；申请专项公共体育资金，满足群众的多样化体育需求等，而这在一定程度上促进了居民体育参与行为的产生以及运动技术的提高。

由此可见，体育行为是人们基于现实环境，为了实现自己的体育参与目的，达成自我实现而采取的一种有意识的实践活动。当人们进入体育行为群体中，也自然就会成为体育社会这一系统中的一员。而这一组织群体在受到国家公共体育资源投入后，不仅发展和提升了自身的能力，同时，还将公共体育服务供给于广大群众，因此，它们在一定程度上促进与规范了群众的科学体育行为，并对群众进行体育参与宣传、技术辅导、满足群众多元化的体育诉求具有重要作用。由此，公共体育资源的发展水平必然会影响体育社会组织的发展，而体育社会组织的蓬勃发展也将在一定程度上影响居民体育行为的产生。

2. 体育行为学的特征与影响因素

通过现象提炼特征是各个学科所采用的一种普遍手段。那么，我们在现实社会中也会看到如下类似现象。

①喜爱某一运动，坚持体育参与；②仅喜欢观赏体育比赛，不实施自身运动；③喜爱多项运动，积极参与；④喜爱运动，更喜爱参与体育行为中的团体精神；⑤喜欢看体育相关的报道、杂志等，却不参与体育运动等等；⑥喜爱组织、管理体育比赛，自身积极参与其中；⑦喜爱组织或管理体育赛事，自身不参与比赛等。

正是基于这些现象，学者们对体育行为特征进行了总结，包括：体育的意志行为、体育的参与行为、体育的学习行为、体育竞争行为以及体育团体行为等等。当然，也有学者将其概括为：个体行为、集体行为、挫折行为、创造行为以及管理行为等。由此看来，针对体育行为特征的描述，目前体育领域并未形成统一的结论，这可能是今后进一步研究的重要取向之一，从而弥补体育行为理论的欠缺。

随着经济发展、社会进步以及科技创新，社会逐渐步入各领域全面发展的新阶段，体育也将成为人类不可或缺的社会活动方式之一。因此，明确促进人类体育行为的影响因素就显得极其重要，这不仅有利于促进人们积极参与体育运动，促进身心健康以及社会关系的发展，同时还有助于发挥体育自身功能，展现体育的永恒价值。基于之前的分析我们可以了解到，体育行为学是一门综合交叉学科，而其中体育社会学、运动心理学对其产生的影响极为重要[①]。运动心理学家认为，人们形成的体育行为与自身动机是密切相关的，人们为达到某种目的的动机是促使实施体育行为的重要因素。而动机的源泉是"需要"，美国心理学家马斯洛将"需要"分为生理需要、安全需要、社交需要、尊重需要以及自我实现需要等五个层次，而当某一"需要"转化成"优势需要"时，"需要"则成为人类行为的动机[②]。由此可见，"需要"是人们产生行为的根本源泉，体育行为也一样，人们在或是健身需要，或是社交需要，或是健康需要，抑或是竞争需要的情况下，均可能促使他们产生体育行为。这是运动心理学学者所认为的心理活动的内在表现，逐渐展现为行为活动的外在表达。体育社会学家则认为，人们所生存的社会环境对人们产生体育行为具有重要影响，他们是为了适应环境和形成良好的社会资本而形成体育行为的过程，当然，这也是体育社会化的过程。

这些学科的学者们从自身领域对人们体育行为的形成机制进行了探讨，但他们均不能对人类的体育行为做出全面的解释，因为体育行为还受到经济、伦理以及政治等多方面的交叉影响。且人们对体育行为的态度是后天形成的，个体与外界的交叉导致他们所处的环境及个体差异也将是影响体育行为产生的重要影响因素。也正因为如此，本研究将在控制宏观变量和个体差异变量的基础上来进一步探讨核心自变量（公共体育资源环境）与人们体育行为之间的关系问题。

3. 体育行为学的任务与效果

随着经济水平的提高与社会事业的进步，体育事业也得到了蓬勃发展，在我国"健康中国"思想的背景下，不仅对全民的身体健康提出了高标准，同时还对体育道德与行为素养提出了高要求。而体育行为学理论的任务正是为培养体育参与者的道德情操、团队意识、个性品质、身心健康而服务的，且现已将其广泛应用于体育组织中人的心理与行为，如：应用于体育俱乐部、运动队、学校以及社区体育等。我们也知道，"需要"在转化为"优势需要"后形成了人们的行为动机，那么，体育行为学的重要任务就是要使人们形

---

① 刘一民. 关于创建体育行为学的构想[J]. 体育科学，1990（02）：82-83.
② 陈纪方. 社会心理学教学参考资料选集[M]. 郑州：河南人民出版社，1986：73.

成体育需要，施加影响，调节并激发这种需求成为长远需求，促使人们形成良好的体育行为，并参与其中，从而提高人们的生活质量。

由此看来，体育行为学的任务就是在加强对体育行为控制以及预测的过程中，能有效地调动人们参与体育活动的积极性，从而使体育服务于人类发展这一终极目标。当然，体育行为学正是基于这样的任务，其所产生的效果也是显而易见的。如：①由于体育组织的宣传服务、辅导服务、技术服务、公共服务以及赛事服务等原因，不仅促进了人们参与体育活动的积极性，还服务了人们对体育需求的意愿，进而提高了人类的身心健康，完善了人类的整体机能；②人们的体育行为促进了他们的社会交往，从而使其成为形成社会网络与社会资本的重要媒介，因此，体育行为不仅促进了他们的身心健康，同时还协调了人际关系，提高了体育行为学在社会系统中的积极作用和应用价值。③人们体育行为满足了他们的自我实现，并得到了应有的尊重。例如：残疾人由于自身缺陷，致使他们在融入社会群体过程中存在种种困难和心理障碍，而一些社会组织通过对残疾人进行体育宣传和干预，使他们积极参与体育运动，通过体育参与，不仅减少了疾病程度，扩大了社会交往，而且还逐渐完成了自我价值的实现，得到了社会的认可，他们在体验到体育所带来的快乐和乐趣的同时，也使其很好的实现了社会融入[①]。

由此看来，体育行为学的任务不仅关注了人们的身心健康，也关注了人们的生活方式，更关注了人们生活质量的获得。且从其产生的效果我们可以见得，体育行为对人类身体的整体机能的完善、社会网络的融入、社会资本的提升、自我价值的实现以及社会尊重的获得，甚至对提高居民幸福感均具有很好的效果。

二、现实依据

公共体育服务资源的多寡、配置是否均衡合理等，直接影响到公共体育服务供给的质量和效率。尽管目前我国加大了公共体育资源的投入，大

---

① 郭冬冬，王沐实. 中国残疾人体育行为机制的理论模式探析 [J]. 湖北体育科技，2015（02）：122-124.

力发展群众体育,缓解居民日益增长的公共体育服务需求同公共体育服务资源供给相对不足的矛盾,部分现代化示范区公共体育服务供给水平和能力得到了一定程度的提高,但是,从总体来看,现有的公共体育服务资源分配状况与城乡居民日益增长的公共体育服务需求的矛盾,仍然比较突出,公共体育服务供给存在着经费投入不足、社会体育指导员水平不高、公共体育场地设施结构失衡、公共体育服务组织发展缓慢,以及居民对公共体育服务总体满意度不高的问题,面临着供给主体失灵、供给内容和地域的非均衡性、公共体育服务政策执行阻滞、供给机制建设不完善等困境,这些问题与困境为本书探讨"幸福导向"理念下我国公共体育服务精准化治理路径提供了现实依据。

(一)公共体育服务的供给现状

1. 公共体育服务经费投入不足

西方国家在公共体育服务资金支持上呈现出多元化特点,如芬兰的国家拨款占体育开支的10%左右,地方政府拨款占体育开支的近60%,体育组织和俱乐部收入占20%,社会和个人赞助等其他方面占10%[1]。我国公共体育服务的经费投入,主要靠政府财政拨款,存在公共财政投入占比低、非财政投入不足的问题。邵伟钰与王家宏的《中国公共体育服务财政投入研究》显示,我国公共体育服务财政投入规模在绝对值呈现不断递增的趋势,但是与公共财政支出的占比呈下降趋势,从2007年的占比0.36下降到了2013年的0.21,与GDP的占比为0.05%左右,不足0.1%[2]。与西方国家相比处于较低水平,西方国家的群众体育经费一般占到GDP的0.2%~0.61%[3]。从资金的非财政来源途径上(比如公益捐赠方面)与西方国家也存在一定的差距。2015年中国的公益捐赠为992亿元人民币,70%来自企业,人均11.75美元,而美国的公益捐赠为3 732亿美元,80%的公益金来自个人,人均为1 161美元,总量是中国的24.5倍,人均接近100

---

[1] 于宇. 杭州市公共体育服务供给问题研究[D]浙江大学,2013:35-36.
[2] 邵伟钰,王家宏. 中国公共体育服务财政投入研究[J]. 成都体育学院学报,2015(03):36-40.
[3] 周嵩. 我国体育彩票产业的现状与对策研究[硕士论文]. 华中师范大学,2006.

倍[①]。资金投入是公共体育服务有效供给的物质保障，资金投入的不足必然难以满足城乡居民日益增长的公共体育服务需求。

我国公共体育服务经费的主要来源集中在政府财政拨款、体育彩票公益金收入、产业自身发展利润和社会资本投入四个部分。

（1）政府财政拨款是主要经费来源

美国公共体育服务经费主要来源于政府，主要有税收和公债两种方式：第一，税收：美国许多州都通过征收酒店床位税、汽车租赁税、烟酒税等手段来筹集经费，用于建造大型体育场馆。如佐治亚体育场建设所需的2亿美元基本都是通过征收旅馆住宿税来筹集，其中酒店住宿税为其筹集了将近1100万美元的资金。第二，公债：美国堪萨斯州约翰逊县为建设垒球场、橄榄球场以及健身步道等综合体育设施，曾发行26万美元的债券[②]。

我国的体育产业属于公益福利型事业，因此，国家每年都投入大量资金推动其发展，我国的公共体育服务以政府供给为主的模式，也决定了政府的财政拨款系公共体育服务事业经费的主要来源，2003年，国务院公布《公共文化体育设施条例》，规定："国家有计划地建设公共文化体育设施。各级人民政府举办的公共文化体育设施的建设、维修、管理资金，应当列入本级人民政府基本建设投资计划和财政预算。"[③]由于社会经济发展存在地域差异，其发展水平不同，公共体育服务政府财政拨款数额也存在地域的差异，但是，政府财政拨款是体育事业的主要经费严毋庸置疑的。另外，政府财政拨款目前也是体育社会组织进行重要体育活动的主要经费来源。国家对体育事业的财政拨款年年增加，也加重了国家的财政负担。

（2）体育彩票公益金收入是重要的经费补充

英国公共体育服务经费的主要来源就是彩票公益金和国库金，这两大最重要的资金来源主要以社区投资基金的形式投入公共体育服务项目中。我国体育彩票公益金是经国务院批准，从体育彩票销售额中按规定比例提取的专项用于发展体育事业的资金，"从事体育彩票销售总额中按不低于

---

① 张磊. 我国公共体育服务的理论实践及其有效治理—苏州大学王家宏教授学术访谈录[J]. 体育与科学，2016（06）：14-20.
② 戴健. 中国公共体育服务发展报告（2013）[M]. 北京：社会科学文献出版社，2013：205.
③ 公共文化体育设施条例. 中国网，www.china.com.cn/chinese/2003/Jul/3646.

89

30%的比例提取的资金"是体育彩票公益金的主要来源渠道之一[①]。体育彩票公益金收入是公共体育服务重要的经费补充。

(3)社会资本是公共体育服务经费的新助力

社会资本主要指年度来自除政府财政投入之外的社会组织和个人投入公共体育服务的资金总量,包括企业、事业单位、社会团体和个人的资金投入[②]。2010年5月,国务院发布的《关于鼓励和引导民间投资健康发展的若干意见》(简称"新36条"),细化鼓励民间投资进入的领域,为民间投资进入公用事业领域提供了政策的支持和保障。为加快体育发展,促进体育消费,2014年,国务院发布《国务院关于加快发展体育产业促进体育消费的若干意见》(国发〔2014〕46号)要求:"大力吸引社会投资。鼓励社会资本进入体育产业领域,建设体育设施,开发体育产品,提供体育服务。支持扩大对外开放,鼓励境外资本投资体育产业。推广和运用政府和社会资本合作等多种模式,吸引社会资本参与体育产业发展。"[③]

(4)产业自身发展利润是公共体育服务经费的内部来源

与英国、美国、法国等发达国家相比,我国体育产业增加值占国民生产总值GDP比重较低,我国的体育产业还处于市场化的初级发展阶段,体育税收与体育财政支出差距明显,2012年我国体育产业税收贡献为90亿元左右,但2012年全国公共财政体育支出为272.49亿元,体育税收不足财政收入的三分之一。英国早在1989年,政府从体育产业获得的税收便是当时体育支出的5倍,美国这一数字是4倍。[④]因此,政府要大力发展体育产业,早实现体育产业的税收贡献,以体育产业自身的利润补充公共体育服务的经费来源,减轻政府对公共体育服务供给的财政支出压力。

2. 社会体育指导员水平不高

社会体育指导员,是指在竞技体育、学校体育、部队体育以外的群众

[①] 体育彩票公益金管理暂行办法[EB/OL].http://www.sport.gov.cn/n16/n1092/n16879/n17351/1446634.html
[②] 江苏公共体育服务体系示范区指标体系.豆丁网,www.docin.com/p-2042803417.html
[③] 国务院关于加快发展体育产业促进体育消费的若干意见.政府信息公开专栏,www.gov.cn
[④] 体育行业市场调查分析报告.金锄头文库,www.jinchutou.com

性体育活动中从事技能传授、锻炼指导和组织管理工作的人员。[①] 社会体育指导员是发展我国体育事业，增进公民身心健康，提高生活质量，建设社会主义精神文明的一支重要力量，社会体育指导员也是公共体育服务供给过程中不可缺少的从业人员。我国公益性社会体育指导员人数逐年递增，而平均每个社会指导员指导的人数呈下降趋势，如 2012 年公益性社会体育指导员从业人数为 14.1 万人，到 2015 年为 14.9 万人；2012 年平均每个社会指导员指导的人数为 916 人，到 2015 年为 756 人。[②] 三级社会体育指导员占社会体育指导员总数超过 65%，而国家级与一级社会体育指导员占比不足 8%[③]。政府应加大力度培养社会体育指导员，提高其素养与能力，尤其注重培养提高其个性化指导能力。

3. 公共体育场地设施结构失衡

公共体育场地设施的建设和供给情况决定了城乡居民所能享受的公共体育设施的服务水平。有研究公共体育服务的学者认为作为公共体育服务的基础设施，体育场地设施的建设与供给是我国公共体育服务体系结构的核心，这足以说明体育场地设施在公共体育服务供给中的重要地位。而从场地设施角度而言，我国公共体育服务存在着人均拥有量不足、结构失衡以及利用率不高等问题。据我国第六次全国体育场地普查数据显示，截止到 2013 年 12 月 31 日，我国共有体育场地 169.46 万个，场地面积 19.92 亿平方米。其中室内体育场 16.91 万个，场地面积 0.62 亿平方米，室外体育场 152.55 万个；以 2013 年末全国内地总人口 13.61 亿人计算，平均每万人拥有体育场地 12.45 个，人均体育场地面积 1.46 平方米。对比第五次全国体育场地普查，全国体育场地数量增加 84.45 万个，场地面积增加 6.62 亿平方米，人均场地面积增加 0.43 平方米，每万人拥有体育场地数增加 5.87 个[④]。虽然第六次全国体育场地普查较第五次全国体育场地普查有着明显的提高，但是与发达国家相比，我国仍处于较低水平。德国十年前就超过

[①] 社会体育指导员. 360 百科. baike.so.com/doc/5681973-589
[②] 数据来源于腾讯体育
[③] 戴健. 公共体育服务体系建设 [M]. 上海：上海交通大学出版社，2015：87.
[④] 第六次全国体育场地普查数据公报 [EB/OL].http://www.sport.gov.cn/n16/n1077/n1422/6039410.html

了我国 2013 年的水平，德国 2003 年每万人拥有的场地数量为 13.4 个，是我国同期的 2 倍；2011 美国和加拿大人均场地面积接近 3 平方米[①]。日本 2008 年平均每一个万人拥有的场地数量为 17.43 个，远远高于我国同期的 7.83 个[②]。此外，体育场地存在着城乡与区域失衡的问题，在 2013 年，城乡场地数量占比相差 18%，东部地区的场地占比 49%，几乎是中部和西部的占比之和。再者，现有体育场馆也存在着规划不合理、功能单一、远离人群、利用率不高、质量下降等问题[③]。目前，居民参与体育锻炼的场所主要集中在公园、绿地以及广场等非正规的体育场馆设施中，而单位、学校和社区所拥有的体育场地设施利用率不高。体育场地设施相对不足、结构性失衡以及现有体育资源利用率不高等问题，使体育场地设施成为公共体育服务有效供给的"瓶颈"。

4. 公共体育服务组织发展缓慢

公共体育服务组织主要是体育类社会团体和体育类民办非企业单位这两类群众性体育组织，其主要功能是开展全民健身活动。公共体育服务组织是开展公共体育服务活动的组织保障。我国《社会团体登记管理条例》规定："社会团体是由公民自愿组成，为实现会员共同意愿，按照其章程开展活动的非营利性社会组织"。体育社团是公民合法人以从事和发展体育事业为目的，自愿结成的群众性组织[④]。体育类社会团体主要包括体育总会、各行业体协、各人群体协、各项目体协、体育俱乐部、社区居民群体组织、体育健身志愿服务组织等[⑤]。中国民间组织报告指出，2010 年以来，我国体育类社团在数量虽然有所增加，但是占比我国社会团体的总数却是下降了[⑥]。

---

① 刘志成. 我国社区全民健身公共服务体系构建研究 [J]. 体育与科学，2012（04）：75-80.
② 毕红星. 我国体育场地建设状况分析 [J]. 体育文化导刊，2012（05）：83-86.
③ 黄志伟，吴毅，刘常林. 国内外体育场馆资源的利用状况分析 [J]. 华章，2009（02）：149-150.
④ 郭修金，戴健. 政府购买体育社会组织公共体育服务的实践、问题与措施 [J]. 上海体育学院学报，2014（03）：8.
⑤ 冯伟. 国家"苏南现代化示范区"公共体育服务有效供给模式及效率研究 [D]. 苏州大学，2016：54.
⑥ 黄晓勇. 中国民间组织报告（2010~2012）[M]. 北京：社会科学文献出版社，2011：06.

2000年10月24日，国家体育总局发布并实行的《体育类民办非企业单位登记审查与管理暂行办法》的规定，体育类民办非企业单位是指企业、事业单位、社会团体、其他社会力量和公民个人利用非国有资产举办的，不以营利为目的的，以开展体育活动为主要内容的民办中心、院、社、俱乐部、场、馆等社会组织[1]。体育类民办非企业单位主要从事以下五类活动：体育健身的技术指导与服务；体育娱乐与休闲的技术指导、组织、服务；体育竞赛的表演、组织、服务；体育人才的培养与技术培训；其他体育活动[2]。

在2014年，我国正式登记的体育社会组织为32 785个，其中体育社团占比63.5%，体育民办企业占比36.3%，体育基金会55个，占比0.2%。每5万人拥有一个体育社会织，与德国在每890人（2009年）就拥有一个体育社会组织相比相差甚远，与其他国家相比也存在着较大差距[3]。从体育社会组织角度来说，存在着发展缓慢的问题，不能有效满足公众日益增长的公共体育服务需求。

5. 居民对公共体育服务总体满意度不高

从公共体育服务需求与供给相匹配的角度讲，曹可强教授在《公共体育服务：体系构建、机制创新与制度安排》一书中指出："就当前的供给内容来说，存在着内容单调，形式单一等问题，政府提供的体育健身设施，大多以公共运动场与全民健身路径为主，现有的公共体育服务无论在形式上还是在内容上都无法满足公众多元的体育需求[4]"。从公众满意度的角度来说，我国居民对公共体育服务总体满意度不高，仅有26.1%的居民持满意与非常满意的态度，超过1/3的居民认为一般，46%的居民认为不满意与非常不满意；且公众满意度存在着区域差异，东部地区的居民对公共体育服务的总体满意度高于中部和西部地区，中部地区最低，西部地区其次。[5]

---

① 马志和，张林. 非营利体育组织发展前瞻：一个市民社会的视角[J]. 天津体育学院学报，2003(02)：59-61.
② 国家体育总局，民政部. 体育类民办非企业单位登记审查与管理暂行办法[S]. 2000.
③ 刘国永，裴立新. 中国体育社会组织发展报告[M]. 北京：社会科学文献出版社，2016：49.
④ 曹可强，俞琳. 公共体育服务：体系构建、机制创新与制度安排[M]. 北京：北京体育大学出版社，2013：78.
⑤ 李长春. 我国公共体育服务多元主体协同供给研究[D]. 北京体育大学，2018：60-61.

（二）公共体育服务供给面临的困境

公共体育服务有效供给的实际中，存在"政府失灵""市场失灵"等现象，公共体育服务供给不可避免地面临一定程度的供给困境，主要表现在：供给主体失灵、供给内容和地域的非均衡性、公共体育服务政策执行阻滞、供给机制建设不完善等。

1. 供给主体失灵

公共体育服务供给可能主体包括公共部门、私人市场和社会非营利组织。公共部门指政府组织，私人市场指营利性组织。无论是政府组织、市场营利性组织，还是社会非营利性组织，这三个供给主体都或多或少地存在失灵困境。

（1）政府供给存在着官僚化、效率低的现象

凯恩斯主义（也称"凯恩斯主义经济学"）是建立在凯恩斯著作《就业、利息和货币通论》的思想基础上的经济理论。主张国家采用扩张性的经济政策，通过增加需求促进经济增长。即扩大政府开支，实行赤字财政，刺激经济，维持繁荣。[1] 受凯恩斯主义的影响，20世纪特别是二战以后，西方发达国家政府扮演着"全能者"的角色，在公共产品供给上实行"从摇篮到坟墓"的高福利政策，为社会安定、经济发展提供有效保障的同时，政府巨大的财政赤字、机构臃肿、官员腐败及政府合法性流失的政府失灵状态也随之而来。我国在计划经济时代，政府集生产者与决策者于一身，几乎垄断了所有产品的供给，体育公共产品也毫无例外的作为一项福利由国家提供[2]。这种由政府行政命令来进行公共体育资源配置的供给方式具有其特定的历史条件和背景，与当时居民的体育需求比较单一相符合。随着改革开放和市场经济的不断发展，我国城乡的生活水平得到了大幅度的提高，其体育需求也日益呈现出多元化趋势，居民更注重追求公共服务的个性化与差异化。由于人力、物力和财力等方面的限制，政府组织不能有效地满足居民日益增长的多元体育需求。政府以国家权力为后盾，具有强制性和权威性。科层化官僚体制在提高行政效率、促进社会经济发展的同时，

---

[1] 凯恩斯主义. 360百科. baike.so.com/doc/2357288-249
[2] 魏来. 中国公共体育服务产品供给研究 [D] 北京体育大学，2007.

也由于自身层级节制的关系而导致公共产品供给过程中的刻板僵化、负担沉重、效率低下等问题的出现。具体表现是：第一，科层化层级节制使政府组织动作迟缓、刻板僵化；部门林立的官僚体制增加了政府的管理成本，使协调沟通困难，降低了行政效率；行政人员的终身从业制度导致其工作缺乏创新精神和社会责任感。第二，政府的自上而下的决策机制常常是为民决策取代了让民决策，脱离公众的需求，造成缺失民主、供需失衡。第三，政府垄断公共服务供给使自身负担过重，降低了供给能力与质量；另外，各级政府、各部门注重各自利益，容易造成公共服务供给的部门化与地方化，从而缺乏整体性，容易造成监督与问责的困难。第三，受以经济建设为中心的基本方针的影响，各级政府过于追求经济绩效而忽视公众需求，在政府职能转变过程中动作缓慢，政府的公共服务职能常常缺失，而使公共服务供非所需。

（2）市场供给存在盲目追求利润和无法兼顾公平的现象

20世纪80年代以来，受新公共管理理论的影响，以美国和英国为代表的西方发达国家利用市场机制来进行公共服务供给，以打破政府单一供给的垄断模式，政府在各公共服务领域引入市场机制。政府合同外包、特许经营、自由市场、凭单制、用者付费制、政府补贴、自愿服务等多元化的公共服务供给模式共同服务于公众。我国的公共服务市场化是随着改革开放和市场经济体制改革而发展的，与西方发达国家相比，目前尚处于初级阶段，需要不断发展与完善。市场的良性的竞争机制、价格机制、多元化的筹资渠道与方式在提高资源配置、缓解政府的财政资金压力、满足公众多元化、个性化需求等方面具有天然的优势，然而，市场机制的自发性、盲目性与滞后性以及市场最佳效用发挥应具备的外部环境条件缺失的情况下，"市场失灵"将不可避免[1]。公共服务市场供给目标是追求利润的最大化，居民货币支付能力决定了其获得服务的多寡，这相对于广大工薪阶层和弱势群体并不具优势，因此，市场供给在提高供给效率的同时难以兼顾公共服务的公平性。另外，市场供给主体盲目追求利润最大化，难免会出现低质量产品的供给而损害居民利益的问题。

---

[1] 王佳欣. 基于多中心视角的旅游公共服务供给机制研究[D]. 天津大学，2012.

(3）社会非营利组织供给存在缺乏独立性与自治性的问题

作为政府供给与市场供给的有益补充，在公共体育服务供给过程中，社会非营利性组织具有数量众多、服务范围广、机动灵活和贴近民众的特点，发挥着政府与居民桥梁和纽带的作用。但是，社会非营利性组织由于项目协会依附于政府管理中心，因此，存在着政社不分的体制弊端，造成社会非营利性组织实体性不强，缺乏独立性和自治性，以及在人员、资金、管理等方面存在的缺陷而造成的专业性不强、自治能力不足、营利动机等问题。这些问题必然会造成其非营利性、慈善性不足，从而影响其供给能力的发挥。

2. 单一供给模式缺乏服务的创新性

我国公共体育服务供给模式以政府供给为主，模式较单一，为适应经济社会发展需要和广大城乡居民的公共体育服务需求，变革政府单一供给主体模式是当前体育事业发展亟须解决的问题。而改革政府供给的单一模式，引入市场机制等需要强大的外力干预，比如，国有体育资源资产的出租、出借问题涉及诸多的行政审批和管制，而国有资产的权属问题改革的难度极大，短期之内难于实现。政府单一供给模式下的众多体育场馆面临着一个共同的困难，即服务的创新和升级问题。与政府单一供给模式相配套的人力资源管理制度采用的是事业单位管理制度，是一种"先天配套"的管理制度，而在政府单一供给模式不易变革的情况下，与其搭配的管理制度也呈现出僵化和桎梏。优秀管理人才的缺失给国内大型体育场馆供给服务的开发和发展带来很大的负面影响，目前，从大部分体育场馆的从业人员结构看，退役运动员和军队转业干部占比很大，由于他们长期从事体育训练和军事训练等专项技能工作，在专业理论知识和管技能力方面普遍缺乏。事业单位的人事管理制度解决人员编制问题以后缺乏激励机制，容易使人滋生懒惰和懈怠情绪，并且随着时间的推移，还可能出现人员年龄结构老化、缺乏创新服务思维和市场竞争意识、与时俱进的观念更新速度滞后等问题。

公共服务应与时俱进，讲求效率、创新和规划，而政府单一供给模式下的事业单位的人事管理制度的弊端制约着公共体育服务质量。主要表现在以下几个方面：第一，缺乏先进的人才流动管理机制，难以选拔优秀人才。计划式编制下的形式化的考试选聘形式难以考量聘用人员的实际专业水平及职业综合素质，容易造成真正需要的人才招不进来，而不需要的庸才却是进得来出不去，失去人才流动机制。第二，缺少市场化的激励机制。事业单位的人事考核制度流于形式，固定编制、固定薪酬、不变的制度环境带来的稳定和安逸会给部分人造成消极影响，容易产生工作积极性不高、创新意识缺乏、创新动力不足，甚至责任心不强等一系列问题；第三，缺少竞争意识和进取心，从个人角度讲，不利于个人成长，从集体角度讲，不利于提高人员素质。事业单位的用人制度让人有一种拥有编制岗位就如同获得一种"终身保障"的安全感，因此，有的人就会失去危机感和进取心，不愿挖掘自身的潜在能力，没有竞争意识和进取心，制约了服务质量。所以，政府单一供给模式下的人事管理体制不仅不利于人才的进出流动和优化配置，而且严重制约公共体育服务供给的创新升级。

3. 服务主体市场信息交流不足

在每一个体育实践活动中，公共体育服务的主体往往涉及多个单位和多个部门，以举办体育赛事为例，服务供给主体呈现出多元化的特征，不仅包括政府、体育主管部门及体育场馆，而且还涉及教育局、民政局和公安局等相关职能部门，以及具备服务供给能力的众多社会体育社团、俱乐部、基金会、民办非企业单位和个人等。这些主体之间的有效沟通和有机联系能形成责任明晰、资源有效整合的动态交流的有序系统，实现服务效益最大化，促进公共体育服务供给的有效性循环。

而当前，服务主体之间市场信息交流不足的情况普遍存在，从纵向上看，沟通相通畅通，从国家层面到省级主管部门以及地区级单位之间的沟通是通畅的；而从横向上看，存在一定程度的沟通不畅现象，在平行的基层单位或供给主体之间，如体育局、民政局、教育局和公安局等由于业务性质差别较大及自身事务繁杂，无暇顾及其他单位或部门的事情，加之对公共体育服务观念相对落后，以及长期以来形成的各自的文化意识差别，使得这些服务主体之间的交流不足，影响了市场信息传和获取效率，降低了公共体育服务供给效率和质量，制约了公共体育服务供给的及时优化调节。

4. 供给内容与服务区域非均衡

体育事业是国家软实力的象征之一，其均衡发展是我国现阶段体育发展的重要战略选择。《全民健身计划（2011-2015年）》明确提出："地方各级人民政府将发展农村体育纳入当地全面建设小康社会和社会主义新农村建设规划,统筹城乡全民健身事业发展,促进城乡体育资源和公共体育服务均衡配置,逐步建成城乡一体化的全民健身服务体系。"①但是目前,公共体育服务供给中的非均衡现象成为一种普遍现象,相对于教育、医疗及卫生事业,国家对体育的投入力度相对较弱;而在体育领域,相对于竞技体育的投入,国家对群众体育的投入力度相对较小。

公共体育服务供给的最终目标是实现公共体育服务均等化,但在实际供给过程中,由于宏观层面上受城乡二元结构体制的影响(城乡二元结构体制是我国经济和社会发展中存在的一个严重障碍,主要表现为城乡之间的户籍壁垒,两种不同资源配置制度,以及在城乡户籍壁垒基础上的其他问题。②)中观层面上存在着城乡群众体育管理制度的不同,以及微观层面上城乡居民生活方式的差异化,导致公共体育服务供给存在非均衡的现象,主要表现为供给内容的非均衡和服务区域的非均衡。

(1)供给内容的非均衡

供给内容的非均衡主要是指公共体育服务的供给中产品与劳务的供给不均衡,既包括物质性供给,也包括非物质性供给。在政府单一供给模式下,受政绩取向的影响,公共体育服务供给更注重看得见摸得着的基础设施建设,而忽视群众性体育活动开展及群众性体育健身讲座等非物质性内容。

(2)服务区域的非均衡

服务区域的非均衡表现在不同地区公共体育服务供给的非均衡和同一地区城乡供给的非均衡两个方面。公共体育服务供给与社会经济发展水平呈正相关,在不同的经济发展水平下,出现地域结构的非均衡已成为公共体育服务供给的必然。无论从公共体育服务经费支出,还是公共体育资源配置等方面都表现出非均衡。

5. 公共体育服务政策执行阻滞

政策执行是指在政策制定完成以后,将政策所规定的内容变成现实的过程,是为实现政策目标而重新调整行为模式的动态过程。政策执行的效果关系着政策的成败,因此,政策执行在政策活动系统中占有至关重要的地位,美国政策学者艾利森说:"在实现政策目标的过程中,方案确定的

---

① 我国农村体育现状研究. 淘豆网, www.taodocs.com/p-250603153.html
② 城乡二元结构体制. 360百科, baike.so.com/doc/6278528-649

功能只占10%，而其余的90%则取决于有效的执行[1]。"政策执行是指政策执行者通过建立组织机构，运用各种政策资源，采取实施、协调与监控等各种行动，将政策观念形态的内容转化为实际效果，从而使既定的政策目标得以实现的动态过程[2]。政策执行本身可以看作是政策制定者和政策执行者之间的交易过程，是组织在业务履行过程中发生的交易[3]。公共政策执行过程中受政策质量、政策资源、执行主体、目标群体、制度与环境等因素的影响，容易出现执行阻滞现象，政策执行阻滞是指政策执行过程中的执行活动因某种消极因素的影响而出现的不顺畅乃至停滞不前，进而导致政策目标不能圆满实现甚至完全落空的一种情形，表现为政策表面化、扩大化、局部化、变异化、机械化等[4]。

公共体育服务政策执行阻滞问题已受到研究者们关注，有研究指出，公共体育服务政策执行表现出替代性执行、选择性执行、象征性执行等执行阻滞现象[5]。也有研究认为我国全民健身公共政策在执行中由于各种原因难以落实到位，政策执行阻滞现象严重，集中体现为吸纳社会力量兴办全民健身事业的鼓励政策缺乏实效[6]。公共政策执行阻滞的主要原因是政策执行主体与政策制定主体进行利益博弈，从自身利益出发所做出的策略选择。例如，学校体育场地对外开放，国家制订的相关政策是：2006年，国家体育总局和教育部公布了《学校体育场（馆）向公众开放试点工作方案》；《全民健身条例》也规定"公办学校应当积极创造条件向公众开放体育设施"。但在实际供给过程中，政策执行阻滞现象普遍，学校体育场馆对外开放仍然是困难重重。据调查，我国各类体育场馆向社会全面开放率仅占44.1%，21.3%部分开放，34.6%尚未开放。其中，公共体育场馆在所有向

---

[1] 陈振明. 政策科学——公共政策分析导论[M]. 北京：中国人民大学出版社，2003：276.

[2] 刘淑影，于芳. 我国公共政策执行阻滞的制度因素分析及对策探讨[J]. 江西行政学院学报，2006（02）：12.

[3] 吴锡泓，金荣枰著. 政策学的主要理论[M]. 上海：复旦大学出版社，2005：396.

[4] 丁煌. 政策执行中阻滞机制及其防治对策[M]. 北京：人民出版社，2002：3.

[5] 刘峥，唐炎. 公共体育服务政策执行阻滞的表现、成因及治理[J]. 体育科学，2014（10）：78-82.

[6] 张瑞林，王晓芳，王先亮. 我国全民健身公共政策执行阻滞分析[J]. 上海体育学院学报，2013（04）：1.

社会开放的场馆中所占的比率是最低的，仅占35%，而未向社会开放的比率则是最高的，占39.9%[①]。

公共体育服务政策执行阻滞将导致公共体育服务供给目标无法充分实现。要解决公共体育服务政策执行阻滞现象，一是要提升政策执行主体的执行强度，二是要加强执行监管，建立健全监管体系和责任追究机制。美国著名行政学家埃莉诺·奥斯特罗姆指出："在每一个群体中，都有不顾道德规范，一有可能就采取机会主义行为的人；也都存在这样的情况，其潜在收益是如此之高，以至于极守信用的人也会反规范行之，有了行为规范也不可能完全消除机会主义行为。[②]"因此，在政策执行过程中必须加强政策的执行监管，防止政策执行阻滞现象的发生。

6. 公共体育服务供给机制不健全

公共体育服务的有效供给与合理供给在很大程度上受供给机制的影响。供给机制不健全、不完善势必会造成公共体育服务供给不足、供需失衡等问题。健全完善的公共体育服务供给机制应包括科学合理的决策机制、居民的体育需求表达机制、良好的动力激励机制及规范的监督评估机制等。目前，在公共体育服务供给过程中常常出现供给主体缺位、越位、错位的问题，究其原因都是公共体育服务供给机制不健全、不完善造成的，主要表现为以下两个方面。

（1）"自上而下"的决策机制带有非科学性

目前，我国公共体育服务供给决策绝大部分受政府"自上而下"决策机制的影响和控制，带有较强的权威性和行政指令性，这种决策机制是计划经济时代历史和制度变迁的结果，与时代发展相背离，因此，政府转变经济职能，强化服务职能，逐步建立服务型政府，以适应经济社会发展需要。政府在制定公共体育服务供给政策时容易受两各方面因素的影响而造成不科学、不合理的现象，一是科层化官僚体制造成的"自上而下"的决策机制使决策者不能真正了解居民的公共体育服务需求的差异；二是受政府部门或官员的"政绩观"和"利益观"的影响，在公共体育服务供给过程中会出现供给内容、供给产品数量及供给质量与居民实际体育需求相偏离，

[①] 全民健身周刊[N]中国体育报，2010-05-03.
[②] 埃利诺·奥斯特罗姆. 公共事务的治理之道[M]. 上海：三联书店，2000：61.

第三章 公共体育服务对居民幸福感影响的理论基础与现实依据

从而造成供给的低效率、低质量。经济学家缪勒认为，在公共选择领域中，政府官员和其他的经济人"就是同一个人"，都是"关心个人利益的，是理性的，并且是效用最大化的追逐者[①]"。布坎南也认为政治家和官僚也是遵循"根据他们所受到的约束，为追求效用的极大化而行动"的"个人"，他们追求的也是个人利益的最大化，并且他们的个人利益与社会公共利益不一定一致，甚至还会相悖；为了实现自身利益的最大化，政治家和官员可以不计成本地向公众提供人们实际上并不真正需要的各种各样的公共服务，由此造成政府机构的急剧膨胀以及政府财政赤字的猛增[②]"。我国公共体育服务供给由政府供给为主，由政府通过财政拨款实现供给，但是，公共体育服务的最终目标是为广大人民群众提供科学有效的公共体育服务，其投入方式、投向结构都应反映居民的偏好、意愿和需要。因此，在制定公共体育决策方面，政府要加强公共体育服务供给的基层民主建设，建立健全居民对公共体育服务的决策参与机制，保障决策的科学性与合理性，真正做到公共体育服务"以需定供"，最大限度地满足城乡广大居民的切实体育服务需求。

（2）居民的体育服务需求表达机制不健全

居民作为公共体育服务供给系统中的客体，其服务需求直接关系着公共体育服务供给是否有效，如果居民的体育服务需求表达机制不健全、表达渠道不畅通，就会造成供非所需，最终导致公共体育服务供给的低效率。因此，居民的体育服务需求表达在公共体育服务供给中具有重要作用，居民就处于中心话语权的地位。但是目前，居民却在相关的体育服务利益诉求的表达上，以及享受公共体育服务的权益维护上处于"失语"状态，其公共体育服务需求不能完全表达与传递，造成公共体育服务供给的诸多问题，如供给结构与居民实际公共体育服务需求结构不符，供给产品和劳务并非居民所需要等。这就可能导致居民对政府主体提供的公共体育服务满意度不高，甚至不满意，降低供给效率与质量，没有真正达到为居民健康服务，提高城乡居民生活质量的目标。另外，决策者还必须了解不同地域

[①] ［美］丹尼斯. 缪勒著. 王诚译. 公共选择[M]. 北京：商务印书馆，1992：5.
[②] ［美］詹姆斯. M. 布坎南著. 平新乔等译. 自由、市场与国家—80年代的政治经济学[M]. 上海：上海三联书店，1989：36-40.

的居民对公共体育服务需求的差异，制定科学合理的公共体育服务决策，提供符合居民要求的公共体育服务。居民的体育权益需求表达机制的不健全、不完善必然导致信息的不畅通或信息传递失真现象，不利于决策制订的科学性，为达到公共体育服务的高质量、高效率，建立"自下而上"的居民体育利益需求表达机制是一种必需。公共体育服务供给机制应改变传统的政府单一供给的僵化模式，采用灵活的市场机制，从居民的实际体育需求出发，逐步实现由"供给主导型"向"需求主导型"转变，提升公共体育服务的供给有效性。

第四章　城市社区公共体育服务质量评价指标体系的构建

加强公共服务建设，改善民生和提高人们的幸福指数是社会事业的发展方向，体育事业作为社会事业的一个重要部分，直接关乎我国全面小康社会的建成。2016年国家体育总局发布《体育发展"十三五"规划》，其中指出"制定结构合理、内容明确、符合实际的基本公共体育服务评价体系"是2016—2021年群众发展的一个重要目标。因此构建科学、客观的社区体育公共服务评价体系既是国家政策的要求，又是保障城市社区居民公共体育服务权益，提升社区公共体育服务质量的重要举措。[①]

我国正处于全面深化改革的深水期，转变政府职能，构建以服务为导向的政府职能体系是深化党和国家机构改革的重要任务。公共体育服务作为涉及人民群众体质健康、卫生保健、文化教育等多个部分的重要内容，直接关乎我国地方政府职能是否能成功转变。因此，构建城市社区公共体育服务质量评价体系，能及时了解我国城市社区公共体育服务质量的现状及不足。对政府公共体育服务政策的制定、社区公共体育服务质量的监督管理与提升，以及城市居民公共体育服务满意度和幸福感的上升都具有重要的实践意义。

公共体育服务作为一种特殊的服务，其具有的公益性，公平性，均等化性质区别于传统服务，在对其服务质量进行评价时，应充分考虑公共体育服务的特性。因此本章在构建城市社区公共体育服务质量评价指标体系时，基于SERVQUAL量表的五个基本维度（有形性、可靠性、保证性、响

[①] 杨桦.体育改革：成就、问题与突破[J].体育科学，2019（01）：5-11.

应性、移情性）的基础上，通过梳理国内外公共体育服务相关领域的研究成果和相关政策文件，增添便利性维度，从6个维度初步构建城市社区公共体育服务质量评价指标；其次，通过专家访谈法和预调查，对初选指标进行筛选和调整，运用层次分析法确定各项指标权重，最终形成城市社区公共体育服务质量评价指标体系。

一、公共体育服务质量评价指标体系构建的思路和原则

（一）质量评价指标体系的构建思路

构建城市社区公共体育服务质量评价指标时，首先应明确构建方法，本研究采用文献资料和实证资料相结合的方式来进行构建。在参考已有的服务质量和满意度研究成果的基础上，选取SERVQUAL量表的维度指标为原始维度指标，并结合社区体育服务的内涵和具体服务内容，进行增添和修改，形成城市社区公共体育服务质量的初步评价指标体系。其次，通过专家访谈和打分，对初步的指标题项进行调整、补充和删减，对指标的语义、表述进行精炼，形成《城市社区公共体育服务质量评价指标的初始问卷》；其后，通过居民预调查问卷的发放与回收，采用因子分析对指标维度进行进一步的调整和删减，并进行信效度检验，获得最终的服务指标评价指标体系；最后，采用层次分析法对指标权重进行打分，建立一个全面、科学的城市社区公共体育服务质量评价指标体系。

（二）质量评价指标体系的构建原则

原则是指说话，行事所依据的法则或标准。在指标体系构建中，指标的选取和筛选是整个构建工作中最为核心的一部分，选取的指标如果不科学、不合理，则会导致整个研究结果的不科学、不合理。因此，在构建指标体系时，须遵循一定的选取原则，以保证指标选取和筛选过程的科学合理，研究结果的科学合理。

1. 科学性原则

在构建城市社区公共体育服务质量评价指标体系时应遵循科学性原则。在指标筛选的过程中，指标的选取应当具有一定的科学依据，符合客观现实标准，切勿主观随意。同时，各级指标含义应当简明扼要，既能充分反

映城市社区公共体育服务质量，又能让调查对象在填写问卷过程中清楚地理解其中含义。除此之外，在指标的选取数量上，不宜过多，以避免指标与指标之间出现重复叠加的情况；也不宜过少，避免遗漏重要指标。

2. 全面性原则

城市社区公共体育服务的开展成效受到多个方面因素的影响，应此，在对城市社区公共体育服务质量进行评价时，应充分考虑城市社区公共体育服务的特性，内容以及实现途径等各个方面。遵循全面性原则，从整体上把握公共体育服务质量评价，避免忽略部分重要因素对公共体育服务质量的影响，指标体系能充分反映城市社区公共体育服务质量的真实状况。

3. 系统性原则

在城市社区公共体育服务质量评价指标的设计和筛选过程中，我们要遵循系统性原则，指的是各个指标之间应存在一定的逻辑联系，每一个指标能从不同方面反映城市社区公共体育服务质量，同时指标与指标之间相互独立，又相互关联。指标体系的构建应是系统科学的，具有很强的逻辑思维。在构建的过程中，选取的指标应是从上到下，从宏观到微观的层次结构，从而形成一个不可分割的有机统一体。

4. 可操作性原则

城市社区公共体育服务质量评价指标是用于后期量化评价，因此在构建过程中要保证指标的完整性，准确性外，还要保证指标的可操作性。指标的选取和筛选都要遵循这一原则，以确保每一个指标都是可观察、可测量、可操作，便于评价主体对城市社区公共体育服务质量进行客观真实的评价，也便于操作人员后期对数据的量化处理。

二、城市社区公共体育服务质量评价指标系的建立

（一）评价维度

本章是通过对公共体育服务相关文献、政策文件进行总结梳理的基础上，以 SERVQUAL 量表的五个指标维度为基础，结合城市公共体育服务实际情况，构建了 M 市城市社区公共体育服务质量评价指标的六个维度，并对修改后的六个维度进行以下说明。

1. 有形性

有形性指的是社区体育场地设施，器材供给、布局情况及人员外观。有形性维度在SERVQUAL模型和SERVPERF模型的众多行业服务质量测评中，具有很强的普适性，服务的有形体验是顾客在评价服务质量时的重要感知。政府和社区在为居民提供体育服务时，体育场地和运动器材的提供是居民开展体育锻炼的前提，体育场地的数量、面积和运动器材种类的丰富程度都会影响居民体育需求的满足。

2. 可靠性

可靠性是指社区履行服务承诺，提供可信赖服务的能力。可靠性主要体现的是社区体育管理机构通过制定体育规章制度、人员配备、活动开展等手段来满足居民的体育需求，从而使居民对社区产信任和依赖。可靠性维度主要包含社区拥有多个健身团队、社区制定有详细的体育管理制度和条例、社区定期开展不同的体育活动和赛事等指标。

3. 响应性

响应性指的是社区工作人员回应居民需求，迅速提供帮助和服务的意向，主要体现的是工作人员的一个工作效率。无论在什么行业中，服务人员的服务意愿和工作效率，直接影响着顾客或者消费者的服务体验，在社区公共体育服务中，社区工作人员和社区体育指导员的工作效率会直接影响居民体育需求的满足。胡赛在测量社区卫生服务质量时，认为响应性维度主要包含服务及时、投诉处理、服务态度、疑问解答。[1] 宋伟鹏将健身场馆及时、准确的服务信息宣传和社会指导员的积极主动帮助归纳到响应性维度，[2] 由此可见响应性维度主要反映工作人员的工作效率和服务态度情况。本章参考已有研究的维度指标，结合社区居民感知体育服务的实际情况，响应性维度主要包含居民意见的及时处理、社区工作人员的及时服务和帮助、体育健康知识和活动信息的及时，准确宣传、破损器材的及时维修和更换、群众体育赛事活动的积极承办和开展。

---

[1] 胡赛. SERVQUAL量表用于我国社区卫生服务质量评价的适用性研究 [D]. 华中科技大学，2018：30-33.

[2] 宋伟鹏. 居民满意视角下秦皇岛市体育公共服务质量测评研究 [D]. 河北师范大学，2018：44-45.

4. 保证性

保证性指的是社区工作人员的服务态度和能力，体现了顾客在接受服务过程中所感知到的服务态度和水平。本书在选取保证性维度指标时主要包含社区体育工作人员行为举止文明、服务态度良好、具备较高的专业水平和丰富的专业知识、数量充足等多个具体指标。

5. 移情性

移情性指的是社区在提供服务时对居民的关心和个性化需求的考虑。社区在提供服务时，须有一定的情感体现，机械式的服务是没有体验价值的，在提供服务的整个过程中应时时具有人文关怀，在对服务质量进行测评时，不能忽略移情性维度。本章在选取移情性维度指标时，主要包含体育活动场所的开放时段较为合理、特殊人群体育锻炼需求得到满足、主动了解社区居民的体育需求、周边学校、事业单位体育活动场地的开放程度等指标。

6. 便利性

便利性指的是社区居民在获取和享受服务时的便利程度。政府和社区在为居民提供体育服务时，应该尽可能地为居民提供体育锻炼的便利。北京市在2016年发布的《体育生活化社区建设规范》中指出："室内外健身场地应便于居民步行15min到达"。翟小可认为物流服务的便利性主要包含交通便利、付款方式便利、退换便利和收货便利四个方面。[①] 本书在参考相关政策文件和文献的基础上，便利性维度主要包含居民与体育活动场地、场馆的距离、前往活动场所时的交通便利程度、获取体育健康知识和健身服务信息时的便利程度、居民投诉与意见反馈的便利程度和场馆预订的便利程度五个方面。

（二）指标的初选

本章在初步选取社区公共体育服务质量评价时，参考已有的文献研究成果和社区公共体育服务的具体服务内容，在SERVQUAL量表的基础上结合社区公共体育服务的实际情况，以居民实际感知到的服务内容为维度指标，选取6个维度38个具体题项，初步构建了城市社区公共体育服务质量

---

① 翟小可，吴祈宗. 基于AHP-模糊综合评价的农村电商物流服务质量评价研究[J]. 数学的实践与认识，2019（05）：121-127.

评价指标（如表4-1所示）。

表4-1 城市社区公共体育服务质量评价初级指标

维度	题项
A 有形性	a1 社区体育活动空间能满足锻炼需求 a2 社区体育活动场所的运动设施齐全、种类丰富 a3 社区体育活动场所功能区域的规划 a4 社区体育活动场所内外部环境干净整洁 a5 社区体育场所设施各类标识的醒目（引导、安全事项、使用方法） a6 社区体育活动场所具有智能化的、新颖的运动器材 a7 社区工作人员穿着正式、整洁、得体 a8 社区体育活动场所安全设施的完备（消防、医疗急救）
B 可靠性	b1 社区拥有多个健身团队和体育协会 b2 社区制定有详细的体育管理制度和条例 b3 社区定期开展不同的体育活动和赛事 b4 社区定期组织社区居民接受免费体质监测 b5 社区体育活动开展有着稳定的经费支持 b6 社区体育活动经费使用情况的公开透明 b7 社区体育活动设施、器材定期的检查和维护 b8 社区活动场所开展有多种体育运动项目
C 响应性	c1 社区居民投诉与反馈意见的及时处理 c2 社区体育指导员和工作人员及时提供服务和帮助 c3 体育健康知识和健身活动信息的及时、准确宣传 c4 对破损或损坏的运动器材及时进行维修或者更换 c5 群众体育赛事和体育活动的积极承办和组织参与
D 保证性	d1 社区体育工作人员行为举止文明、服务态度良好 d2 社区体育指导员和体育志愿者数量充足 d3 社区体育指导员能提供专业水平的指导 d4 社区体育指导员能保证服务工作时长和频率 d5 社区体育指导具备较高的专业水平和丰富的专业知识
E 移情性	e1 体育活动场所的开放时段较为合理 e2 特殊人群体育锻炼需求能得到满足 e3 主动了解社区居民的体育需求和建议 e4 社区拥有自己的特色体育运动项目 e5 社区公共体育场所的收费合理、性价比较高 e6 为社区居民提供个性化的锻炼计划或运动处方
F 便利性	f1 与社区周围公共体育设施、场所距离较近 f2 前往社区周围体育活动场所的交通十分便利 f3 获取体育健康知识讲座、健身活动信息的便利程度 f4 社区居民投诉与意见反馈渠道的便利程度 f5 健身场馆、运动场地预订的便利程度 f6 社区内学校、事业单位体育场地的开放程度

（三）指标的筛选

在初步设计城市社区公共体育服务质量评价指标体系的基础上，为了避免题项过多且重复、语言表达存在含义不清等原因，导致评价问卷无法真实有效地反映城市居民的实际感知。故此采用李克特五点评分法，设计"非常重要""很重要""一般""不重要""非常不重要"五个重要性等级为标准的检测性问卷，以达到筛选题项的目的（如表4-2所示）。

表4-2 城市社区公共体育服务质量指标的初步筛选数据

a1	81	0	4.10	5.00	1.158	1.340
a2	81	0	4.19	5.00	1.038	1.078
a3	81	0	3.75	4.00	1.031	1.063
a4	81	0	4.32	5.00	0.892	0.796
a5	81	0	4.15	4.00	0.923	0.853
a6	81	0	3.42	4.00	0.986	0.972
a7	81	0	3.09	3.00	0.977	0.955
a8	81	0	4.07	4.00	0.703	0.494
b1	81	0	4.00	4.00	0.851	0.725
b2	81	0	4.12	4.00	0.967	0.935
b3	81	0	4.06	4.00	0.842	0.709
b4	81	0	3.34	4.00	0.941	0.886
b5	81	0	4.01	4.00	0.994	0.987
b6	81	0	3.17	4.00	0.962	0.925
b7	81	0	4.25	4.00	0.859	0.738
c1	81	0	3.88	4.00	1.005	1.010
b8	81	0	3.79	4.00	0.984	0.968
c2	81	0	4.00	4.00	0.822	0.675
c3	81	0	3.86	4.00	0.802	0.644
c4	81	0	4.26	5.00	0.932	0.869
c5	81	0	4.00	4.00	0.949	0.900
d1	81	0	4.30	5.00	0.980	0.961
d2	81	0	4.07	4.00	0.959	0.919
d3	81	0	4.32	5.00	0.864	0.746
d4	81	0	4.11	4.00	0.822	0.675
d5	81	0	4.10	4.00	0.718	0.515
e1	81	0	4.16	4.00	0.813	0.661
e2	81	0	4.11	4.00	0.851	0.725
e3	81	0	4.04	4.00	0.828	0.686
e4	81	0	3.99	4.00	0.733	0.537
f1	81	0	4.10	4.00	0.718	0.515
e5	81	0	4.15	4.00	0.743	0.553
e6	81	0	3.95	4.00	0.907	0.823
f2	81	0	3.88	4.00	0.765	0.585
f3	81	0	4.20	4.00	0.697	0.485
f4	81	0	4.17	4.00	0.905	0.820
f5	81	0	3.99	4.00	0.901	0.812
f6	75	6	3.92	4.00	0.818	0.669

通过回收专家和城市居民的重要性检测问卷发现：题项a6、a7、b4、b6的均值得分处于较低水平，可考虑是否删除。与此同时，在整理专家和社区体育工作人员的反馈意见时，部分专家和社区工作人员认为：①居民在参与社区组织的体育活动或赛事时，大多数以参与者的方式参加，对于b5可能无法有准确的实际感知。②f2与f3此类题项是否设置过多，内容重复。③e6、f6在目前的现实情况下，大多数社区可能还无法有效覆盖辖区全体居民。④部分题项与所对应的维度有些不符，需调整；在语言的表达上还需要精炼。因此，为保证问卷的科学性和有效性，听取居民和专家反馈意见的基础上进行修改。得到城市社区公共体育服务的原始问卷。

（四）指标的确定

为进一步确保调查问卷中各个题项的科学性和合理性，采用预调查问卷的方式，进行小范围调查。在预试问卷的样本容量的选择上，样本量过少则无法反映真实情况，样本上过多则加大工作难度。因此预试问卷样本量为预试问卷题项的5~10倍较为合适。通过对社区各类体育活动场所线下和线上发放问卷，共回收184份；剔除填写不完整和填写答案一致的无效问卷17份后，有效问卷167份，有效率90%。

1. 项目分析

项目分析的主要目的在于检验编制的量表或测验个别题项的适切程度或可靠程度，在项目分析的判别指标中，采用极端分组法前后27%高低分组，通过临界比CR值、内部一致性 α 系数、相关系数的数值大小作为个别题项筛选或修改的依据。具体情况如表4-3所示。

表4-3 城市社区公共体育服务质量评价指标的项目分析

	描述统计								
	N	均值	t	Sig.（双尾）	皮尔逊相关系数	修正后的项与总计相关性	删除项后的科隆巴赫Alpha	共同性	因素负荷量
a1	167	3.44	-9.708	0.000	0.644**	0.604	0.893	0.444	0.666
a2	167	3.71	-12.290	0.000	0.742**	0.715	0.892	0.562	0.750
a3	167	3.45	-14.061	0.000	0.734**	0.703	0.891	0.573	0.757
a4	167	3.75	-9.415	0.000	0.685**	0.651	0.892	0.487	0.698
a5	167	3.71	-7.258	0.000	0.550**	0.507	0.895	0.309	0.556
a8	167	3.22	-3.207	0.000	0.420**	0.272	0.899	0.105	0.325
b1	167	3.67	-11.309	0.000	0.680**	0.650	0.893	0.483	0.695

续表

			描述统计						
	N	均值	t	Sig.（双尾）	皮尔逊相关系数	修正后的项与总计相关性	删除项后的科隆巴赫Alpha	共同性	因素负荷量
b2	167	3.29	−12.117	0.000	0.708**	0.675	0.892	0.540	0.735
b3	167	3.51	−9.494	0.000	0.618**	0.580	0.894	0.436	0.661
b7	167	3.43	−7.244	0.000	0.424**	0.046	0.928	0.004	0.065
b8	167	3.32	−4.556	0.000	0.434**	0.379	0.897	0.201	0.458
c1	167	3.44	−14.202	0.000	0.747**	0.718	0.891	0.625	0.791
c2	167	3.40	−10.544	0.000	0.642**	0.602	0.893	0.454	0.674
c3	167	3.32	−12.208	0.000	0.665**	0.629	0.893	0.511	0.715
c4	167	3.47	−15.175	0.000	0.745**	0.717	0.892	0.619	0.787
c5	167	3.58	−11.858	0.000	0.655**	0.617	0.893	0.484	0.696
d1	167	3.26	−2.144	0.000	0.164**	0.099	0.902	0.341	0.465
d2	167	3.80	−4.608	0.000	0.450**	0.409	0.897	0.215	0.463
d3	167	3.40	−2.625	0.000	0.194**	0.134	0.901	0.533	0.457
d4	167	3.63	−2.967	0.000	0.253**	0.204	0.899	0.358	0.535
d5	167	3.69	−4.383	0.000	0.361**	0.318	0.898	0.266	0.456
e1	167	3.72	−6.823	0.000	0.526**	0.487	0.595	0.279	0.528
e2	167	3.75	−9.102	0.000	0.647**	0.611	0.893	0.438	0.662
e3	167	3.81	−7.652	0.000	0.573**	0.535	0.895	0.321	0.567
e4	167	3.65	−8.037	0.000	0.578**	0.542	0.895	0.364	0.604
e5	167	3.62	−14.603	0.000	0.772**	0.747	0.891	0.606	0.779
f1	167	3.68	−4.561	0.000	0.397**	0.343	0.898	0.313	0.451
f3	167	3.74	−8.127	0.000	0.594**	0.553	0.894	0.376	0.613
f4	167	3.69	−9.676	0.000	0.655**	0.621	0.893	0.451	0.672
f5	167	3.51	−9.722	0.000	0.672**	0.636	0.893	0.494	0.703

基于以下科学标准来对数据进行分析；① t 值大于3，p 值小于0.05；② 内部一致性 α 系数大于0.40；③ 相关系数大于0.40，呈中高度相关；④ 共同性大于0.20，因素负荷量大于0.45时，题项与共同因素关系愈密切，同质性愈高。由表格4-3显示：题项a8、b7的共同性均小于0.20，因素负荷量均小于0.45，不符合题项合格标准，因此剔除题项a8、b7，并进行下一步操作。

2. 探索性因子分析

在进行常规的项目分析之后，下一步应通过因素分析来检验量表的建构效度，其主要目的在于找出潜在的结构因素，减少题项的项目，从而使其成为一组关联较大的变量。因素分析的一个重要前提是该量表的数据是否能进行因子分析，通常通过KMO统计量值来进行判别。KMO的指标值在0～1之间，当值愈接近于0，则表明变量之间存在共同因素，适合进行因素分析；当数值在 0.50 以下时，题项变量之间不适合进行因素分析。

表4-4 KMO和Bartlett的检验

KMO 和巴特利特检验		
KMO 取样适切性量数。		0.885
巴特利特球形度检验	近似卡方	3 171.412
	自由度	378
	显著性	0.00

由表格 4-4 数据显示：城市社区公共体育服务质量评价量表的 KMO 数值为 0.885，近似卡方为 3 171.412，达到显著水平，说明题项量表存在共同因子，适合进行因子分析。

表4-5 因子可解释的总方差

成分	初始特征值			提取载荷平方和			旋转载荷平方和		
	总计	方差百分比	累积%	总计	方差百分比	累积%	总计	方差百分比	累积%
1	10.525	37.589	37.589	10.525	37.589	37.589	3.807	13.597	13.597
2	3.140	11.216	48.805	3.140	48.805	48.805	3.609	12.891	26.487
3	1.905	6.803	55.607	1.905	55.607	55.607	3.289	11.745	38.232
4	1.593	5.689	61.296	1.593	61.296	61.296	3.243	11.581	49.813
5	1.252	4.472	65.768	1.252	65.768	65.768	3.197	11.418	61.231
6	1.058	3.778	69.546	1.058	69.546	69.546	2.328	8.315	69.546
7	0.944	3.148	69.842						

由表格 4-5 数据表明：特征值大于 1 作为提取共同因素标准的前提下，共提取 6 个共同因素，共同解释率为 69.546%。根据 Hair 等人的观点，在自然科学领域和社会科学领域中，所萃取的共同因素的累积解释变异量分别应在 90% 和 60% 以上，共同因素才会是较为可靠的。表格中所提取的 6 个成分的累积解释变异量在 69.546%，因此该问卷的结构效度是有效的。同时采用主成分分析法，以特征值大于 1 抽取共同因素，通过最大方差法进行直教转轴，获得成分矩阵。如表 4-6 所示。

表4-6 因子旋转后的成分矩阵

旋转后的成分矩阵						
	成分					
	1	2	3	4	5	6
c2 社区体育指导员和工作人员及时提供服务和帮助	0.745	0.128	0.401	0.026	0.020	0.120
c5 群众体育赛事和体育活动的积极承办和组织参与	0.729	0.108	0.137	0.267	0.039	0.284
c1 社区居民投诉与反馈意见的及时处理	0.687	0.377	0.222	0.137	0.024	0.286
c3 体育健康知识和健身活动信息的及时、准确宣传	0.684	0.398	0.299	0.091	-0.068	0.005
b8 社区活动场所开展有多种体育运动项目	0.085	0.687	0.018	0.053	-0.029	0.089
b1 社区拥有多少个健身团队和体育协会	0.241	0.666	0.385	0.190	0.106	-0.059
b3 体育定期开展不同的体育活动和赛事	0.210	0.625	0.131	0.230	-0.007	0.255
b2 社区制定有详细的体育管理制度和条例	0.468	0.573	0.172	0.162	0.146	0.161
c4 对破损或损坏的运动器材及时进行维修或者更换	0.514	0.564	0.173	0.172	0.051	0.226
f4 社区居民投诉与意见反馈渠道的便利程度	0.380	0.461	0.136	0.236	0.036	0.348
a5 社区体育场所实施各类标识的醒目（引导、安全事项、使用方法）	0.282	-0.077	0.763	0.128	0.043	0.186
a1 社区体育活动空间能满足锻炼需求	0.119	0.430	0.742	0.069	-0.047	0.124
a2 社区体育活动场所的运动设施齐全，种类丰富	0.226	0.215	0.697	0.454	0.079	0.074
a3 社区体育活动场所功能区域的规划	0.378	0.358	0.629	0.136	0.002	0.156
a4 社区体育活动场所内外部环境干净整洁	0.213	0.080	0.597	0.584	0.026	0.118
e2 特殊人群（老人、儿童、残疾人）的体育锻炼需求能满足	0.068	0.235	0.340	0.781	-0.049	0.108
e1 体育活动场所的开放时段较为合理	0.183	0.015	-0.011	0.764	0.039	0.318
e3 主动了解社区居民的体育需求和建议	-0.196	0.365	0.273	0.603	0.025	0.325
e4 社区拥有自己的特色体育运动项目	0.478	0.172	0.063	0.602	0.004	-.026
e5 社区公共体育场所不同人群的价格关照	0.288	0.497	0.231	0.544	0.169	0.103
d2 社区体育指导员和体育志愿者数量充足	0.049	-0.038	0.033	-0.068	0.926	-0.052
d3 社区体育指导员能提供专业水平的指导	-0.005	0.049	-0.007	0.029	0.917	0.073
d4 社区体育指导员能保证服务工作时长和频率	-0.034	0.179	0.030	0.118	0.833	0.142
d1 社区体育工作人员行为举止文明、服务态度良好	0.051	-0.059	0.010	-0.003	0.832	-0.121
f1 与社区周围公共体育设施、场所距离较近	0.011	0.005	0.142	0.191	-0.085	0.736

续表

旋转后的成分矩阵

	成分					
	1	2	3	4	5	6
f3 获取体育健康知识讲座、健身活动信息的便利程度	0.373	0.393	-0.033	0.042	0.077	0.652
f5 健身场馆、运动场地预订的便利程度	0.294	0.267	0.272	0.125	0.112	0.634
d5 社区体育指导员具备较高的专业水平和丰富的专业知识	0.247	0.117	0.105	0.254	0.000	0.376

提取方法：主成分分析法。
旋转方法：凯撒正态化最大方差法。
a. 旋转在9次迭代后已收敛。

根据筛选原理，并结合实际情况，为避免题项在因子多个因子上出现因素负荷量皆大于0.40的情况，因此当题项的因素负荷量在所有因子上皆小于0.50时，予以删除。由表4-6所示：题项题项f4、d5的因素负荷量在5个因子成分上皆小于0.50，因此予以删除。此外题项a4、c4的因素负荷量在两个因子成分上皆大于0.50，暂且保留，并重新进行因子分析。

按照筛选标准，重新进行因子分析后，获得表格4-7。表中累积解释变异量由69.546%上升到72.011%，因此表明题项删除合适。此外，题项d4在提高筛选标准后，因因素负荷量在所有因子成分上均小于0.50，被剔除。综上，重新进行因子分析后，共提取6个因子成分，26个题项。因子累积方差解释率和因子负荷量表如表4-7和表4-8所示。

表4-7 因子的解释总方差

成分	初始特征值			提取载荷平方和			旋转载荷平方和		
	总计	方差百分比	累积%	总计	方差百分比	累积%	总计	方差百分比	累积%
1	9.860	37.924	37.924	9.860	37.924	37.924	3.926	15.101	15.101
2	3.138	12.070	49.994	3.138	12.070	49.994	3.290	12.556	27.757
3	1.890	7.271	57.265	1.890	7.271	57.265	3.196	12.293	40.050
4	1.537	5.910	63.175	1.537	5.910	63.175	3.187	12.257	52.307
5	1.240	4.770	67.944	1.240	4.770	67.944	3.161	12.257	64.464
6	1.057	1.067	72.011	1.057	4.067	72.011	1.962	7.547	72.011
7	0.845	3.250	75.261						

第四章 城市社区公共体育服务质量评价指标体系的构建

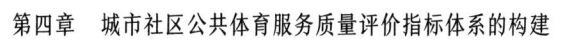

表4-8 旋转后的成分矩阵

旋转后的成分矩阵a

	成分					
	1	2	3	4	5	6
c2 社区体育指导员和工作人员及时提供服务和帮助	0.758	0.391	0.019	0.026	0.110	0.094
c5 群众体育赛事和体育活动的积极承办和组织参与	0.747	0.140	0.038	0.279	0.059	0.256
c1 社区居民投诉与反馈意见的及时处理	0.711	0.233	0.025	0.145	0.334	0.243
c3 体育健康知识和健身活动信息的及时、准确宣传	0.702	0.293	-0.069	0.090	0.377	0.018
c4 对破损或损坏的运动器材及时进行维修或者更换	0.580	0.170	0.051	0.184	0.530	0.224
a5 社区体育场所实施各类标识的醒目（引导、安全事项、使用方法）	0.287	0.766	0.042	0.128	0.095	0.164
a1 社区体育活动空间能满足锻炼需求	0.146	0.739	-0.047	0.072	0.417	0.135
a2 社区体育活动场所的运动设施齐全，种类丰富	0.239	0.700	0.079	0.453	0.198	0.054
a3 社区体育活动场所功能区域的规划	0.395	0.635	0.003	0.134	0.344	0.120
a4 社区体育活动场所内外部环境干净整洁	0.217	0.608	0.027	0.581	0.069	0.072
d2 社区体育指导员和体育志愿者数量充足	0.048	0.032	0.926	0.068	-0.048	-0.46
d3 社区体育指导员能提供专业水平的指导	0.004	-0.010	0.916	0.032	0.050	0.078
d4 社区体育指导员能保证服务工作时长和频率	0.021	0.033	0.834	0.121	0.181	0.134
d1 社区体育工作人员行为举止文明、服务态度良好	0.042	0.011	0.832	0.008	0.061	-0.131
e2 特殊人群（老人、儿童、残疾人）的体育锻炼需求能满足	0.083	0.346	-0.049	0.784	0.222	0.089
e1 体育活动场所的开放时段较为合理	0.203	-0.010	0.038	0.778	-0.013	0.314
e3 主动了解社区居民的体育需求和建议	-0.166	0.281	0.026	0.612	0.364	0.318
e4 社区拥有自己的特色体育运动项目	0.480	0.066	0.004	0.597	0.168	-0.080
e5 社区公共体育场所不同人群的价格关照	0.315	0.229	0.167	0.545	0.489	0.087
b8 社区活动场所开展有多种体育运动项目	0.115	0.014	0.027	0.054	0.696	0.089
b1 社区拥有多少个健身团队和体育协会	0.263	0.387	0.107	0.184	0.666	-0.083
b3 体育定期开展不同的体育活动和赛事	0.254	0.127	-0.006	0.243	0.602	0.271
b2 社区制定有详细的体育管理制度和条例	0.498	0.178	0.147	0.168	0.545	0.137
f1 与社区周围公共体育设施、场所距离较近	0.044	0.143	-0.086	0.211	0.006	0.727
f3 获取体育健康知识讲座、健身活动信息的便利程度	0.420	-0.027	0.78	0.064	0.360	0.645
f5 健身场馆、运动场地预订的便利程度	0.336	0.274	0.111	0.144	0.243	0.627

由表4-8所示：26个题项分布在不同的因子成分中，其中a4的因素负荷量在成分2和成分4上皆大于0.5，按数值大小将a4并入成分2中。并以此根据其所述内容对归属因子重新进行命名。因子1重新命名为响应

115

性，包含题项：c1、c2、c3、c4、c5；因子 2 重新命名为有形性，包含题项：a1、a2、a3、a4、a5；因子 3 重新命名为保证性，包含题项：d1、d2、d3、d4；因子 4 重新命名为移情性，包含题项：e1、e2、e3、e4、e5；因子 5 重新命名为可靠性，包含题项：b1、b2、b3、b8；因子 6 重新命名为便利性，包含题项：f1、f3、f5。最后，通过整理因子分析结果得到城市社区公共体育服务质量评价指标，如表 4-9 所示。

表4-9 城市社区公共体育服务质量评价体系的最终指标题项

维度	指示	具体题项
响应性	工作效率 及时性服务 信息宣传 设施维修状况 赛事组织	c1 社区居民投诉与反馈意见的及时处理 c2 社区体育指导员和工作人员及时提供服务和帮助 c3 体育健康知识和健身活动信息的及时、准确宣传 c4 对破损或损坏的运动器材及时进行维修或者更换 c5 群众体育赛事和体育活动的积极承办和组织参与
有形性	活动空间面积 运动设施齐全 功能区域布局 环境整洁状况 标牌指示	a1 社区体育活动空间能满足锻炼需求 a2 社区体育活动场所的运动设施齐全，种类丰富 a3 社区体育活动场所功能区域的规划 a4 社区体育活动场所内外部环境干净整洁 a5 社区体育场所实施各类标识的醒目（引导、安全事项、使用方法）
保证性	工作态度 人员数量配备 专业水平指导 工作时长保证	d1 社区体育工作人员行为举止文明、服务态度良好 d2 社区体育指导员和体育志愿者数量充足 d3 社区体育指导员能提供专业水平的指导 d4 社区体育指导员能保证服务工作时长和频率
移情性	开放时段合理 特殊人群关照 居民需求了解 特色运动项目 群体价格优惠	e1 体育活动场所的开放时段较为合理 e2 特殊人群（老人、儿童、残疾人）的体育锻炼需求能满足 e3 主动了解社区居民的体育需求和建议 e4 社区拥有自己的特色体育运动项目 e5 社区公共体育场所不同人群的价格关照
可靠性	体育组织数目 规章制度 活动开展频次 运动项目选择	b1 社区拥有多少个健身团队和体育协会 b2 社区制定有详细的体育管理制度和条例 b3 体育定期开展不同的体育活动和赛事 b8 社区活动场所开展有多种体育运动项目
便利性	设施距家距离 信息获取渠道 场馆预订便利	f1 与社区周围公共体育设施、场所距离较近 f3 获取体育健康知识讲座、健身活动信息的便利程度 f5 健身场馆、运动场地预订的便利程度

（五）问卷信效度检验

1. 信度检验

在自然科学和社会科学研究领域中，内部一致性 α 系数作为测试量表问卷信度的主要指标之一，其划分标准也有着较为统一的意见。根据学者 Gay（1992）的观点，量表或测验的信度系数在 0.90 以上，表示量表的信度非常理想。同时学者 De Vellis（1991）、Nunnally（1978）等人认为："当使用者编制的研究工具的信度系数在 0.60 以下时，应重新考虑是否将其作为研究工具或重新进行编制"如表 4-10 所示。

表4-10 内部一致性信度系数值

内部一致性信度系数值	层面	整体量表
α 系数 < 0.50	不理想，可舍弃	非常不理想
50 ≤ α 系数 < 0.60	可以接受，增加题项或修改语句	不理想
0.60 ≤ α 系数 < 0.70	尚佳	勉强接受
0.70 ≤ α 系数 < 0.80	佳（信度高）	可以接受
0.80 ≤ α 系数 < 0.90	理想（甚佳，信度很高）	佳（信度高）
α 系数 ≥ 0.90	非常理想（信度非常高）	非常理想

通过对城市社区公共体育服务质量评价量表的各个维度和整体量表的信度系数进行测试，发现五个维度的内部一致性 α 系数均在 0.7 以上，整体量表在 0.9 以上，表明量表编制有效。信度较高，能够作为研究工具使用。如表 4-11 所示。

表4-11 内部一致性检验

	有形性	保障性	保证性	响应性	移情性	便利性	整体信度
α 系数	0.878	0.907	0.753	0.891	0.836	0.732	0.923

2. 效度检验

结构效度通过探索性因子分析来检验城市社区公共体育服务质量评价量表的结构效度状况，如表 4-12 所示，量表 KMO 系数为 0.878，近似卡方为 2 981.699，达到显著，表明量表结构效度较好。

表4-12 KMO和Bartlett的检验表

KMO 和巴特利特检验		
KMO 取样适切性量数。		0.878
巴特利特球形度检验	近似卡方	2 981.699
	自由度	32 525
	显著性	0.00

城市社区公共体育服务质量评价量表在设计时，以 SERVQUALl 量表为基础，参考《公共文化体育设施条例》《北京市体育生活化社区建设规范》《全民健身中心管理服务要求》《北京市全民健身示范街道标准》等政府文件，同时结合公共体育服务相关方面的研究学者及社区体育工作人员的反馈意见，并进行小范围的问卷预调查，保证量表问卷具有较好的内容效度。

三、城市社区公共体育服务质量指标体系权重分析与实证

（一）城市社区公共体育服务质量指标体系权重分析

权重，在社会学以及经济管理学学科领域中，又被称为"权"，来反映某个指标在综合评价过程中的相对重要性程度或偏好程度。当某个指标的权重值越大，则说明指标的重要性程度较高，指标越重要；反之，则越不重要。在传统的科学研究中，权重确定的方法主要分为三种，①主观赋权法：主要依靠评价者的知识、经验或学科背景，按照重要性程度或偏好程度对指标进行比较与赋权，受主观影响较大。主要方法包括专家打分法、德尔菲法、层次分析法等。②客观赋权法：与主观赋权法不同，客观赋权法主要通过数据来对指标进行赋权，受主观影响较小。常用的客观赋权法包括主成分分析法、因子分析法、熵值法、变异系数法等。③组合赋权法：评价者采用主观和客观相结合的方法对指标进行赋权的方法，常用方法包括权重的线性组合、权重的非线性组合等。

在大多数研究中模糊综合评价法与层次分析法搭配使用，考虑到后期研究需求，因此本章采用层次分析法来对指标进行赋权。层次分析法是指以系统的整体观看待目标事物，将目标分解成多个目标的若干层次，通过定性指标模糊量化方法算出层次单排序、多方案优化决策的系统方法。具

有简洁实用等特点。具体操作步骤如下。

1. 建立评价指标体系层次结构模型

本章通过前期专家咨询和问卷预调查最终构建城市社区公共体育服务质量评价指标体系。城市社区公共体育服务质量指标体系分为三个层次，第一层次为目标层：城市社区公共体育服务质量；第二层次为准则层：响应性、有形性、保证性、移情性、可靠性、便利性共6个指标；第三层次为指标层，分别对应准则层的个指标，共计26个具体指标题项。如表4-13所示。

2. 构建两两比对判断矩阵

在对各层次各指标标明权重时，如果仅是单一地通过定性方式进行赋权，其结果很难被接受，因此根据萨蒂（Thomas L. Saaty）等人的观点，通过采用相对尺度，对指标因素进行两两比较，以提高权重结果的准确度和可信度。本研究采用Saaty建立的数字1~9及其倒数作为标度，如表4-13所示。通过向专家发放指标两两比较问卷，回收整理数据结果，最终构建各个层次的两两比较判断矩阵。总层次判断矩阵如表4-14所示。

表4-13 Saaty1-9标度

量化值	因素i比因素j
1	同等重要
3	稍微重要
5	较强重要
7	强烈重要
9	极端重要
两相邻判断的中间值	2, 4, 6, 8

表4-14 总层次判断矩阵

U	响应性	有形性	保证性	移情性	可靠性	便利性
影响性	1	1/3	1/2	1/4	1/2	2
有形性	3	1	3	1/2	2	4
保证性	2	1/3	1	1/4	1/2	3
移情性	4	2	4	1	4	2
可靠性	2	1/2	2	1/4	1	2
便利性	1/2	1/4	1/3	1/2	1/2	1

3. 层次单排序及一致性检验

在完成前面一系列步骤之后，在这一环节中，主要通过计算权重来对各层次各指标进行单方面排序。在层次分析法运用过程中，主要是"算数平均法""几何平均法""特征向量法"和"最小二乘法"这四种常见方法来计算权重。因此在本章中，为方便计算，采用算数平均法来计算指标权重。操作过程如下。

（1）判断矩阵按列求和，归一化处理：

$$\tilde{w}_{ij} = \frac{a_{ij}}{\sum_{i=1}^{n} a_{ij}}$$

2）对 $\tilde{w}_{ij}$ 按行求和，归一化处理得到权重 w

$$w_i = \tilde{w}_i / \sum_{i=1}^{n} \tilde{w}_i$$

（3）一致性检验，判断 CR 值：

首先计算最大特征值 λ_{max}：

$$\lambda_{max} = \frac{1}{n} \sum_{i=1}^{n} \frac{(AW)i}{W_i}$$

然后计算 CI 值。当 CI 值越大时，矩阵的一致性程度越低；反之，则越高；当 CI 等于 0 时，判断矩阵完全一致。

$$CI = \frac{\lambda_{max} - n}{n - 1}$$

最后计算一致性比率 CR 值，当 CR < 0.1 时，说明判断矩阵不一致性程度在可接受范围内；当 CR > 0.1 时，矩阵的不一致性超出了可接受范围。平均一致性指标 RI 具体数值如表 4-15 所示。

表4-15 平均一致性指标RI值

n	1	2	3	4	5	6	7	8	9
RI	0	0	0.58	0.90	1.21	1.24	1.32	1.41	1.45

根据总层次判断矩阵，按列相加，归一化处理得到：

$$\tilde{w}_{ij} = \begin{pmatrix} 0.080 & 0.075 & 0.046 & 0.091 & 0.059 & 0.143 \\ 0.240 & 0.226 & 0.277 & 0.182 & 0.235 & 0.286 \\ 0.160 & 0.075 & 0.092 & 0.091 & 0.059 & 0.214 \\ 0.320 & 0.453 & 0.369 & 0.364 & 0.471 & 0.143 \\ 0.160 & 0.113 & 0.185 & 0.091 & 0.118 & 0.143 \\ 0.040 & 0.057 & 0.031 & 0.182 & 0.059 & 0.071 \end{pmatrix}$$

再将 $\tilde{w}_{ij}$ 按时相加，得到

$$\tilde{w}_i = \begin{pmatrix} 0.082 \\ 0.241 \\ 0.115 \\ 0.353 \\ 0.135 \\ 0.073 \end{pmatrix}$$

归一化处理得到权重：

$$\tilde{w}_i = \begin{pmatrix} 0.082 \\ 0.241 \\ 0.115 \\ 0.353 \\ 0.135 \\ 0.073 \end{pmatrix}$$

一致性检验：

$$AW = \begin{pmatrix} 1 & \frac{1}{3} & \frac{1}{2} & \frac{1}{4} & \frac{1}{2} & 2 \\ 3 & 1 & 3 & \frac{1}{2} & 2 & 4 \\ 4 & 2 & 4 & 1 & 4 & 2 \\ 2 & \frac{1}{2} & 2 & \frac{1}{4} & 1 & 2 \\ 2 & \frac{1}{2} & 2 & \frac{1}{4} & 1 & 2 \\ \frac{1}{2} & \frac{1}{4} & \frac{1}{3} & \frac{1}{2} & \frac{1}{2} & 1 \end{pmatrix} \cdot \begin{pmatrix} 0.082 \\ 0.241 \\ 0.115 \\ 0.353 \\ 0.135 \\ 0.073 \end{pmatrix} = \begin{pmatrix} 0.523 \\ 1.573 \\ 0.736 \\ 2.312 \\ 0.886 \\ 0.457 \end{pmatrix}$$

$$\lambda_{max} = \left(\frac{0.523}{0.082} + \frac{1.573}{0.241} + \frac{0.736}{0.115} + \frac{2.312}{0.353} + \frac{0.886}{0.135} + \frac{0.457}{0.073} \right) \times \frac{1}{6} = 6.434$$

$$CI = \left(\frac{0.434}{5} \right) = 0.087$$

$$CR = \left(\frac{0.087}{1.24} \right) = 0.07$$

总层次判断矩阵的最大特征值 λ_{max}=6.43；一致性指标 CI=0.087；随机一致性指标 RI=1.24；随机一致性比率 CR=0.07；因为随机一致性比率 CR 值 =0.07 < 0.1，说明总排序矩阵的不一致程度在可接受范围内，矩阵指标构建合理。总层次指标权重值如下表 4-16 所示，其中移情性在整个总层次权重排序最高为 0.353，社区公共体育服务作为政府和社区所提供的一项公益性服务，其主要目的是为提高居民生命质量，增添居民的生活幸福指数，因此政府和社区对居民的人文关怀则显得尤其重要。其次有形性的权重指数 0.241，位居其次；社区公共体育作为一种群众性的体育活动，需要一定的场地、器材设施来作为整个活动的物质载体，没有充足的活动场地，社区体育活动都无法正常开展。

表4-16 总层次判断矩阵及权重

	响应性	有形性	保证性	移情性	可靠性	便利性
响应性	1	1/3	1/2	1/4	1/2	2
有形性	3	1	3	1/2	2	4
保证性	2	1/3	1	1/4	1/2	3
移情性	4	2	4	1	4	2
可靠性	2	1/2	2	1/4	1	2
便利性	1/2	1/4	1/3	1/2	1/2	1
权重	0.082	0.241	0.115	0.353	0.135	0.073
	λmax=6.434		CI=0.353	CR=0.07		

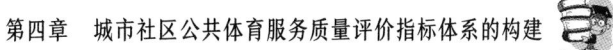

同理可得其他判断矩阵的层次单排序及一致性检验权重,如下所示。

表4-17 响应性判断矩阵及权重

响应性	工作效率	及时性服务	信息宣传	活动组织	赛事组织
工作效率	1	2	3	1/3	4
及时性服务	1/2	1	3	1/4	3
信息宣传	1/3	1/3	1	1/4	2
设施维修状况	3	4	4	1	4
赛事组织	1/4	1/3	1/2	1/4	1
权重	0.233	0.165	0.092	0.445	0.066

λ_{max}=5.256 CI=0.064 CR=0.053

表4-18 有形性判断矩阵及权重

有形性	活动空间面积	运动设施齐全	功能区域布局	环境整洁状况	标牌指示
活动空间面积	1	2	4	3	4
运动设施齐全	1/2	1	3	2	3
功能区域布局	1/4	1/3	1	1/2	3
环境整洁状况	1/3	1/2	2	1	4
标牌指示	1/4	1/3	1/3	1/4	1
权重	0.401	0.248	0.112	0.174	0.065

λ_{max}=5.225 CI=0.056 CR=0.046

表4-19 保证性判断矩阵及权重

保证性	工作态度	人员数量配备	专业水平指导	工作时长保证
工作态度	1	3	2	2
人员数量配备	1/3	1	1/3	1/2
专业水平指导	1/2	3	1	2
工作时长保证	1/2	2	1/2	1
权重	0.412	0.108	0.293	0.187

λ_{max}=4.071 CI=0.024 CR=0.026

表4-20 移情性判断矩阵及权重

移情性	开放时段合理	特殊人群关照	居民需求了解	特色运动项目	群体价格优惠
开放时段合理	1	2	1/3	5	4
特殊人群关照	1/2	1	1/4	4	3
居民需求了解	3	4	1	4	3
特色运动项目	1/5	1/4	1/4	1	1/3
群体价格优惠	1/4	1/3	1/3	3	1
权重	0.253	0.170	0.419	0.055	0.103

$\lambda_{max}=5.425$ CI=0.106 CR=0.088

表4-21 可靠性判断矩阵及权重

可靠性	体育组织数目	规章制度	活动频次	项目选择
体育组织数目	1	1/4	3	2
规章制度建设	4	1	4	3
活动频次	1/3	1/4	1	1/3
项目选择	1/2	1/3	3	1
权重	0.224	0.517	0.084	0.175

$\lambda_{max}=4.212$ CI=0.071 CR=0.079

表4-22 便利性判断矩阵及权重

便利性	设施距家距离	信息获取渠道	场馆预订便利
设施距家距离	1	3	4
信息获取渠道	1/3	1	3
场馆预订便利	1/4	1/3	1
权重	0.608	0.272	0.120

$\lambda_{max}=3.074$ CI=0.037 CR=0.064

4. 评价指标体系层次总排序

根据各个层次判断矩阵的单排序权重,可得出城市社区公共体育服务评价指标体系的重要权重排序,如表4-23所示。

表4-23 城市社区公共体育服务质量评价指标体系的权重数值

维度	权重	具体题项	权重
响应性	0.082	c1 社区居民投诉与反馈意见的及时处理	0.019
		c2 社区体育指导员和工作人员及时提供服务和帮助	0.014
		c3 体育健康知识和健身炒在动信息的及时、准确宣传	0.008
		c4 对破损或损坏的运动器材及时进行维修或者更换	0.037
		c5 群众体育赛事和体育活动的积极承办和组织参与	0.005
有形性	0.241	a1 社区体育活动空间能满足锻炼需求	0.097
		a2 社区体育活动场所的运动设施齐全，种类丰富	0.060
		a3 社区体育活动场所功能区域的规划	0.027
		a4 社区体育活动场所内外部环境干净整洁	0.042
		a5 社区体育场所设施各类标识的醒目（引导、安全事项、使用方法）	0.016
保证性	0.115	d1 社区体育工作人员行为举止文明、服务态度良好	0.047
		d2 社区体育指导员和体育志愿者数量充足	0.012
		d3 社区体育指导员能提供专业水平的指导	0.034
		d4 社区体育指导员能保证服务工作时长和频率	0.022
移情性	0.353	e1 体育活动场所的开放时段较为合理	0.089
		e2 特殊人群（老人、儿童、残疾人）的体育锻炼需求能得到满足	0.060
		e3 主动了解社区居民的体育需求和建设	0.148
		e4 社区拥有自己的特色体育运动项目	0.020
		e5 社区公共服务场所不同人群的价格关照	0.036
可靠性	0.135	b1 社区拥有多个健身团队和体育协会	0.030
		b2 社区制定有详细的体育管理制度和条例	0.070
		b3 社区定期开展不同的体育活动和赛事	0.011
		b8 社区活动场所开展有多种体育运动项目	0.024
便利性	0.073	f1 与社区周围公共体育设施、场所距离较近	0.045
		f3 获取体育健康知识讲座、健身活动信息的便利程度	0.020
		f5 健身场馆、运动场地预订的便利程度	0.009

（二）M市城市社区公共体育服务质量的实证分析

M市P区位于M市的西北部，是M市主城八区之一，是国家重要的医药基地、科教基地和先进制造业基地。P区目前共有5个街道，共76个社区。同时，P区还拥有如国家森林公园、温泉度假区等众多优秀体育旅游资源，为辖区居民提供了丰富的户外体育运动的好去处。此外还建设有国家级标准的体育公园，为居民的日常锻炼提供了优质的场地和设施。P区拥有国际女子半程马拉松、国际攀岩、自行车等多个区赛事体育品牌,在2018年的中国山地自行车公开赛上,P区还荣获中国山地自行车公开赛"最佳赛区(A级)"和"最具人气赛区"称号,因此,本章以P区为例,对M市城市社区公共体育服务质量进行评价分析。

1. 样本数据的收集与处理

本章以P区城市社区参与体育锻炼的社区居民为调查对象,采用重点抽样的方式,在社区健身路径、广场、体育公园等体育活动聚集地进行样本抽样,截至2022年10月共发放问卷450份,回收450份,有效问卷433份,有效率为96%。

2. 居民服务质量感知的信效度检验

城市社区公共体育服务质量评价问卷共分为三个部分,第一部分为人口基本信息填写,第二部分为居民对社区公共体育服务感知质量的填写,第三部分为整体服务状况的满意度评价。为保证实际调查数据结果的真实可靠性,故在问卷数据收集整理后,重新进行信效度分析。与前文信效度检验方式一致,信度采用内部一致性α系数进行检验,如表4-24所示,问卷题项数据的内部一致性α系数为0.861,大于0.6,因此整体的可信度较高,因此,对数据进行进一步的效度检验,结构效度采用KMO数值进行检验,KMO数值为0.915,近似卡方为2 982.790,达到显著,表明问卷的结构效度良好。综上,在对问卷的信效度重新进行检验后,发现信效度结果均符合数据分析要求,因此,可对数据进行进一步的分析。

表4-24 内部一致性检验

可靠性统计	
克隆巴赫 AIpha	项数
0.861	26

表4-25 KMO和Bartlett数值检验

KMO和巴特利特检验		
KMO取样适切性量数。		0.915
巴特利特球形度检验	近似卡方	2 982.790
	自由度	351
		0.000

3. 样本基本信息统计

在本次问卷调查过程中，受调查男性对象为239人，占比55%，女性为194，占比45%，由此可见男女性别比例比较均衡。在受调查对象的各个年龄段上，30~39岁年龄段的人数最多，共195人，占比45%，其次是40~49岁年龄段和20~29岁年龄段的人数较多，分别占比27%，20%，其余三个年龄段人数占比较少，其中60岁以上仅4人，占比1%。在此次问卷发放过程中，因为30~39岁，40~49岁这两个年龄段的文化层次水平较高，且乐于接受调查，因此在整体样本数量中占比人数较多，50~59岁及60岁以上的锻炼者以文化水平较低或忙于锻炼而拒绝接受调查，因此样本占比数量较少。在文化层次水平上，受教育程度在高中及高中以上的占比90%，其中受教育程度为本科的受调查对象最多，为249人次，占比58%，达到总样本人数的一半，可见居民对日常身体锻炼的重视程度，会在某种程度上随着受教育程度的提高而增加。在月收入水平上，调查对象较为均匀的覆盖了各个月收入水平段，表明所收集到的数据具有一定的代表性。

表4-26 样本基本信息统计

变量名称		频次	百分比
性别	男	239	55%
	女	194	45%
年龄	20岁以下	12	3%
	20~29岁	87	20%
	30~39岁	195	45%
	40~49岁	117	27%
	50~59岁	18	4%
	60岁以上	4	1%
学历	高中以下	48	10%
	高中（含中专）	128	30%
	本科（含大专）	249	58%
	硕士研究生及以上	8	2%
月收入水平	3 000元以下	37	9%
	3 000~4 000元	63	15%
	4 000~5 000元	151	35%
	5 000~6 000元	109	25%
	6 000元以上	73	17%

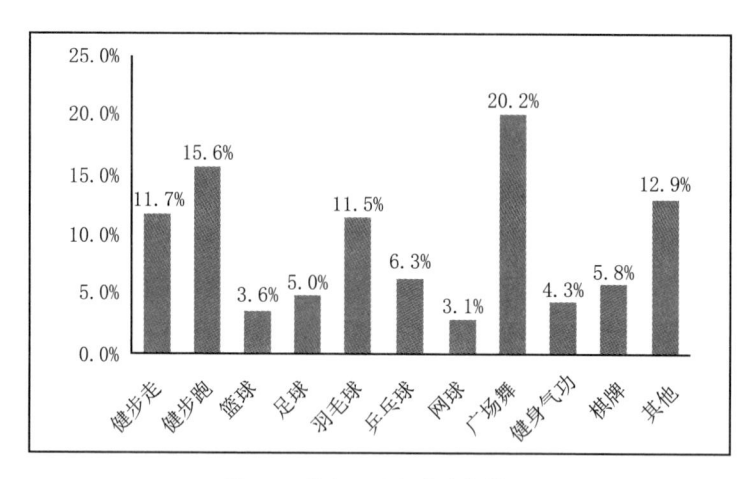

图4-1 居民运动方式选择情况

由图4-1可知，社区居民在参与体育锻炼过程中运动方式的偏好程度，其中广场舞占比20.2%、健步跑占比15.6%、其他占比12.9%、健步走占比11.7%、羽毛球占比11.5%，说明在运动方式的选择上，仍然是日常生活中所比较常见的项目和锻炼方式，如广场舞、健步跑等，此外在球类项目的选择上，可能受场地限制等原因，羽毛球较篮球、足球更受社区居民的喜爱。同时在整体的运动项目和方式的选择上，所涉及的运动种类较多，说明居民在进行体育锻炼时，有着多样的运动参与方式。

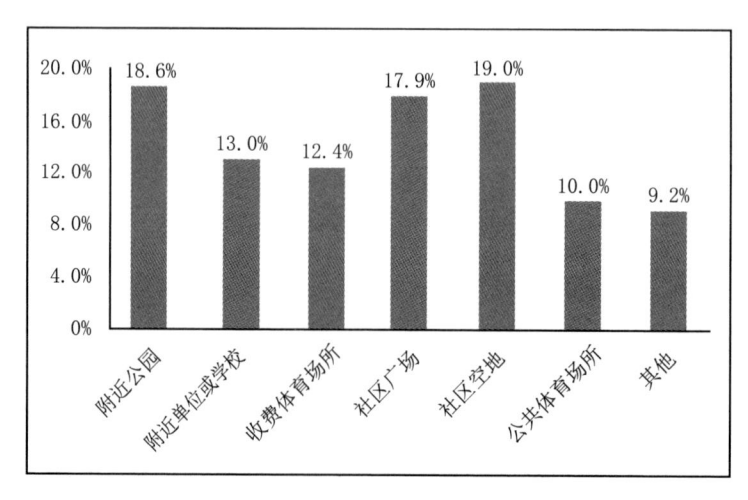

图4-2 居民运动场地选择情况

由图 4-2 可知，社区居民在进行体育锻炼时的场所选择情况，其中社区空地占比 19.0%、附近公园 18.6%、社区广场占比 17.9%、附近单位或学校占比 13.0%、收费体育场所占比 12.4%，说明居民在选择活动场所时，往往会偏向于较为广阔和距离较近的场所进行体育锻炼，同时从侧面也反映出当前社区体育场所的配备不足，体育基础设施不够完善等问题。现有的社区体育场所数量无法满足社区居民的体育锻炼需求，在实际的走访中和笔者所居住的社区来看，时常能见到老人在地下停车场和社区荒废空地进行锻炼的身影。此外，随着生活条件的改善，部分居民为享受更优质的体育锻炼服务，经营性质的体育场所也成了部分居民健身锻炼的选择场所。

4. 社区公共体育服务质量的模糊综合评价分析

模糊综合评价法是一种基于模糊数学的综合评价方法。该评价方法根据模糊数学的隶属度理论把定性评价转化为定量评价。例如在实际生活中对某类事物做出优劣程度的评价时，由于事物在优劣程度上没有一个明显的分界线，往往无法做出一个有效、科学的评价，因此在借助模糊综合评价法的基础上，通过模糊数学能对受多种因素制约的事物或对象做出一个清晰的总体评价，具有结果清晰、系统性强的特点，能很好地解决模糊的、难以量化的问题，适合各种非确定性问题的解决。模糊综合评价法的实际操作步骤如后续所示。

（1）构建服务质量评价因子集

根据前文的城市社区公共体育服务质量评价指标体系，将评价因子构建为 U=（响应性、有形性、保证性、移情性、可靠性、便利性）。

（2）构建服务质量评语集

根据城市社区公共体育服务质量调查问卷，按照满意度等级将评语集设置为

V=（V_1、V_2、V_3、V_4、V_5），V_i 分别代表着了城市社区居民对所处社区公共体育服务质量的不同评价水平。为了避免单子指标对整体服务质量评价的偏差影响，在参考相关研究学者的已有成果后，通过加权平均法来对城市社区公共体育服务质量进行评价研究，其中城市社区公共体育服务质量评价得分在 4 分以上，表明该社区公共体育服务发展良好，属于优秀，3~4 分表明社区公共体育服务发展现状较为良好，整体评价状况一般；3

分以下表明社区公共体育服务发展现状较为堪忧,整体评价较差。

(3) 构建服务质量模糊评价矩阵

模糊评价矩阵从单个因素出发进行评价,能确定被评价对象对评价集合的隶属程度,能清晰描述被评价对象,各个要素及评价等级中的相互联系。评价矩阵如下所示:

$$R_K = \begin{bmatrix} \tilde{R}_K / C_{K1} \\ \tilde{R}_K / C_{K2} \\ \vdots \\ \tilde{R}_K / C_{Km} \end{bmatrix} = \begin{bmatrix} r_{11}^k & r_{12}^k & \cdots & r_{1p}^k \\ r_{21}^k & r_{22}^k & \cdots & r_{2p}^k \\ \vdots & \vdots & & \vdots \\ r_{m1}^k & r_{m2}^k & \cdots & r_{mn}^k \end{bmatrix}$$

其中,r_{ij}^k代表第K个因素中第i个指标对于第j级评语的隶属度。基于城市社区公共体育服务质量评价问卷的回收状况,经过整理统计得到服务质量评价的各个指标的隶属度,并形成模糊评价矩阵,如下表4-27所示。

4-27 模糊评价矩阵

维度	指标	非常不满意	比较不满意	一般	比较满意	非常满意
响应性	工作效率	0.021	0.129	0.376	0.328	0.145
	及时性服务	0.032	0.092	0.423	0.259	0.194
	信息宣传	0.039	0.092	0.240	0.413	0.215
	设施维修状况	0.023	0.081	0.217	0.418	0.261
	赛事组织	0.030	0.134	0.453	0.238	0.145
有形性	活动空间面积	0.018	0.150	0.254	0.524	0.053
	运动设施齐全	0.039	0.150	0.215	0.307	0.289
	功能区域布局	0.028	0.104	0.229	0.442	0.197
	环境整洁状况	0.044	0.109	0.229	0.400	0.219
	标牌指示	0.032	0.109	0.270	0.439	0.150
保证性	工作态度	0.014	0.030	0.353	0.448	0.155
	人员数量配备	0.111	0.224	0.446	0.136	0.083
	专业水平指导	0.074	0.122	0.432	0.217	0.155
	工作时长保证	0.122	0.199	0.411	0.194	0.074
	开放时段合理	0.025	0.083	0.208	0.476	0.208

续表

维度	指标	非常不满意	比较不满意	一般	比较满意	非常满意
移情性	特殊人群关照	0.016	0.109	0.263	0.446	0.166
	居民需求了解	0.028	0.076	0.224	0.480	0.192
	特色运动项目	0.014	0.083	0.208	0.411	0.284
	群体价格优惠	0.016	0.074	0.266	0.409	0.236
可靠性	体育组织数目	0.081	0.180	0.337	0.247	0.155
	规章制度	0.014	0.127	0.487	0.217	0.155
	活动开展频次	0.012	0.106	0.229	0.436	0.217
	运动项目选择	0.016	0.118	0.233	0.430	0.203
便利性	设施距家距离	0.007	0.083	0.240	0.418	0.252
	信息获取渠道	0.030	0.081	0.226	0.395	0.268
	场馆预订便利	0.021	0.085	0.270	0.418	0.206

从上表4-4中可清晰得到各个指标的评价情况，同时可根据各个指标的隶属度情况，形成单个因素的模糊评价矩阵，如响应性的模糊评价矩阵为：

$$R_1 = \begin{bmatrix} 0.021 & 0.129 & 0.376 & 0.328 & 0.145 \\ 0.032 & 0.092 & 0.423 & 0.259 & 0.194 \\ 0.039 & 0.092 & 0.240 & 0.413 & 0.215 \\ 0.023 & 0.081 & 0.217 & 0.418 & 0.261 \\ 0.030 & 0.134 & 0.453 & 0.238 & 0.145 \end{bmatrix}$$

同理可得到其他因素 R2、R3、R4、R5 的模糊评价矩阵。

（4）构建模糊评价权重集

前面通过层次分析法已获得各个指标的权重指数，现经过整理获得各个因素的权重集如下：

因子1 响应性 =（0.233 0.165 0.092 0.445 0.066）

因子2 有形性 =（0.401 0.248 0.112 0.174 0.065）

因子3 保证性 =（0.412 0.108 0.293 0.187）

因子4 移情性 =（0.253 0.170 0.419 0.055 0.103）

因子5 可靠性 =（0.224 0.517 0.084 0.175）

因子6 便利性 =（0.608 0.272 0.120）

（5）确定模糊关系矩阵

根据各指标的隶属度和权重指数，通过计算可得到某一指标对于评价等级的评价向量。如，因子1响应性维度的综合评价向量 P_1 等于 $P_1 = 1 \cdot R$

$$= (0.233\ 0.165\ 0.092\ 0.445\ 0.066) \cdot \begin{bmatrix} 0.021 & 0.129 & 0.376 & 0.328 & 0.145 \\ 0.032 & 0.092 & 0.423 & 0.259 & 0.194 \\ 0.039 & 0.092 & 0.240 & 0.413 & 0.215 \\ 0.023 & 0.081 & 0.217 & 0.418 & 0.261 \\ 0.030 & 0.134 & 0.453 & 0.238 & 0.145 \end{bmatrix}$$

$= (0.026\ 0.099\ 0.306\ 0.359\ 0.211)$

同理可得到其他五个维度的评价向量，如下：

$P_2 = (0.030\ 0.135\ 0.238\ 0.434\ 0.163)$

$P_3 = (0.062\ 0.110\ 0.397\ 0.299\ 0.132)$

$P_4 = (0.023\ 0.084\ 0.230\ 0.462\ 0.201)$

$P_5 = (0.029\ 0.136\ 0.388\ 0.279\ 0.168)$

$P_6 = (0.015\ 0.083\ 0.240\ 0.412\ 0.251)$

（6）计算各维度及综合模糊评分结果

根据公式 $S_i = P_i \bullet v^t$，计算各个维度的最终模糊综合评价得分。如：

$S_i = P_i * V^t = (0.026\ 0.099\ 0.306\ 0.359\ 0.211) \cdot (1\ 2\ 3\ 4\ 5))$
$= 3.630$

同理计算 $S_2 = (0.030\ 0.135\ 0.238\ 0.434\ 0.163) \cdot (1\ 2\ 3\ 4\ 5) = 3.565$

$S_3 = (0.062\ 0.110\ 0.397\ 0.299\ 0.132) \cdot (1\ 2\ 3\ 4\ 5) = 3.329$

$S_4 = (0.023\ 0.084\ 0.230\ 0.462\ 0.201) \cdot (1\ 2\ 3\ 4\ 5) = 3.734$

$S_5 = (0.029\ 0.136\ 0.388\ 0.279\ 0.168) \cdot (1\ 2\ 3\ 4\ 5) = 3.423$

$S_6 = (0.015\ 0.083\ 0.240\ 0.412\ 0.251) \cdot (1\ 2\ 3\ 4\ 5) = 3.800$

由上述步骤计算得出各个维度的模糊综合评价得分，同时根据一级指标的权重，通过公式 $S = W * St$ 能得出整个城市社区公共体育服务质量的模糊综合评价结果。计算过程如下所示：

$S = W * St = (0.082\ 0.241\ 0.115\ 0.353\ 0.135\ 0.073) \cdot (3.630\ 3.565\ 3.329\ 3.734\ 3.423\ 3.800) = 3.563$

通过上述计算得到了各个维度的模糊评分结果以及城市社区公共体育

服务质量的模糊综合评分结果。城市社区公共体育服务质量的综合得分为3.563，处于一般水平，从当前的发展现状来看，未来还有很大的提升空间。其次在各维度的服务质量评分结果中，便利性的质量得分最高，随着社会经济的发展和互联网技术的进步，居民往往在线上便能轻松实现体育场馆的预订和全民健身知识的普及等，给居民的日常锻炼带来了极大的便利。其次是移情性维度得分位居第二，人文情怀始终是政府一切工作开展的出发点，政府在开展全民健身活动中始终坚持以人为本，出台一系列的政策文件来保障居民的日常锻炼，最大限度地提升居民的生活幸福指数。最后可靠性、保证性的质量得分处于较低水平，表明在社区公共体育的开展过程中，还存在着各种各样的问题，阻碍着社区公共体育服务质量的提升。居民在日常锻炼过程中，还无法得到较为全面的优质保障，因此还存在着较大的提升空间。

5.社区公共体育服务质量IPA分析

IPA分析方法（Importance-Performance evaluation）是由国外学者玛蒂拉（J.A.Martilla）和詹姆斯（J.C.James）于1977年提出，该分析方法通过分析产品或服务的重要性程度和满意性程度来对产品及服务进行评价，最早开始运用于机车的产品属性评价，而后被广泛使用与旅游行业及服务质量的评价中。该方法是以重要性和满意度的平均值作为原点坐标，以重横轴要性为纵轴，满意度为横轴，划分为四个平面象限。如图4-3所示。

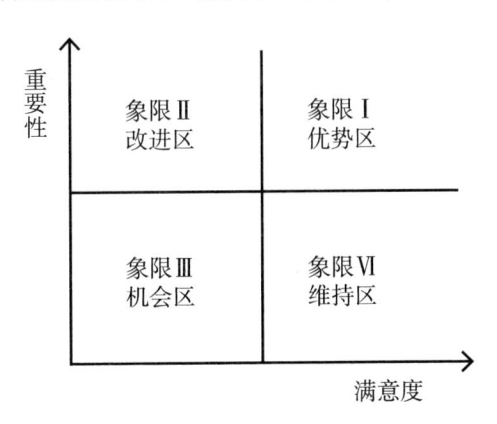

图4-3 IPA四象限

第Ⅰ象限为"优势区"，在此象限内的重要性和满意度皆有着较高的感知，因此在此象限内的指标具有非常着非常重要作用，需要继续保持并发挥其优势。

第Ⅱ象限为"改进区"，在此象限内的重要性感知较高，满意表程度较低，因此对于此象限内的指标的改进迫切程度更高，企业管理者需更加重视，快速制定改进策略，优先提升该象限内指标的满意度程度。

第Ⅲ象限为"机会区"在此象限内的重要性感知和满意度感知均处在较低水平，因此对该象限内的指标，可针对问题，提出具体的改进措施，提升满意度感知。

第Ⅳ象限为"维持区"，在此象限内的重要性感知处于较低水平，满意度感知却处于较高水平，因此，对此象限内的指标，维持现状即可，无须过多投入。

IPA分析方法在运用过程中须满足一个重要前提，"重要性数据和满意度数据须相互独立，并呈现线性和对称关系"。但在实际的运用过程中，许多学者发现："重要性和满意度数据无法相互独立"，主要原因在于同一个调查对象需要对同一问题填写两次时，受主观能动性的影响往往无法保证问卷填写质量，同时无法避免问卷填写过程中的加权行为。因此，一些学者开始尝试IPA方法的修正，台湾学者邓维兆（2006）研究发现，以偏相关系数代替重要性能有效地剔除其他变量对单个变量与总体满意度之间的相关影响。鉴于邓维兆修正IPA方法的广泛适用性较好，因此本研究采用邓维兆修正IPA，以偏相关系数为引申重要性，进行分析。

（1）城市社区公共体育服务质量IPA步骤分析

通过对城市社区公共体育服务质量评价问卷整理，得到了各个指标的满意度均值分布，其中满意度均值为3.670，最大值是3.984，最小值为3.381；其次将各指标进行自然对数转换，计算其指标与总体满意度的偏相关系数，获得引申重要性数值，其中引申重要性均值为0.023，最大值为0.163，最小值为0.02，具体情况如表4-28所示。

表4-28 公共体育服务质量评价指标满意度及引申重要性

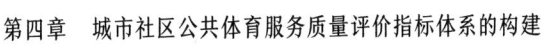

题项		满意度	引申重要性
c1	社区居民投诉与反馈意见的及时处理	3.679	−0.02
c2	社区体育指导员和工作人员及时提供服务和帮助	3.688	0.106
c3	体育健康知识和健身活动信息的及时、准确宣传	3.704	−0.071
c5	群众体育赛事和体育活动的积极承办和组织参与	3.635	0.072
c4	对破损或损坏的运动器材及时进行维修或者更换	3.815	−0.028
a1	社区体育活动空间能满足锻炼需求	3.564	0.025
a2	社区体育活动场地的运动设施齐全，种类丰富	3.381	−0.062
a3	社区体育活动场所功能区域的规划	3.594	0.085
a4	社区体育活动场所内外部环境干净整洁	3.693	0.049
a5	社区体育场所设施各类标识的醒目（引导、安全事项、使用方法）	3.564	−0.097
d1	社区体育工作人员行为举止文明、服务态度良好	3.838	0.11
d2	社区体育指导员和体育志愿者数量充足	3.411	0.03
d3	社区体育指导员能提供专业水平的指导	3.515	−0.121
d4	社区体育指导员能保证服务工作时长和频率	3.573	0.047
e1	体育活动场所的开放时段较为合理	3.764	0.107
e2	特殊人群（老人、儿童、残疾人）的体育锻炼需求能得到满足	3.642	0.047
e3	主动了解社区居民的体育需求和建议	3.663	0.111
e4	社区拥有自己的特色体育运动项目	3.582	−0.064
e5	社区公共体育场所不同人群的价格关照	3.771	−0.065
b1	社区拥有多个健身团队和体育协会	3.559	0.109
b2	社区制定有详细的体育管理制度和条例	3.903	−0.082
b3	社区定期开展不同的体育活动和赛事	3.744	−0.021
b8	社区活动场所开展有多种体育运动项目	3.497	0.162
f1	与社区周围公共体育设施、场所距离较近	3.831	−0.042
f3	获取体育健康知识讲座、健身活动信息的便利程度	3.88	0.096
f5	健身场馆、运动场地预订的便利程度	3.984	0.163
均值		3.670	0.023

（2）绘制 IPA 四象限坐标图

根据上述步骤求得的各指标满意度数值及引申重要性数值，以满意度均值和引申重要性均值的交点为原点，满意度数值为横轴，引申重要性为纵轴绘制城市社区公共体育服务质量 IPA 四象限坐标图，如图 4-4 所示。

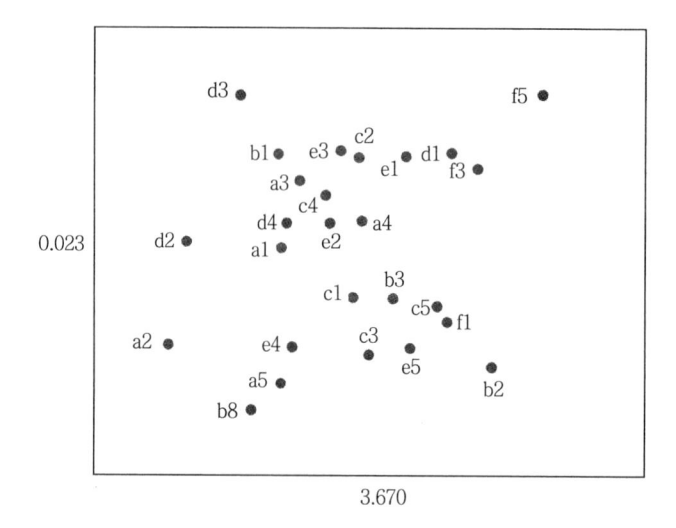

图4-4 城市社区公共体育服务质量IPA分析

(3) 城市社区公共体育服务质量IPA四象限图分析

第Ⅰ象限为"优势区"，属于高重要性，高满意度区域。位于此区域的指标主要有：c2（及时性服务）、d1（工作态度）、e1（开放时段合理）、f3（信息获取渠道）、f5（场馆预订便利）a4（环境整洁状况）6个指标，表明这些指标在城市社区体育公共服务中是非常重要的，同时居民对这些的感知也是满意度较高，因此在今后的社区公共体育服务提供过程中，这些指标需继续保持或加强优势。

第Ⅱ象限为"改进区"，属于高重要性，低满意度区域。位于此区域的指标主要有：a1（活动空间面积）、a3（功能区域布局）、b1（体育组织数目）、d3(专业水平指导)、d2（人员数量配备）、d4（工作时长保证）、c4（设施维修状况）、e2（特殊人群关照）、e3（居民需求了解）9个指标，表明这些指标在社区公共体育服务方面起着重要的作用，但居民对这些指标的满意状况却不是很满意，因此政府和社区应对此类型指标引起重视，优先提出改进措施，提升居民的满意程度。

第Ⅲ象限为"机会区"，属于低重要性、低满意度区域。位于区域的指标主要有：a2（运动设施齐全）、a5（标牌指示）、b8（运动项目选择）、e4（特色运动项目）4个指标，表明这些指标对于社区公共体育服务的发展来说，重要程度相对较低，因此针对社区居民对于此类指标的满意程度，可具体问题具体分析，提出相应措施进行改善。

第Ⅳ象限为"维持区"，属于低重要性，高满意度区域。在此区域的指标主要有：b2（规章制度）、b3（活动开展频率）、c1（工作效率）、c3（信息宣传）、c5（赛事组织）、e5（群体价格优惠）、f1（设施距家距离）7个指标，表明政府和社区在提供公共体育服务时，居民对此类型指标的满意感知程度较高。因此政府和社区在今后的社区公共体育服务改进过程中，仅需维持现状即可。

第五章　优化公共体育服务对居民幸福感的推进路径

研究公共体育服务对居民幸福感的影响对完善公共体育服务体系建设和提升居民生活品质具有重要的理论意义及实践意义，根据本书第四章和第五章的研究结果，从转变公共体育服务供给方式、恰当实施城乡公共体育服务均等化策略、优化公共体育资源配置、提升社会体育服务组织公共治理能力以及持续改进公共体育服务质量五个方面提出优化公民公共体育服务对幸福感的路径建议。

一、转变公共体育服务供给方式

虽然管理理念是行为的先导，但反过来，管理理念的转变和更新，只有落实到具体的施政方式中才有价值，否则，任何听上去振聋发聩的管理理念都只会成为有名无实的口号。那么，在体育公共体育服务中，要落实政府管理理念从"管制"到"服务"的转变，各地政府需要在施政方式上进行调整和创新，具体可以在以下几个方面做出努力。

（一）向政府与公民的双向互动转变

政府要改变过去那种由政府单向决定公共体育服务资源供给内容和数量的施政方式，而是逐渐向政府与公民对话沟通的双向互动转变，逐渐扩大公民参与公共体育服务供给的权利。这就要求做出适当的制度安排以保障公民拥有畅通的参与途径。近年来，许多地方政府在这方面做出了一些有益探索，如建立重大事项的协商制度、公共政策的听证制度、公民参与政府绩效评估制度、切实实行政务公开制度等，这些制度能保证公民在公共服务中的知情权、表达权和参与权，有利于形成政府和公民之间的良性互动。

（二）以城市居民为核心，精准把握公共体育服务供给需求

当今我国的社会主要矛盾已经转化为人民日益增长的美好生活需要和不平衡不充分的发展之间的矛盾。"不平衡不充分的发展"是相对于"人民美好生活的需要"来讲的，而这种"不平衡不充分的发展"在我国公共体育服务领域也有所体现。经本研究调查发现，城市居民对公共体育服务的均等性及有效性感知方面幸福感较低，因而可以说明，我国的城市公共体育服务尚且存在地区发展不均衡、需求供给未能精准匹配等问题。公共体育服务作为一种"服务型"产品，应以城市居民为核心，以需求为导向，收集人民群众的有效反馈来实现城乡均等化、地区之间发展均等化的目标。为此，首先，应积极借鉴国内外部分城市公共体育服务实现均等化的相关案例及发展模式（例如国内的"常州模式"），并结合自身的发展情况，建立更加有效的本土化发展理念及模式，从而提升公共体育服务的均等性；其次，应该结合不同地区的发展现状及需求偏好，建立不同的需求表达机制，感受最真切的百姓声音，以实现需求与供给之间的有效对接及匹配，从而更好地把握公共体育服务的供给需求，提升公共体育服务供给的有效性。

（三）以政府为主导，多主体协作落实城市公共体育服务政策制度

一个成熟健全的公共体育服务体系，应该是由政府、市场、社会力量多主体协作共同构成的。近年来，随着我国从体育大国迈向体育强国步伐的逐年推进，以及全面健身热潮的强烈烘托，我国相继出台了完善公共体育服务体系相关的政策制度，从 2014 年 10 月国务院印发的《关于加快发展体育产业促进体育消费的若干意见》（下文将其简称为《意见》），《意见》中指出将全民健身上升为国家战略，社会对公共体育服务的多元化和个性化需求和对政府的制度建构及创新能力提出了更为迫切要求，到国家发改委、体育总局印发的《"十三五"公共体育普及工程及工程实施方案》，再到十九届五中全会上提到的 2035 年要建成体育强国、健康中国，这些政策文件无不体现了政府对公共体育服务建设的重视和决心，但若要改革和相关政策落到实处，除了政府发挥主导作用外，还应动员市场、社会组织

额力量，多主体协同共同发力（如图5-1所示）。为此，应该引入市场力量和市场机制，逐步完善公共体育服社会资金投入的机制，增大公共体育服务的社会参与度，如充分发挥各地方体育局的带动作用，各部门分工协作、加强配合；各个社区也应建立适量的健身站点及文体中心，使社会效益和经济效益相得益彰，促进多主体协同发展，吸引广大人民群众参与到体育锻炼之中并且可以享有公共体育服务，提升自身满足感、幸福感。

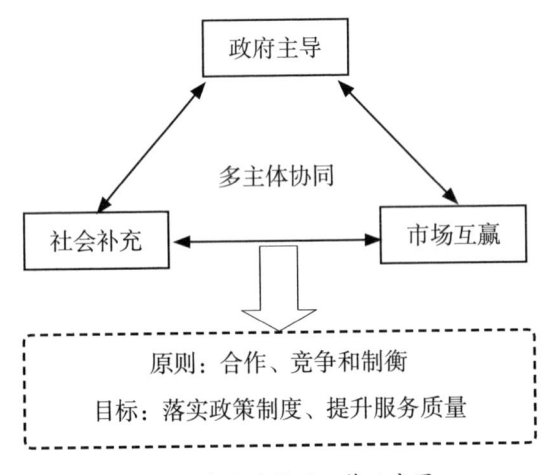

图5-1 多主体协同运作示意图

（四）构建以公众满意为核心的绩效评价

没有科学的评价，就没有科学的管理；没有科学的评价，就没有科学的决策[1]。公共体育服务质量评估涉及多个层面的评估内容，包括社会效益、组织结果和公众满意度等。[2]重视社会效益的评价，有利于营造良好的公共体育服务外部环境，更好地体现公共体育服务对"全民健身""健康中国"国家战略的支撑价值。在公共体育服务有效供给中重视和强调公共体育服务的组织结果，可以促进供给主体重视组织的自身建设，树立公共体育服务质量至上的理念，打造基本的组织保障与相关资源支持。公众满意度是公共体育服务效率和质量的直接体现，公众是公共体育服务质量高低与否

---

[1] 董丽. 基本公共服务质量评价问题研究[D]. 长春：吉林大学，2015：7-55.
[2] 袁新锋，张瑞林，王飞，陈洪鑫. 公共体育服务质量：概念界定与影响因素分析[J]. 天津体育学院报，2019（03）：236.

的直接感受者,仅依赖信息系统的统计数据的绩效评估,不能科学、真实地反映公共体育服务的质量,只有公众满意的公共体育服务才是高质量、高效率的公共体育服务。因此,建立科学系统的质量评估体系是公共体育服务有效供给和公共体育服务质量持续改进过程中不可或缺的关键环节与重要手段。

政府的施政方式应该注重公共体育服务的效果,从注重上级满意向注重公众是否满意方向转变。这就要求,第一,政府应该出于更加具有公共性的目的——如提高行政组织对社会的回应能力;改善政府与公众之间的关系;改善体育公共服务质量等,而不仅仅是基于上下级政绩考核的需要来进行公共体育服务的绩效评估。第二,政府还应该改变当前绩效评估内容的随意性,针对体育公共服务自身的特点以及结合本地的实际情况,制定出一套科学合理的绩效评价指标体系和发展创新性的绩效评估方法,周期性地考察体育公共服务的效果。第三,公众满意度应该被纳入该套绩效评价体系之中。事实上,国内有些地区在较早时候就不断探索针对公共服务的政府绩效评估方法,比如 1994 年烟台市推行的社会服务承诺制、1999年珠海市启动的"万人评议政府"活动等。这些评估方法既有定性的评估,也有量化的评估,在一定程度上为其他地区的政府绩效评估做出示范。不过,通常这些绩效评估的指标设置较为单一,并不能有效地评估公共管理和公共服务的全过程。而 20 世纪 80 年代以来在西方国家公共管理实践中流行的"3E"指标体系则建立了更为全面的指标体系来评估政府的公共财政和公共服务绩效,后来又有研究者在"3E"指标的基础上不断扩展指标体系,如学者福林(Flynn,1997)在"3E"指标的基础上加上公平(equity)指标,成为"4E"。

比较遗憾的是,虽然我国政府在提出"服务型政府"建设的目标后,新的施政理念要求构建科学的政府绩效评价体系,学术界和实践界也努力在此方面产出成果,但到目前为止,我国政府绩效评估的理论和实践都处于初级阶段,在理论上的研究缺乏系统性以及本土化,这使得许多的研究成果缺乏应用性和可操作性,难以对实践产生正确的指导。而针对公共体育服务的绩效评估则更是少有建树,以至于并没有一套现成可用的、科学的绩效评估体系供各级政府选择。这就意味着各级政府必须依靠自身或者委托专家去研究一套针对公共体育服务特点的，又符合本地实际情况的绩效评估体系。

二、恰当实施城乡公共体育服务均等化策略

城乡公共体育服务不均等是我国公共体育服务现状中的一个大问题，要进一步改善公共体育服务供给现状，这个问题必须面对和解决。然而，城乡公共体育服务均等化本身是一个复杂的问题，尽管我国城乡公共体育服务不均等是普遍问题，许多学者和体育工作者也对此问题做出了诸多探讨和研究，但实际上，至今为止，对何谓"均等化"这样一个基础问题的认识尚未达成普遍共识。因此，要讨论公共体育服务均等化策略，首先需要在理论上厘清这个基础问题，再在此基础上提出行动策略。

（一）明确城乡体育公共服务均等化的目标

关于城乡公共体育服务均等化的内涵，研究者们的观点莫衷一是，在这里笔者借用政治学中的平等概念对这些观点及其局限性加以分析。

1. 平等概念

在政治思想中，平等这个概念大概有两个基本的用法，本质上的平等和分配上的平等，而在分配上的平等中又有不同的层次，这可以从图5-2中更为直观地理解到：

本质上的平等（道德价值的平等）——人人生而平等

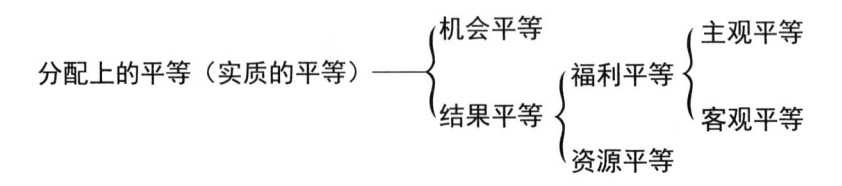

分配上的平等（实质的平等）——{机会平等；结果平等——{福利平等——{主观平等；客观平等}；资源平等}}

图5-2

由此可以看出，平等的内涵是极为丰富的。在现代社会，除少数种族主义者之外，关于平等的第一个含义：人在本质上是平等的，是较少有争议的，这被看作是一种信仰，该信仰在当代往往反映在各国的宪法和法律中，被表述成法律面前人人平等和公民权利的平等，它也通常成为分配上的平

等辩论的理由。而对分配的平等，则莫衷一是，它可能指机会均等，它通常在这样的意义上得到理解：一个人的种族、性别、宗教、民族、血统等不应该影响其获得某个岗位或某些资源的机会，也可能意味着结果平等，意味着人们在分配的最终结果上的平等，也即指人们在结果上具有完全相同的条件；而结果平等中的结果究竟指什么，一般还有两种看法，即福利平等，资源的分配和转移应达到使每个人的偏好和欲望同等满足的程度和资源平等，使人们在总体资源份额上的平等。

2. 公共体育服务均等化的内涵

平等概念本身如此混乱，那么，公共体育服务均等化中的均等，到底是实现上述哪个意义上的平等呢？对此，这里需要详加论述。

（1）机会均等的局限

学界有这样观点：我国城乡公共体育服务的均等化目标是在一定时间内实现机会均等。所谓机会均等，具体到公共体育服务问题上，意味着无论城乡居民，都有同等的机会使用公共体育设施和享有基本的公共体育服务。这种看法具有一定价值，因为一直以来，我国具有公共性质的体育场地向社会开放不足，比如一些大型的体育场地（馆）的功能虽然被界定为满足运动员训练、体育竞赛和群众健身娱乐等需求，但长期以来这些场馆较少对群众开放，只有特殊人群（如职业运动员）和竞技体育活动可以使用，这表现出在公共体育设施使用上普通群众和特殊群体之间的机会不均等；再如教育系统管理的体育场地数量较多但不对社会公众开放，对这类体育场馆的使用存在着内部成员和外部群众之间的机会不均等。为此，在我国讨论公共体育服务的机会均等是有意义的。然而，在城乡居民公共体育服务均等化这个具体问题上提出机会均等是否具有重要的现实意义？诚然，我国城乡居民在使用既有的公共体育设施方面并不具有同等机会，比如由于我国许多大型公共体育场馆通常集中于城市之中，而目前许多城市在出台大型体育场馆开放的实施方案中明确对象是城市常住居民、社区居民等，这等于把农村居民排除在外。不过，即使所有公共体育场馆一律对全民包括农村居民开放，城乡居民享有了形式上的机会平等，这也并不意味着有实际意义。因为健身活动具有持久性，而农村居民不可能每天长途跋涉去使用这个机会。这就是说，在公共体育设施城乡分布严重不均等的情况下，讨论城乡居民在使用公共体育设施和享受公共体育服务上的机会均等并不具有多大的实际价值。

（2）以个体为单位的结果均等及其困境

更多学者主张我国城乡体育公共服务的均等化目标是实现结果均等。所谓结果均等意味着人们在分配的最终结果上的平等。在理论上，对"结果"究竟意味着什么有两条路，第一条路是"福利平等"，即人们表达或流露出来的偏好和需求同等满足。很显然，要实现这种平等，政府在提供公共体育服务时需要考察不同个体的不同需求，这在操作层面是不现实的；同时，满足打高尔夫球的偏好和打篮球的偏好所花费的数额相差甚远，同等实现这些偏好是否真正公平也颇有争议。因此，当学者提及公共体育服务的结果平等时，往往是指"资源平等"，就是使人们在公共体育服务的总体资源中获得大体相同的东西或占有同等标准的份额。值得强调的是，在这里，"人们"在研究者的话语体系里一般意味着"每一个人"。乍闻之下，这一关于我国城乡公共体育服务的均等化理想十分有吸引力，从个体权利平等的角度来说无可争议。然而，作为政策目标，它则不够现实。首先，我们知道，中国的城市和农村的人口分布状况是城市人口集中、人口密度大，农村相对城市来说，人口分布不集中。这个现实对城乡居民获得均等的公共体育资源有重要影响。以"以每万人应该拥有一块足球场地"[①]这个目标为例，2014年我国城市人口密度是2 419人/平方千米，这意味着如果每万人拥有一块足球场地，那么平均5平方千米就应该建造一个足球场。而在农村，如果以一个自然村的人口规模为2 000人来算，5个自然村应该建造一块足球场，但是，这5个自然村之间通常相距一定甚至较远的距离，那么这块足球场建在哪里能够使这5个村的村民都能充分利用这块足球场地？很显然，让每万人（无论城市居民还是农村居民）拥有一块足球块地确实体现了城乡居民享有平等的某种公共体育服务，但是农村人口的分散

---

① 2016年4月11日，国家发改委印发《中国足球中长期发展规划（2015-2050）》明确规定了三阶段目标——近期至2020年，中期至2030年，远期展望至2050年，并且对一些关键性的指标明确定量，如近期目标（2016-2020）：中小学生经常参加足球运动人数超过3000万人，全国足球场地数量超过7万块，每万人拥有0.5-0.7块足球场地；中期目标（2021-2030）：每万人拥有1块足球场地；远期目标（2031-2050）：全力实现足球一流强国的目标。

分布使得这种平等的价值大打折扣，甚至如果真的在5个自然村之间建设这样一个足球场，其结果可能是因为村民的不方便使用而造成它变成一个摆设、一块荒地，最后的结果是资源的巨大浪费。事实上，人口分散确实在客观上成为政府在城乡之间均等地提供某些公共体育设施的障碍，因为即使政府具有天然的公共服务的责任，但是政府在进行财政投入的时候也是"理性经济人"，需要考虑效率、效益等问题。

那么，如果换一个思路，政府在公共体育服务的供给上不追求城乡居民拥有同样的设施，而追求供给同样标准的份额，情况会怎么样呢？比如，假设政府一年在公共体育服务上投入的资金是13.68亿元，以2014年的全国人口数量13.68亿人为标准，每人获得1元的份额。那么，在城市，每平方千米内的城市居民将一共拥有2419元，而在人口规模不足百人的自然村，村民一共拥有几十元，在人口集中的城市中，十千米范围内的城市居民所拥有的政府财政投入数额也许可以建设一个简单的篮球场，但是十千米内的村民可能还是只有几十元，什么体育设施也无法拥有。这还是说，即使政府严格地按照资源平等的目标分配给无论城市居民还是农村居民同等份额的财政投入，对那些村落分散、人口规模小的地区的农村居民来说，他们也无法真正享受到均等的体育公共服务。除非政府在体育公共服务上的人均投入足够多，比如人均5 000元，那么即使非常少的人口也能拥有足够多的资金换得某些体育设施，这样问题就能得到部分解决。但更显然的是，从中国目前的人口规模和政府的财政收入情况来看，尚不可达到这样的条件。

这就是说，面对城乡人口分布不均，或者更具体地说，面对农村人口分散分布这样一个现实，无论城乡公共体育服务均等化意味着供给个体大体相同的体育设施还是分配给每个人同等的资金份额，在结果上都可能与最初理想相差其远。

（3）以社区为单位的结果平等——我国城乡公共体育服务均等化的应然目标

从以上分析可以看出，在我国，实现城乡公共体育服务的均等化发展，追求所谓机会均等的现实意义不大。而追求结果均等，如果强调以个体为基础的均等分配则会面临非常显著的客观困境进而影响可能的政策结果。

那么，我国城乡公共体育服务的均等化究竟应该意味着什么？在我国城乡公共体育服务均等化问题上，"均等化"作为一个理想目标，必须追求结果均等，但是不必追求以个体为基础均等分配的结果，而更应该考虑以社区为基础的均等分配，即无论在城市和农村中，并不是要实现所谓的"人人均等"，而是实现社区与社区之间的大体均等。

之所以要追求结果均等，是因为面对当前城乡公共体育服务严重不均等的现实，只有让城乡居民都实实在在占有一定的体育资源而非拥有形式上的机会均等才更有实际价值。当然，在这里，结果均等指向资源均等而非福利均等，即更强调政府向全社会成员平等分配基本的公共体育服务资源，而不是实现社会成员各种体育需求的同等满足。

之所以强调以社区为单位进行公共体育服务的均等分配，是与公共体育服务的特殊性有关。我们知道，虽然人们对公共体育服务的内涵存有争议，但是从公共体育服务的主要物态形式（如体育场馆）来看，许多公共体育设施具有公共物品的属性，而公共物品的特点是在效用上具有不可分割性，即只能由一定数量的社会成员共同享用，而无法将其分割为若干部分，分别归属每个人。正因如此，才会导致"人人均等"的分配出现上述困境（如上文足球场地的例子）。所以，既然对许多公共体育产品和服务的占有和享有需要以一定数量的社会成员整体为基础，那么，政府在进行城乡公共体育服务的均等化分配过程中，以一定的群体为基础的分配就更为合理。从我国城乡社会体制上看，"社区"是较好的分配单位。这是因为，无论是行政村还是城市街道社区，都具有一定的人口规模集中在一个区域，除此之外，更重要的是，由政府提供公共体育服务，在基层社会的具体落实常需要由一定的社会组织来实施，而在我国的社会体制下，行政村还有城市街道社区都具有较为成熟的基层组织，如果加以适当安排，它们直接可成为帮助落实公共体育服务政策的组织。

基于上述原因，要想调整我国城乡公共体育服务不平等的现状、实现城乡公共体育服务的均等化目标，应该首先确立均等化的目标之内涵，即政府以城乡社区为单位实现基本公共体育服务的均等供给。

（二）推进城乡公共体育服务均等化的行动步骤

1. 起点：设定以社区为单位构建城乡公共体育服务均等化的战略目标

要实现城乡公共体育服务均等化，必须要先确立恰当的战略目标才能制定出有效的体育政策和适当的行动方案。如前所述，基于对我国公共体育设施在城乡间分布不均等的现状、城乡人口密度和人口聚居规模的差异、财政资源的限制、公民体育权利平等因素的考量，我国应该考虑将"均等化"的目标定位于以社区为单位的均等。这个目标不只是理论解析的结果，实际上，从已经展开十年有余的"农民体育健身工程"来看，体育行政部门在农村确实是以行政村为单位来推进体育公共服务建设的。这表明政府部门也在实践上看到了以社区为单位提供公共体育服务的可行性和便利性。另外，在更广泛的公共服务体系方面，我国政府的战略是以城乡社区为载体进行公共服务体系的建设[1]，而作为整个公共服务体系的组成部分，公共体育服务也可依托于社区公共服务体系建设的展开来推进城乡公共体育服务的均等化。

当然，需要说明的是，以社区为单位构建城乡公共体育服务的均等化发展并不意味着以当前的城乡社区为基础完全"区区平等"的分配。实际上，无论在城市还是在农村，社区的规模存在着巨大的差异，这是各地政府在进行城乡公共体育服务均等化分配过程中必须纳入考虑的问题。因此，如果从具体的体育政策来看，笔者建议在实施公共体育服务均等化策略前要适当对城市和乡村社会进行以"规模"为标准的分类，即以一定的人口规模为基础把不同的城乡社区划分为几个级别档次，然后在同一档次中以同等标准进行公共体育产品和服务的分配[2]。

2. 过程：财政投入向农村倾斜

造成我国城乡公共体育服务不均等现状的一个重要因素是在城乡二元结构和体育举国体制下，政府把更多的经费投入城市的体育设施建设上。

---

[1] 2016年11月，民政部、中央组织部等十余个部门联合印发《城乡社区服务体系建设规划（2016—2020）》，明确提出要推进城乡社区综合服务设施建设，力争到2020年，实现城市社区综合服务设施全覆盖，农村社区综合服务设施覆盖率达到50%的目标。

[2] 1994年建设部发布的《中华人民共和国国家标准村镇规模标准》和各地区出台的"村庄规模标准"也许可以成为体育行政部门进行社区分类的借鉴基础。

那么，如果要纠正城乡公共体育服务的不均等，就需要使农村获得更多的经费来发展体育事业。虽然近些年，有些省份的体育事业的发展已经倡导不再单纯依赖政府的财政投入，一些私营部门、其他公共机构也可以投资或帮助兴建公共体育事业，但是从目前的投资结构看，具有公共服务责任的政府仍是公共体育服务的投资主体，尤其对农村来说，由于经济发展落后于城市、农民居民体育需求弱于城市市民以及农村自然环境不利等原因，私营企业在利益动机下更愿意在城市投资体育而较少有动力到农村提供公共体育服务。至于一些专注于公共体育服务的民间组织，其财力和人力都不足以帮助广大农村改善体育资源匮乏的状况，所以，农村公共体育服务的发展更多依赖于政府的财政投入，并且要改变城乡公共体育服务不平等的现状，需要政府在进行公共投资时更多倾向农村，以填满城乡体育资源占有上的巨大鸿沟。

3. 结果：注重社区的差异性和群众的满意度

实际上，当前公共体育服务存在两个大问题，其一是总量不足以满足人民群众日益增长的体育需求，其二是城乡、区域和人群间的不均等分配，而且城乡间的差距较大。这意味着推进城乡公共体育服务均等化应该在发展公共体育服务的整体框架下进行，也就是说，追求绝对的均等不是最终的目的，最终的目的是在整体上保证城乡居民都能享受到较好的公共体育服务。因此，向城乡居民提供大体均等的体育资源时不需要追求在资源的具体形态上完全整齐划一，相反要关注群众的需求、满意度、获得感和幸福感。这就要求，在保证城乡社区大体上获得同等份额的体育资源的同时，要注重社区的差异性。我国的农民体育健身工程实施的标准是在每个行政村建设 1 片硬化的标准篮球场、1 副篮球架、2 张室外乒乓球台，这些设施明显更符合年轻人的运动需求，但是近些年来，有些省份的年轻劳动力外流严重，在许多农村，居民主要是留守老人和儿童，打篮球这样激烈的体育活动并不适合这两类人群，以至于这些设备被闲置，却没有适合老人和儿童运动的体育设施。因此，要实现城乡公共体育服务均等化，必须要充分考虑社区之间的差异性，在实现城乡公共体育服务均等化的同时满足群众不同的体育需求，提高群众的满意度和幸福感。

三、优化公共体育资源配置

（一）转化配置理念：实现从"效率优先"到"公平优先"的转化

通过国家、政府以及人民的不懈努力，公共体育资源配置水平以及差异程度已得到较大改观，表现出公共体育资源配置水平持续增高，其差异状态持续降低的特征。这与各政府在公共体育资源发展实践中秉承"效率优先，兼顾公平"的配置理念是分不开的。当然，我们在认识到这一配置理念背景下所产生良好社会效果的基础上，还需要认识到它所带来的一系列问题，如：政府或相关部门为了提高绩效，通常会在容易配置公共体育资源的地域或区域进行投入，而难以配置的地域或区域却表现出恓恓不前，又怕投资过大，又怕承担后果等，而这些地域可能急需公共体育资源的投入，来提高该地域公共体育资源的发展水平。也正是因为如此，我国公共体育资源配置的差异现实仍然普遍存在，这也成为阻碍我国实现服务型政府的最大阻碍。

如果说"效率优先，兼顾公平"是上一阶段公共体育资源配置的主要理念，至少它是一种实践性理念，它促使了公共体育资源的快速发展，也导致了公共体育资源配置的差异现实。而现阶段，公共体育资源的配置已然不应仅以"效率优先"为基本理念，而应充分考虑"公平"与"公正"，因为，公平正义不仅是人们所追求的良好社会环境，也是人们前赴后继、不屈不挠的精神核心[①]。尽管"公平优先"在过去的研究中也已普遍存在，但是它仍然仅停留在一种理论层面，其实践取向却一直不曾落实。因此，在未来，我们应该落实"公平优先，兼顾效率"的配置理念，并应将其秉承为我国公共体育资源配置的最终实践理念，它将遵循"效率"与"公平"的相辅相成，也将重视它们关系的有机结合。在实践中，"公平优先，兼顾效率"将以公共体育资源的公平发展为基石，而将效率作为实现其有效配置的手段，来确保提高公共体育资源水平的同时，缩小其差异程度，进而实现我国公共体育资源配置一体化的整体目标。

公共体育资源配置的差异现实，是由于长期的经济、社会、文化、政

---

① 于炳贵. 中国特色社会主义和谐社会建设[M]. 北京：中共中央党校出版社，2006：17.

策等若干因素所导致的必然结果，而这种结果，也必然需要一个国家在足够的经济实力、进步的社会特征，以及良好的文化氛围下，通过多代人的不懈努力来逐渐解决，目前我国显然并未达到这种状态。因此，实现公共体育资源配置理念从"效率优先"到"公平优先"的转化，既是人类社会发展的必然内在要求，也是我国社会化进程中一个长期而艰巨的任务，更是我们为了实现"体有所享"、提升居民公共体育幸福感的必要条件。

（二）完善政策制度：制定系统的政策制度，提高资源的配置水平

作为影响公共体育资源配置的重要影响因素之一——政策制度环境，是公共体育资源配置过程中需要重点考虑的方面，政策制度的安排需要体现公平性、效率性。政府作为公共体育资源投入的主要供给主体，更是制度的创新主体[1]，在它从"管理型"向"服务型"政府转型的过程中，应逐渐加强与完善政府的宏观政策制度层面建设，调控公共体育资源配置取向，逐渐缩减不同地域之间的公共体育资源配置差异，进而破解公共体育资源的差异现实。从美国、德国、英国等发达国家来看，它们也均极其重视制定系统、连贯以及完善的政策制度，来提高公共体育资源配置水平与公平性[2]。但既有研究显示，目前我国公共体育资源配置体系仍然处于探索期，其相关政策还很不完善[3]。当然，这与我国的经济水平、社会发展以及文化氛围等因素密切相关，但无论如何，我们应该根据我国的基本国情，制定符合我国特色的、系统的政策制度，来进一完善我国公共体育资源配置体系的相关政策。

目前来看，大多数研究均从决策制度、激励制度、监督制度等方面给出了自身的建议。如：在决策政策制度方面，我们需要使"自上而下"配置公共体育资源的传统模式，转变为"上下结合"的决策制度，重视民主决策的重要性，完善群众利益表达与监管机制，进而提高公共体育资源配

---

[1] 戴健,张盛,唐炎,等.治理语境下公共体育服务制度创新的价值导向与路径选择[J].体育科学，2015（11）：3-12.
[2] 韩永君.国外体育政策研究演进的可视化分析[J].上海体育学院学报，2017（02）：7-14.
[3] 戴健,张盛,唐炎,等.治理语境下公共体育服务制度创新的价值导向与路径选择[J].体育科学，2015（11）：3-12.

置的多元化与公平性[①]。在激励政策制度方面，政府需要建立激励政策制度，吸引社会资本积极参与提供公共体育资源的事业上来，尤其是在利益保障和补偿机制上做出正向激励政策，如：从税收制度、信贷支持以及政策优惠等领域对相关社会资本进行补偿等。在监督政策制度方面，要从评估机制与问责机制出发，我们不仅使用"内部评估"与"内部问责"，还需要引进"外部评估"与"外部问责"相结合的监督政策。康德曾说过，共和政体要以分权为基础而由法律来统治[②]。其中的"分权"正是一种"外部"的评估或问责，将公共体育资源配置引入独立性的司法审查则正是将平衡权利作为制约因素纳入其中的有效手段，否则，外部评估与问责也将成为橡皮图章。

添加公共体育资源的财政保障政策、人才保障政策以及土地保障政策是进一步完善发展公共体育资源政策制度体系的重要内容。其中，就财政保障政策而言，《中共中央关于构建社会主义和谐社会若干重大问题的决定》中指出："完善公共财政制度，逐步实现基本公共服务均等化"[③]的要求为我们公共体育财政制度的完善指明了方向。目前，基于各地方事权、财权不匹配的现象仍然较为突出的现实[④]，制定专项财政政策，将公共体育经费纳入地方财政年度预算，来确保公共体育支出达到国家规定标准应是该方面的主要方向。从土地保障政策来说，在保持土地资源节约、高效以及集约的前提下，将公共体育设施建设用地纳入地方土地利用总体规划，切实保障居民能便利地获取公共体育物力资源，促进其体育锻炼，提高生活品质应成为该政策的重要内容。而以人力保障政策来看，本研究中公共体育资源的人力资源主要是指体育公共事业的管理人员、公益性体育指导员等，他们是承担、组织以及提供公共体育服务的主要人力资源。而目前，我国由于各种原因导致了他们一是人员不足，二是缺乏积极性。发达国家作为

---

① 董德朋，袁雷，韩义. 基于 Arc GIS 的城市中心城区公共体育服务空间：结构，问题与策略——以长春市为例[J]. 上海体育学院学报，2017（06）：10-16.

② 檀秀侠. 从制度看政府公信力 逻辑 评价与提升路径[M]. 北京：中国社会出版社，2016：39.

③ 编写组. 《中共中央关于构建社会主义和谐社会若干重大问题的决定》辅导读本[M]. 北京：人民出版社，2006：35.

④ 陈刚，乔均. 公共体育服务体系建设——比较研究与创新探索[M]. 南京：江苏凤凰科学技术出版社，2015：105.

先行者，他们通常通过立法保障、建立激励机制等措施来扩大公共体育志愿者人群，而这进一步又为他们节省了大量资金，如：英国、德国体育志愿者的 12 亿小时服务和产生 67 亿欧元的价值等[①]。因此，我国在人才保障政策方面还需要做出更多的努力，在为他们以正其身的基础上，还要通过激励机制、精神培养来提高他们的自身服务价值。当然，这些政策的顺利运行与实施，还需要我国进一步强化政策权威约束力，使各种保障政策与约束机制具有统一性、连贯性以及全方位性，才能避免"空心汤圆"现象的出现。

（三）优化资金结构：加强政府投入，引导社会资金，缩小地区差距

目前，我国公共财政资金投入逐渐提高已是不争事实，公共财政投入、公共体育事业经费投入的提高，均有助于我国及大部分地区公共体育资源发展配置的提高，但是这种提高并未表现出对公共体育资源配置差异程度的抑制，说明了存在如下几个问题，其一：尽管我国公共财政支出逐年提高，但是公共体育财政的提高幅度却在其中处于劣势地位，得不到很好的重视；其二：尽管公共体育资金也逐年升高，但是公共体育资金的投入仍然属于粗放式投放，并未对其进行优化配置，来缩小地域之间或区域内部的公共体育资源配置的差异现实；其三：公共体育资金投入的逐渐增高掩盖了其在体育事业经费中占比逐年减小的现实，从而导致我国大部分地区的公共体育资源一直处于一种匮乏状态。

正是基于以上的现象与结果，我们认为公共体育资源在配置过程中需要优化资金结构，尤其是在加强政府投入的基础上，引导社会资本积极参与投资，来提高公共体育资金的占比，尤其是对低公共体育资源配置水平的地域更应该强化这一对策，来减小地区之间的差距。首先，公共体育事业既然是我国公共事业的一部分，那么，政府就需要对其负责。而目前既有研究表明，我国公共体育资金的投入不仅远低于发达国家，甚至低于印

---

① [美]弗雷德里克·温斯洛·泰勒. 托克尔岑的运动与休闲管理[M]. 北京：中国旅游出版社，2014：96.

度等发展中国家[①]。也正是因为公共体育资金投入的欠缺，导致人们不断提高的公众体育需求与公共体育资源不足的矛盾在我国尤为突出。因此，政府自身应该进一步加强公共体育经费的投放力度，来提高我国公共体育资源的发展。

其次，基于我国的基本国情，政府投入仍然不可能满足公众的体育资源需求，因此，降低准入门槛，引导社会资金投入公共体育服务事业也将是大势所趋。在这其中，政府要从政策上为社会资本消除屏障，吸引社会力量、民营资本以及海外资本等以项目融资、承包等直接或间接的投资方式进入公共体育领域。2012年财政部印发的《关于贯彻落实十七届六中全会精神做好财政支持文化改革发展工作的通知》（以下简称《通知》）中明确要求，公共财政文化体育与传媒支出的增长幅度要高于同级财政经常性收入的增长幅度[②]。而在我国公共体育资源短缺的现实背景下，进一步加强政府资金投入的同时，还需要响应《通知》要求，引入社会资本投资，来逐步提高公共体育资金投入在公共事业财政投入和体育事业财政投入的所占比例。

最后，优化资金结构必然不能仅包括提高公共体育经费的占比，同时还需要加大对低公共体育资源配置水平地区的公共体育资金投入，来减小地区差异。目前，随着我国西部大开发、中部崛起等政策的实施，在一定程度上促进了欠发达地区公共体育资源的发展，但是与东部等沿海地区相比仍然表现出明显的落后态势，中部、西部等地区的公共体育资源配置水平明显落后于其他地区，这也正是导致地域间资源配置差异现状的重要因素之一。因此，政府还需要优化资金结构，提高对欠发达地区公共体育资金的投入，来减小不同地域间公共体育资源配置差异的不断扩大。

四、提升社会体育服务组织公共治理能力

创新社会治理背景下社会体育服务组织需要承接体育行政部门转移的

[①] 黄晓红. 完善我国体育产业政策的若干建议[J]. 成都体育学院学报, 2008（09）: 17-19.
[②] 关于贯彻落实十七届六中全会精神做好财政支持文化改革发展工作的通知[EB/OL]. https://www.gov.cn/zwgk/2012-05/07/content_2131429.htm

社会体育事务管理职能以及提供公共体育服务的事务。但对当前的社会体育服务组织而言，其服务性质、服务方式、服务内容、服务能力、管理能力、专业化水平等方面与目标仍然存在着不小的差距。在这种形势下，社会体育服务组织需要尽快完善法人治理结构，完善内部管理运作，积极主动将服务性质由基础服务向专业服务转变，服务方式由社会服务向公共服务转变，服务形式由自主参与向岗位参与转变，服务内容由健身指导向健康指导转变，不断提升规范运行能力、基本服务能力、责任承担能力；不断加强参与社会体育事务管理能力，包括获得外部认可能力、信誉维系能力、政策建设能力；不断强化公共体育服务能力，包括标准化、专业化体育服务能力、信息技术运用能力。政府需要认识在新的时期社会体育服务所扮演的重要角色，进而完善社会体育服务组织的扶持与培育制度，对当前比较弱小的社会体育服务组织进行培育和提供发展保障，为其让渡生存空间，使得其克服自身缺陷，自我完善，成长为除政府与市场外能有效提供公共体育服务的第三种力量。基于此，才能打造创新治理形势下社会体育服务组织与政府间全新的互利共赢、共建共享的健康可持续的合作模式，实现社会体育服务组织管理与服务的目标。

（一）社会体育服务组织转型发展

当前，我国大多数的社会体育服务组织无论从资源还是制度方面，都对政府存在着较大程度的依赖，而正是由于这种依赖关系，使得社会体育服务组织在与政府合作过程中不能以独立的组织形式出现，没法行使自治组织的权利，失去了平等对话，协商一致的权利和能力空间。其在合作过程中首先考虑的是生存的问题而不是服务的问题，所以与政府不能平等对话，进而自身的客观实际需求以及合理建议可能由于这种现状（种种依赖）而不能得以实现或实施，现实中变成了政府的附庸，失去了与政府平等对话的平台，也失去了组织的宗旨目标。因而，社会体育服务组织要进行转型的前提条件是实现由传统依赖向独立自主转变，即首先要做的就是自治能力的增强，独立性提高，减少对政府的依赖，实现与政府的平等对话，在政府的主导下，与政府开展广泛合作，主动承担社会体育管理责任，开展公共体育服务。

1. 服务性质由基础服务向专业服务转变

社会体育服务组织的服务性质需要由一般的基础服务向专业的公共服务转变。以往社会体育服务组织开展的是一般性的基础服务，满足大众的一般性需求，服务水平较低，服务质量要求不高，服务能力一般。随着社会和经济的快速发展，广大群众获取服务的途径和内容已经多元化和信息化，组织服务的起点也不再是想提供什么服务就提供什么服务，而是要以满足群众需求为基点，提供的服务内容、范围和质量受群众选择影响。当前，群众的需求早已不再满足于一般性的基础服务，新的需求要求提供多元化、专业化的服务，这也是社会体育工作面临的新局面。此外，社会体育服务组织在提供专业化的服务时，其角色具有不可替代性，那么它可以有效解决大政府小社会带来的社会活力不足的问题。即它在提供专业化服务的同时，作为一种社会组织，相比政府管理与民众之间的刚性接触，工作余地更大。因此，作为主体参与社会体育治理的社会体育服务组织，需要积极加强专业化服务能力建设，提高组织成员的素养和能力，优化服务模式，向群众提供较为专业的服务。只有这样，才能担当起参与社会体育治理的重任，解决好广大群众新的服务需求，提升服务满意度，优化社会体育治理的主体、过程与结果。

2. 服务方式由社会服务向公共服务转变

这种服务方式的转变对社会体育服务组织提供的服务提出了规范化要求，但并不是说社会体育服务组织要完全脱离社会服务的方式，而是在提供社会服务的基础上同时提供公共服务，即需要基本参与公共体育服务的能力，这也是社会体育服务组织可持续发展的内在动力和外在要求。从根本性质上来说，普通社会服务是完全不同于公共服务的，普通的社会服务可以说是最基本的服务，没有标准化、规范化的具体要求，而公共服务是具体的，要求标准化、规范化，更多追求服务的质量和规格。公共服务要求社会体育服务组织提供的服务以一种"商品"的形式出现，是政府为人民购买的服务"商品"，但这一"商品"具有非营利性特征，即它与市场中流通的"商品"既具有本质上的差别，也具有一定的共同点。其差别在于该"商品"不以营利为目的，共同点是既然同为商品，那么就有标准和规格，因而依据等价交换原则，社会体育服务组织在提供公共体育服务时则要注重服务的质量,来提升群众满意度。故公共体育服务"质量优先"成为社会体育服务组织由社会服务方式向公共服务方式转变需要进一步提升的重要目标。在新的战略时期,社会体育服务组织首先需要把增强人民群众的满意度作为提高公共体育服务质量的落脚点,然后不断创新。

3. 服务形式由自主参与向岗位参与转变

社会体育服务组织工作人员的工作模式发生改变。以往的服务形式完全是自主参与,有很大的随意性,完全取决于自愿,而且也没有绝对固定的服务场所和服务时间。一旦承接公共体育服务后,这种形式将会发生实质性改变,由自主的参与转向岗位参与,岗位设置是有规范标准和任务以及质量要求的,最终实现定人、定点、定时、定项、定质、定量的岗位服务。另外,岗位的设置是依据公共体育服务的需求而定的,相当于经济社会中的市场需求,每一个岗位都是有具体要求的,因而岗位人员的聘用一定会是考核聘用,由取得一定资质的人员来担当的。那么与此同时,人员工作性质也发生了改变。虽然组织构建的核心是共同的志愿,服务的热情和心愿是主要的内驱力(内在动力),但服务的质量却参差不齐,许多情况下,政府由于服务的志愿性,无法要求质量和标准,因而对现实完成情况也是睁一眼闭一眼,要求不高或没有要求。但社会体育服务组织提供公共体育服务后,国家注入了一定的资金来购买提供的公共体育服务这个"产品",故一定会对其购买的产品提出具体的要求,所以对服务的专业性和质量都会有具体要求,服务质量将会明显提升,服务的起点和性质也将发生重大改变,不再是意愿,而是工作任务,不再是自由的随意服务,而是科学的标准化的专业服务。

4. 服务内容由健身指导向健康指导转变

社会体育服务组织服务内容由单一的健身指导向健康指导转变,服务内容深度扩展。当前的健身指导多是健身项目练习动作的指导,强调的是身体锻炼姿势,也就是动作的格式化和标准化,虽然目标是躯体的健康,但事实上并未结合健身者的锻炼目标对练习的时长、强度等做出个性化的指导,很难达到促进健康的目的,最多也仅是躯体的强健。而健康指导的目标不仅仅是身体强健,还有心理、社会适应、道德健康等范畴,健康指导的维度和深度都扩展到了塑造健康的人的方方面面,超过了健身指导的要求，也不再仅仅局限于躯体的强健。这就要求社会体育服务组织的性质由普通的社团向专业服务组织转变，也就是说社会体育服务组织是由互益型服务组织转向公益型专业服务性组织。互益性组织服务对象是组织内的成员，服务目标是组织内部成员的关系和利益的统一与协调；而公益性针对的服务对象可能与自身不是互益的，有可能仅是单向的输出，是有利于组织外部人员或者所有社会成员的，比如以广大社会成员为服务对象的公益性社会体育服务组织——社会体育指导员协会。他们以倡导有利于人们生活质量提高的健康生活理念和从事不同类型的公益活动为主。

（二）社会体育服务组织公共治理能力建设

社会体育服务组织公共治理能力是组织所拥有的、实现组织参与社会体育治理目标的能力，它是组织所拥有的有利于实现其目标的各种能力的整合，以及可以借助的外部力量的总和，任何能力都是与目标相联系的。社会体育服务组织的能力强弱与它的能力构成有关，构成的子能力越强，它的总能力也可能越强。当然，组织的任何目标的实现都与外部环境有关，它要充分利用有利环境去实现自己的目标，当前创新社会治理的背景就是社会体育服务组织发展应当把握的良机。不仅如此，社会体育服务组织的能力还是一种综合的效果，对一个组织来说，某一能力的强大并不代表组织的整体能力是强的，如果组织的几个子能力都是强劲有力的，但它们彼此互不协调乃至冲突，那么这个组织达到组织目标的能力也会很弱，因为各自较强的子能力在相互冲突之中被耗尽了。所以，对一个组织来说，它的能力还包括动员内部和外部资源，并且整合它们以实现目标的能力。因此，依据当前社会体育服务组织发展的现状，以及创新社会体育治理的目标，当前社会体育服务组织需要加强基础能力建设，提升参与社会体育事务管理能力和参与公共体育服务能力等。

1. 社会体育服务组织基础能力建设

随着创新社会治理体制的推进，社会体育服务组织参与社会体育治理成为现代社会体育服务组织的发展方向，其将更注重自我管理、自我规范、自我协调、自我服务，更好地履行好社会体育服务组织的代表、自律、协调、规范的职能。布林克霍夫（Brinkerhoff）模型根据组织身份和资源依赖程度，指出当非营利组织的组织身份很低时，政府与其之间表现为延伸性或逐步吞并性的关系[①]。因此，与政府的平等合作需要社会体育服务组织保持自己的组织身份。在组织身份上，当社会体育服务组织处于依附性地位时，双方很难以发生合作性关系。因此，社会体育服务组织要努力提升基础能力，增强独立性，实现自治组织的资格——独立的权利主体构建。

（1）规范运行能力

规范运行能力是组织发展的基础能力，是组织自我良性发展的基本条件之一。社会体育服务组织要规范化、制度化运作，把日常的组织事务工作流程形成标准，建立绩效机制、奖惩机制、监督机制、评估机制、协调机制。绩效机制是社会体育服务组织规范化运作的基本保障，而奖惩机制则是一种激励手段，它要借助监督机制和评估机制来实现，有利于组织规范性的巩固。协调机制为组织及其成员与外界沟通提供了的渠道，也是社会体育组织规范运行能力的手段之一。

（2）基本服务能力

社会体育服务组织目标是提供社会体育事务管理服务和公共体育服务，因此要具备基本服务能力，只有在具备基本服务能力的基础上，才可能有资格参与社会体育管理与公共体育服务相关事务。另外，基本服务能力也是社会体育服务组织的生存之本，一个连基本服务能力都不具备的社会体育服务组织，是无论如何也不具备专业服务能力的。

（3）责任承担能力

社会体育服务组织的身份特征是社会组织，如果仅仅是实现组织内部服务，社会体育服务组织无须承担太多的责任，但对向外的、服务于广大群众的管理与服务，政府作为购买方是一定会考虑组织是否具备承担责任的能力，把一项关系民生工程的任务交给一个不具备责任承担能力的组织去做，将会对政府形象以及政府工作带来非常多的不确定因素，因此，社会体育服务组织应当积极推进法人建设，建立完善的法人治理结构，推动组织法制化管理，完善内部管理运作，强化责任承担能力，给合作方以信任感，让合作方可以放心依托。

---

① JENNIFER M RRINKERHOFF. Government-nonprofit Partnership: A Defining Framework [J].Public Administration and Development，2002（01）：19-20.

2. 参与社会体育事务管理能力建设

（1）取得政府支持的能力

在我国，政府是社会体育服务组织的最大支持者，无论从政治还是从经济方面来看都是如此。因此，社会体育服务组织同政府建立良好的伙伴关系是增强其能力的关键。伙伴关系的建立是双方共同努力的结果。从组织的主体性角度来看，建立伙伴关系、增强自己的获致能力依靠组织的两种努力：一是建立相互信任的委托——代理关系；二是组织提出的建设性建议。

政府与社会体育服务组织之间的委托——代理关系是指组织接受政府的委托并接受其经济支持并完成体育的社会服务任务。社会体育服务组织根据自己的服务宗旨和范围接受政府的委托，高质量地完成任务，能增强二者之间的信任关系，也有利于延续和发展二者之间的合作关系，从而在政治支持、经济支持两方面增强自己的能力。在一个比较开放、迅速变化的社会中，组织通过服务向政府提出建设性的意见以改善政策是提高社会体育服务组织社会地位的重要一环。开明的政府不仅需要忠实的执行者，而且还需要有前瞻眼光的智者。故有前瞻眼光的社会体育服务组织会以自己的服务和政策建议与政府建立起良好关系，他们常常会向政府提出建设性意见，他们也会因此得到政府的赞赏和信任，同时这也为自己创造更大的发展机会。

就组织参与政策建设方面来讲，社会体育服务组织开展的活动必须在国家法律法规、政策制度要求的框架下依法开展。随着社会的不断进步与发展，国家对社会体育服务组织的政策也相应地发生着一些改变。当前，党的十八届三中全会提出了创新社会治理体制，明确了"适合由社会组织提供的公共服务和解决的事项，交由社会组织承担"，以及"国发〔2014〕46号《国务院关于加快发展体育产业促进体育消费的若干意见》"的决定，给我们提供了远景目标和政策保障。就社会体育服务组织而言，组织的主要领导要不断地加强学习，努力掌握科学的领导理念，提高政治鉴别力和思想洞察力，拓宽视野，把握大局，提高政策的敏锐度，把握政策内涵，掌握政策导向，准确研判面临的新形势，积极地推进组织改革与创新，分析政策，消化政策，这样才能使社会体育服务组织发展紧跟时代步伐，与时俱进，适应社会发展的要求。另外，社会体育服务组织还需要发挥自身优势，充分利用自身专业特长和贴近民众的特点，积极了解群众所需，正确把握政策实施的具体情况，向政府部门献计献策，积极参与到社会体育政策的制订中去。从国际经验来看，那些经常性的社会问题一般都是由政府通过制定政策来解决的，而那些新出现的问题，则要由社会组织的创造性、探索性的工作予以解决。

（2）取得社会支持的能力

社会体育服务组织不管是受政府委托还是社会公众委托而开展的公益性活动，都有向支持者报告自己开展服务和服务效果的责任和义务，以供社会各方监督和评价，这种形式也可称为社会交代。社会交代就是要向社会公开自己的活动，主要是投入和产出。社会交代增强了组织的责任感和效率、效果意识。建立在优质服务基础上的清楚的社会交代能建构社会对组织的信任关系，而信任关系有一种再生产的性质，它能促进信任双方的进一步合作。这自然有助于增强组织取得社会支持的能力。

社会交代不但是一种过程，也是一种方法。在我国，由于社会体育服务组织发达程度不高，资源来源相对单一，所以多数社会体育服务组织缺少社会交代的习惯，也缺乏社会交代的方法，旧的管理思想甚至会主动阻碍向社会交代，良好的社会交代是获得社会支持的重要方式。

（3）提高社会公信力的能力

社会公信力是社会体育服务组织生存的社会基础，是组织存在的活水源头。当其提供的服务没有可取代性、且是群众之急需时，也就是说形成了"卖方市场"时，公信力的影响可能不是很大，但如果出现了竞争或者非急需状态，"买方市场"出现时，组织公信力就成为最重要的生存条件，因此，组织的社会公信力对组织的存在和发展至关重要。显而易见，社会公信力高，组织的社会声望就高，组织声望和信誉越高，能获得的社会支持就越多。相反，社会公信力越低，社会信任度就低，能获得的社会支持就少，进而障碍到组织的发展。

公信力是一种对组织实际的或潜在的支持力。社会体育服务组织社会公信力强弱既受外部评价影响，同时在很大程度上也取决于组织的内部自律。社会体育服务组织应该认识到，当前环境下发展所面临的挑战不是扩大组织和项目的规模,而是加强组织的整体意识、专业化管理和自律规范。从 1988 年开始,中国的社会组织已经开始就行业自律机制进行探索。1997年,青少年基金会制定"五透明五不准"原则。2003 年《中国非营利组织公信力标准》公布。2008 年 4 月,《中国公益性非营利组织自律准则》向社会发布。该准则依据我国的法律法规,借鉴了外域非营利组织的公信力标准和自律准则,并广泛征求了各类公益性组织的意见,内容包括使命、利益冲突、内部治理、协作关系、信息公开共九个方面 80 多个条款[1]。这些制度都是社会体育服务组织在建设提升公信力中需要认真参考借鉴的内容。

当前,社会体育服务组织无论社会公信力的意识还是建设的实践方面都还相当薄弱,还不能满足自身发展的要求。具体表现有:不能制度化地主动向社会公布其活动、财务情况;很少聘请外部人士进行监督,组织运行透明度不高;服务过程中产生的服务失效、资源流失等问题,阻止社会知情,控制不报;行业性、专业性的自律规则没有建立,行业内自我监督缺乏,自我评估机制不全,管理规章制度不健全,且不严格执行,导致组织缺乏社会的认可。在与政府合作开展公共体育服务具体合作时,能不能提供表明自己公信力的资料,正在成为社会体育服务组织自身发展的重要障碍。随着政府向社会购买公共体育服务的进一步深入,社会体育服务组织必将进入一个竞争环境,政府与社会都将对组织服务提出严格的要求,因此,社会体育服务组织加强社会公信力建设就会显得更加迫切。

3. 参与公共体育服务的能力建设

(1)服务专业化能力培养

服务标准化是服务专业化的前提基础,它是指一个在服务领域开展标准化活动,以获得优质服务的过程。社会体育服务组织进行服务标准化建设,对开展公共体育服务,提高公共体育服务的质量有着重要的意义。社会体育服务组织开展公共服务标准化需要有依据,GB/T15624.1-2003[2]第 5 章明确了我国开展服务标准化的范围,其中第⑤款为"旅游、文化、娱乐和

---

[1] 公益性非营利组织准则_360 百科 {EB/OL}.https://baike.so.com/doc/6616345-6830139.html
[2] GB/T 15624.1-2003. 服务标准化工作指南第 1 部分:总则 [S]. 北京:中国标准出版社,2003:102.

体育服务,第⑥款为社会公共服务和其他服务"。同时 GB/T 15624.1-2003 第6章规定了"服务标准的类型,一般可分为服务基础标准,服务资质标准,服务安全、卫生标准,服务质量标准,服务管理标准,服务设施标准,服务环境保护和保护消费者权益的标准[①]"。社会体育服务组织应当"积极配合政府建立和完善公共体育服务标准化体系,通过对服务标准的制定与实施,以达到服务过程程序化,服务质量目标化,服务方法规范化,从而获得最佳服务秩序和社会效益的过程[②]。"服务专业化能力指的是服务人员专业化、服务团队专业化、服务机构专业化三个方面,服务专业化能提升群众的信任度、认可度,从而提升群众的满意度,社会体育服务组织在工作人员、服务人员使用上要突出专业特色,要把培养组织人员专业服务技能、打造专业服务团队、构建专业服务机构作为重要的目标来努力。

(2) 信息技术运用能力提升

随着计算机技术、通信技术和网络技术的迅猛发展,人类社会已经进入了信息化时代。信息技术运用能力无疑成为社会体育服务组织公共治理能力的构成部分,这是由于社会体育服务组织在参与公共体育服务过程中,不仅要面对大量的不特定的民众,而且还要面对大量复杂的多元需求,以及大量零碎的信息等。这就需要社会体育服务组织引入新技术,特别是现代化信息技术,以完善信息的收集、处理和发布的渠道。一方面,现代信息技术的出现使信息的收集变得快速、便利起来,社会体育服务组织应当打破传统的信息收集渠道,积极利用先进的技术以及群众普及化的信息工具来采集群众需求和意见,并且能对群众的信息进行统计处理,并科学化的分析判断,进而形成完整的信息处理链条,准确掌握群众所需,依据分析处理的结果,提供准确的、及时的公共体育服务,提升群众公共服务的满意度。另一方面,社会体育服务组织可以借助现代信息技术,推进信息发布平台的建设,以为广大居民提供及时的信息服务,如通过官方网站或者微信公众号(服务号),为社会公众提供各种公共体育服务内容(场馆

---

① GB/T 15624.1-2003. 服务标准化工作指南第1部分:总则[S]. 北京:中国标准出版社,2003:102.

② GB/T 15624.1-2003. 服务标准化工作指南第1部分:总则[S]. 北京:中国标准出版社,2003:103.

服务、健身指导服务、体育赛事服务等）的信息服务；通过微信或者QQ等方式，为社会公众提供IT方面的增值服务等。

（三）社会体育服务组织的政府培育保障

从权力与责任对等的原则出发，社会体育服务组织的培育应做到扶持保障与约束规范的有机统一。要着眼于解决社会体育服务组织与政府沟通、经费筹措等方面存在的难题，在财政资助、税收优惠、政府职能与管理方式转变等方面制定具体的扶持与保障措施。虽然当前创新社会治理体制的要求，是政府要尽快把社会的事情交给社会管，但体育作为一个特别的领域，政府的改革魄力与社会体育服务组织的发展还存在着诸多的不吻合。即使体育行政部门当前急于想把某些社会体育管理和公共体育服务的任务交予社会体育服务组织，就目前而言，社会体育服务组织也是难以马上承接到位的，需要政府分时期分阶段，将交付的任务与社会体育服务组织的发展相匹配起来。从现状来看，政府与社会体育服务组织都有与其合作的愿望，但政府目前尚未有特别成熟的合作机制，目前仍在摸索和建设当中。政府与社会体育服务组织合作，其担心社会体育服务组织的能力不足，对其不够信任，因而在合作时难以放开手脚。而社会体育服务组织想要与政府合作，目前表现得比较被动，主动性明显不足，严重的缺乏活力。因而政府与社会体育服务组织的合作并不是一次就可以到位，一次就可以效果显著的，需要伴随着社会体育服务组织的成熟分阶段、分内容、分难度逐步进行[1]。

1. 正确审视社会体育服务组织发展的价值地位

新的时期，"全民健身""健康中国"已上升成为国家层面的战略导向，体育作为社会文化的一个子系统，将在社会活动与社会运行中发挥更加重要的作用。一方面，社会体育服务组织不仅能提供政府无力或不能有效提供的公共体育物品，而且还能促进社会参与和融合。另一方面，体育社会服务组织具有"社会安全阀"的功能，在调节体育事业运行的内部矛盾、促进体育资源合理配置方面扮演着不可替代的角色。鉴于此，社会体育服务组织的组织规模和力量地壮大，以及其辐射力和影响力的增强，在推进

---

[1] 张伟，王彤. 创新社会治理视域下社会体育服务组织的培育与发展[J]. 广州体育学院学报，2018（03）：1-5.

体育事业发展、推动社会建设和服务广大人民群众健身需求等方面将发挥着举足轻重的作用。从中国的发展现状看,社会体育服务组织不是政治组织,"要改变过去完全从政治角度考虑问题的习惯思维方式。将培育社会体育服务组织并发挥其体育社会服务功能,作为创新社会体育治理的一项重要任务。我们应该认识到,社会体育服务组织发育、完善与被调控程度既是现代社会体育发展的核心问题,更是中国社会体育现代化进程中的一个重要指标。正确认识公共部门与社会体育服务组织的关系,真正理解社会体育服务组织的内涵、功能、作用及其在社会体育管理中的地位,减少政府部门对其的影响,培育社会体育服务组织的独立性,在平等的基础上建立公共权力部门与社会体育服务组织的沟通、理解、协商、合作的关系[1]"。

2. 改善社会体育服务组织生存的政策环境

从搭建备案注册平台着手,获取社会体育服务组织的基本信息,并赋予其最基本的合法形式。该平台的建设,是社会体育服务组织突破"身份困境"的一个有效手段,也就是说,这一注册平台将成为社会体育服务组织获得一个明确身份的载体,这一身份或者具有法律的合法性,或者具有社会的合法性,但不管是哪种身份,它们均为社会体育服务组织有序开展活动乃至参与社会体育公共管理事务或者承接公共体育服务提供了保障。在此基础上,对那些具有良好的社会效应,能大范围提供公共体育服务的组织,认定为公益社会体育服务组织,采取鼓励先成立运行登记再进行择优资助的模式。在财政和税收等方面给予最大限度的优惠,同时加强和规范行政监督与社会监督,构建一个包括备案注册——登记认可——公益认定——择优资助——监督评估的社会体育服务组织发展制度。这样,既以零门槛的设定最大限度地拓宽社会体育服务组织的准入范围,解决社会体育服务组织合法性的问题,另一方面又明确地表明政府的政策导向[2],鼓励并扶持社会体育服务组织的发展,为公益性社会体育服务组织的发展创造更好的制度环境。这是由于任何国家、社会的体育政策活动都必须在一定

---

[1] 张伟,王彤. 创新社会治理视域下社会体育服务组织的培育与发展 [J]. 广州体育学院学报,2018(03):1-5.
[2] 张伟,王彤. 创新社会治理视域下社会体育服务组织的培育与发展 [J]. 广州体育学院学报,2018(03):1-5.

的环境下进行，政策需求产生于政策环境的刺激，并从政策环境反馈到国家治理系统。社会体育服务组织的生存和发展更是离不开一个宽松和公平的政策环境[①]。

3. 培养社会体育服务组织独立的造血功能

很多学者认为社会组织可以通过贿赂、串谋来获得合同外包、特许经营等，因而也可能会存在欺诈行为或低效率，所以，结合国内外及其他部门的经验，可以通过制定委托——明确委托服务项目和实施标准、评估——专业的评估机构、认证——公益认证部门、问责——问责与责任追究的执法机关、宣传公告——公示和公告媒体等各个相关程序的规定，鼓励相关方建立第三方机构评价机制，积极征求社会公众的意见，定期评价社会体育服务组织社会责任表现，通过这种制度化设计，防止潜在风险的发生。组织要强化自身责任意识，自觉完善责任机制。如 SH 市四平路社区与社会体育服务组织充分展开合作，要求多个社会体育服务组织在社区开展健身指导体验课，在开展一段时间后，充分征求社区居民意见，按街道购买资金充裕度以及群众的需求，购买社会体育服务组织提供的部分体育指导服务。这样的购买形式防止了责任缺失的行为发生，加大了社会的舆论监督力度，引导和促进社会体育服务组织良好融入公共体育服务体系。另外，政府还应对那些勇于承担社会责任的组织，通过税收优惠、优先采购权等政策与方式，树立榜样组织，并建立引导机制，支持和鼓励其践行社会责任。同时，政府还应加强监管，定期评估对比其经营管理行为与社会责任目标，找出差距，并通过媒体发布社会责任报告，以促进其自我发展与社会发展相协调。

五、持续改进公共体育服务质量

（一）提升公共体育服务人员素质

由于供给主体的多元化，公共体育服务人力资源应该包括政府公务员、事业单位工作人员、体育社会组织工作人员、企业员工等。公共体育组织

---

① 张伟，王彤. 创新社会治理视域下社会体育服务组织的培育与发展[J]. 广州体育学院学报，2018（03）：1-5.

应该逐渐明白，要让顾客满意，首先要让员工满意。公共体育组织人员素质的普遍提升是提升科学决策的能力、缓解各层面现实问题的重中之重。

1. 完善人才激励机制

当前，公共体育服务需求的多样性、信息分析的复杂性、健身指导的专业性，赛事活动的广泛性等表现都对各级各类公共体育组织工作人员提出了更高的要求。现阶段，我国体育人才分布和结构失衡，高层次创新型人才不足，体育人才工作的理念、相关的配套政策制度、运行机制、组织管理和评价体系等方面均有待改善[1]。能力的缺失与态度的偏差都有可能导致服务质量的踯躅不前。组织性质的差异导致了管理方式存在明显差异，但是，重视人才引进、尊重员工意见、提倡团队协作、创新激励机制、营造信任环境的价值选择应该是一致的。建立健全适应体育行业特点的人事与薪酬制度、人才评价机制，规范劳动合同保证员工权益成为公共体育组织维持员工的稳定性与延续性的首要条件。因此，完善的制度、稳定的机制、规范的培训，才能吸引人才、留住人才、激励人才，进而提供优质的公共体育服务。

2. 落实人才培养制度

目前，我国公共体育组织工作人员缺乏专业技能成为突出问题，招标流程、财务管理、信息技术等专业技术人才尤为紧缺。为提升公共体育服务能力，管理者应该从人力资源的实际情况着手，制定人才培训策略，并设定明确、具体的发展目标[2]。通过定期培训与短期交流等方式提升工作人员专业技能、社会使命感和团队合作精神，为每一位员工提供不断成长的机会，最大限度地发挥员工的潜能。采用体育服务标准化管理，规定体育服务从业人员的职业资格，对与直接关系到人的生命与健康的高危险性体育项目从业人员资质需要强制持证上岗[3]。

---

[1] 种莉莉. 我国体育系统人才资源现状调查及对策研究[J]. 中国体育科技，2013（03）：11–19.

[2] 陆俊波. 体育人力资源管理创新与能力的提升策略探究[J]. 宏观经济管理，2017（01）：140–141.

[3] 张瑞林. 体育管理学（第三版）[M]. 北京：高等教育出版社，2015：22.

3. 培育组织质量文化

戴明指出，质量管理并不像抒开自来水那样一蹴而就，它是一种文化，是一个组织的生活方式，具有长期性与可塑性的特性。建立公共体育服务质量持续改进的组织文化，有助于在公共体育组织内部形成服务公众与追求质量的氛围，配合公共体育服务质量改进操作发挥作用。只有结果导向、关注民众的组织文化才能确保资源优势与质量提升建立必然关系[①]。反之，单纯强调制度创新、工具选择、流程再造等改革，实施效果将会大打折扣，甚至偏离预期的目标。因此，公共体育组织应该创新组织文化培育方式，营造"戴明十四点"里强调的"自豪与喜悦"的组织文化，让工作人员更直观、深刻地了解组织质量文化的内涵，激发工作人员的公共服务动机，从而真正认同和遵守组织倡导的质量文化

（二）优化公共体育服务设计

公共体育服务设计要顺应民众层次化与多样化健身需求。公共体育服务需求的收集与分析最终应该落实到公共体育服务设计上，尽量缩小"期望质量"与"感知质量"的缺口差距，有效提供高质量的公共体育服务。另外，公共体育服务设计不仅仅是技术问题，更是一种理念和价值观。

1. 确立人民主体地位

质量管理理论引入公共体育领域最大的争议是能否保证公共性、公益性与均等性。现有的公共体育部门也确实存在组织收益与公共利益无法兼顾的问题，比如，有限的场地设施面向商业组织租赁，更加关注付费顾客而忽视普通民众等。公共体育服务供给应从根本的公共性出发，从公共利益的视角看待公共服务质量问题，充分发挥政府基本公共体育服务的保障职能，确保均等性与公平性。当然，均等化不是绝对的平均，应该是承认地区发展与支付能力差异的机会均等。现阶段，在惠及全民、成果共享的基本理念下，公共体育服务必须承认顾客与公民之间的差异，将全民共享作为质量改进的重要评价依据，尤其是需要考虑，老年人、残疾人与青少年等特殊人群的体育参与机会，另外，还需重点关注二元社会所造成的城乡差距。

---

① 叶先宝. 公共服务组织内生激励研究[M]. 北京：经济管理出版社，2011：53.

2. 立足民众健身需求

政府等公共体育组织在提供公共体育服务的过程中，应该积极收集公众关于公共体育服务设施、项目、赛事与活动等方面的需求，但要真正满足公众体育需求，则必须从识别与细分服务对象开始。公共体育服务面向全体公民、涵盖城乡，不同性别、年龄、收入水平、教育水平人群对于公共体育服务的需求不同甚至存在冲突，因此需要区分和协调不同群体的公共体育服务需求，承认差距、分层设计、确保机会均等。畅通公众合理表达公共体育服务需求的渠道，避免"理性无知"与"搭便车"心理掩盖公众的真实想法。要正确对待民众对公共体育服务的投诉信息，构建全民健身意见反馈平台，精确把握群众体育需求，精准推送公共体育服务，满足公众个性化与多样化的健身诉求[①]。可通过定期调查与即时性新媒体相结合、舆情监测与媒体监督相配合的方式全面收集公共体育服务需求信息。

3. 以科技创新为驱动力，推动"智慧+城市公共体育服务"快速发展

随着"智慧城市"的快速发展，大数据、云计算、人工智能、VR（虚拟现实）等技术使得人们的生活更加便捷，工作更加高效。特别在如今的"疫情"背景下，各种线上办公平台、健身平台层出不穷。为了更好地满足不同人群对体育锻炼的个性化、多样化需求，在城市公共体育服务发展中融入更多的智慧化元素势在必行，例如智慧体育公园、智慧体育场馆、智慧公共体育信息服务平台等一系列智慧体育元素的出现，给群众日常健身提供了更多的便利和更高质量的服务体验，从而提升公共体育服务的获得感。"智慧公共体育服务"是"智慧"在公共体育服务领域中的具体表现，它的作用就在于可以更好地服务于人，譬如当人们想要去锻炼身体时，可以在某平台上找到合适的场所，可以随时监测到锻炼场所的人流、场地紧缺情况等问题，以不至于白跑一趟；又如若人们想要进行体质监测，可以在某平台上进行初步了解和预约，选择适合自己的监测地点进行监测等。这些都是"智慧公共体育服务"的具体体现，因此，应进一步加快科技创新，推动"智慧+城市公共体育服务"快速发展，更便捷、更高质量地服务于人，从而提升幸福感。

---

① 王学彬，郑家鲲. 新中国成立70周年我国群众体育发展：成就、经验、问题与展望[J]. 体育科学，2019（09）：31-40+88.

4. 以幸福感为目标，提高城市公共体育服务质量及居民生活品质

公共体育服务作为国家公共服务的重要组成部分，对提升公众幸福感的有着至关重要的作用，亟须通过提升公共体育服务的质量来更好地服务于公众的生活品质。过往基于理性"经济人"的发展思维，公共体育服务供给过于追求数量的增长，而忽略了公共体育服务发展中"质"的一面，这直接导致新时代人民群众对高质量公共体育服务需求的快速增长同公共体育服务供给质量"内卷化"之间的矛盾日益凸显。于本研究而言，为了缓解这一问题，需要以居民幸福感为目标，以幸福感提升为导向，精准对接居民需求，提高城市公共体育服务的质量，让居民真真切切地感受到物质上的得到与精神上的满足。这就需要找准城市居民的体育锻炼需求及服务需求，平衡服务供给的"量"与"质"，更加注重服务的有效性；另外，要加强财力和人力的投入力度，多元渠道投资城市公共体育服务，避免因资金短缺导致的居民"无处锻炼""锻炼体验差"等问题；最后，应建立健全第三方监督机制，明确第三方监督机构需要遵守的法律法规及工作职责，通过第三方监督机构建立更加客观全面的城市公共体育服务评价及反馈平台，该平台从城市居民的利益出发，广泛收集群众的服务需求、服务评价及反馈，使供给主体可以更好地提高公共体育服务质量，从而提升城市居民的公共体育服务幸福感。

（三）丰富公共体育组织活动

民众健身的组织数量以及活动频率与公共体育服务质量评价关系密切。现阶段，通过提升民众健身素养、营造民众身边的健身氛围才能进一步激发民众健身的积极性，进而通过健身体验提升健康水平。

1. 倡导"主动健康"理念

提升健康素养是提高全民健康水平最根本、最经济、最有效的措施之一[1]。《体育强国建设纲要》提出要坚持以人民健康为中心，普及科学健身知识和健身方法，因时因地因需开展全民健身活动，坚持大健康理念，从注重"治已病"向注重"治未病"转变。公共体育组织活动需要凸显体育部门的文化特色又要体现出时代任务，"主动健康"应该成为现阶段公

---

[1] 白剑峰. 以健康素养促进"主动健康"[N]. 人民日报, 2019-08-15.

共体育服务组织活动的主旨。努力提升民众主动获得持续健康能力和良好的社会适应能力。公共体育服务要贯彻和落实"主动健康"的大健康观、大卫生观，提前介入居民健康的各环节并及时主动提供个性化、适宜的服务[①]。

2. 注重体育社会组织培育

群众身边的体育组织是亲民、便民、利民的体育组织形态，是传递与实现公共体育服务全民供给最重要的组织形态。最新的体育规划与政策已明确将基层体育组织作为全民健身服务体系、公共体育服务体系的建设重点。现阶段体育社会组织能力的普遍缺失，使其在当前及今后一段时期都很难成为国家治理体系中与政府治理、市场治理相平行的一个次体系。体育社会组织能力建设势必成为推进体育事业改革、促进社会力量发展体育的主阵地。体育社会组织与外部环境的交流以及内部运行的机制的复杂互动关系是有章可循的，需要人力资源、财力资源、内部治理、外部联系、专业服务等能力的全面整体。体育社会组织能力的全面提升各级政府责无旁贷。针对基层体育组织人员流动大、健身指导落后、活动组织缺乏等方面的现状，要在财力支持与制度创新方面加以改善。要积极引导各类草根体育组织大力开展丰富多彩的体育赛事与活动，引导群众积极参与。

3. 建立公共体育服务数据平台

利用先进技术，加快建设网络信息基础设施，整合信息资源，完善数据库建设，发挥体育信息技术基础性作用等[②]。开展公共体育服务基础性数据的长期监测，建立国民体质监测、健身过程监控、专家运动处方、体育场馆预定的公共体育服务基础数据库，并完善与医疗卫生部门的数据共享机制。苏州市公共体育服务示范区云平台以"互联网＋公共体育服务"的新理念，将科学健身指导系统、体育社会指导员管理服务系统、体育志愿者注册和服务系统、体育数字资源服务中心、健身指导系统、国民体育监测服务系统等重点系统集成在一起。山东体育局与山东广播电视台设计并

---

① 郭雷祥，于少文，冯俊杰. 社区体育公共服务发展模式分析与优化——在主动健康视阈下[J]. 石家庄学院学报，2019（03）：102-106.

② 邱旭东等. 我国体育信息化建设现状及对策研究[J]. 中国体育科技，2013（05）：134-138+145.

推出了一款集赛事互动、运动社交、场馆预订等功能于一体的综合性全民健身线上平台。以上公共体育服务信息技术供给侧结构性改革举措，有助于精准施策，进一步满足民众多样化健身需求。

（四）加强公共体育服务监管

我国公共体育服务质量存在着顶层设计滞后、均等性失衡等问题，政府层面针对公共体育服务质量的监督是公共体育服务质量的重要因素，服务监管对公共服务各领域的影响是全方位的。公共体育服务质量改进需要真正实现质量目标与工具选择的衔接，体现质量改进诉求在手段方法与目标实现过程中的工具选择逻辑，尤其是政府层面不同工具针对各影响因素的关照。

1. 战略规划引领

战略规划的作用是引导公共体育服务各领域工作，确认利益相关方并保持良好关系，为开展服务指明方向。伦敦奥运会后，英国健康改革成为体育与休闲行业迎来的最大机遇。体育与休闲行业应该成为全面发展健康的促进者而不只是运动与休闲的提供者。2015年12月英国政府颁布的新时代体育发展战略 *Sporting Future: A New Strategy for an Active Nation* 强调政府投资的结果必须清晰且公开，明确要求关注以下结果：身体健康、心理健康、个人发展、社会融合、经济发展。同年，Sport England 发布了 *Towards an Active Nation: Strategy（2016－2021）*，围绕以上几个方面内容制定了明确的质量评估指标和改进目标。可见，面对"健康改革"的重大机遇，英国相应做出了全面改革，这与目前我国"质量立国"，全面推进"全民健身"与"健康中国"的战略机遇相吻合，可见，政府层面的"质量优位"导向尤为重要。

尽管"质量优位"的趋势引领，但将显著的趋势落实到战略规划层面才是对未来真正的负责。近年来，长期规划以及发展指南中多次提及质量，体育强国战略、全民健身战略以及健康中国战略体现了高质量发展的要求，但是仅仅停留在零散的文本表述中，并未形成强制性的统领态势。"健康中国"战略背景下，体育与医疗两个共生单元可形成非对称性正向共生关系[1]。因此，未来公共体育服务发展要分析对公共体育服务未来发展产生冲击的内外环境，制定专门的、更具针对性的公共体育服务高质量发展战略应该成为当前工作的重中之重。

2. 法律制度保障

法律制度为公共服务质量持续改进提供基本规范和行为准则，可避免人为色彩和主观因素的影响，是公共服务质量改进最根本的外在保障。良好的制度建设，有助于约束组织成员为改进公共体育服务质量发挥自身所应起到的作用，为公共体育服务质量持续改进工具的应用提供保障。新时代，体育强国建设需要一部符合新时代要求的《体育法》提供法治保障，需要尽快开展体育领域相关法规文件立、改、废、释工作。《体育法》的修改应该体现国家健康战略，促进公民健康，保障公民享受公共体育服务[2]。《全民健身条例》的修改需要明确全民健身在健康战略中的价值，强化全民健身工作的组织协调，保障公民健身权利的实现条件[3]。

3. 质量标准支撑

服务质量的高低需要依靠标准评估与监督，服务供给主体需要依靠标准设计服务质量。公共体育服务质量管理的起点应该是服务标准化的制定，这既是持续改进操作平台的接口，也是符合性质量的内在要求。推行公共体育服务标准化是西方发达国家公共体育服务建设的重要内容。无论是标杆管理还是质量认证都是英国公共体育服务标准化建设的不同表现形式，与标准化条文相比的差别就在于"最佳实践"与"基本保障"的不同价值体现以及动态性与稳定性的不同呈现状态。这种实践创新，对我国公共体育服务标准化建设启示意义重大。

《国家标准化体系建设发展规划（2016—2020年）》中指出要推进标准化战略全面实施，增强标准有效性、先进性和适用性。为推进我国公共体育服务质量的提升，为各方面工作提供参考与依据需要继续推行和强化

---

[1] 常凤，李国平. 健康中国战略下体育与医疗共生关系的实然与应然[J]. 体育科学，2019（06）：13-21.

[2] 姜熙. 比较法视角下的我国《体育法》修改研究——基于30国体育法的文本分析[J]. 体育学，2019（07）：62-79.

[3] 田思源. "健康中国"视域下《体育法》与《全民健身条例》的修改[J]. 上海体育学院学报，2019（03）：7-12.

公共服务标准化改革。基本型或选择型公共体育服务标准体系的构建可分别采用"政府主导模式"或"政府引导模式"[①]。以基本公共体育服务建设为重点，进而扩展到赛事组织、健身培训等公共体育服务领域的标准制订。公共体育服务标准修订是一个动态过程，随着经济社会发展条件的变化，不断调整公共体育服务标准。分层次、分地域、分重点健全我国公共服务标准体系，强化公共体育服务标准的执行。

4. 规范财务管理

公共财政作为政府职能的体现，政府各项职能的履行都必须借助于财政职能才能实现，政府公共体育服务职能的发挥也必须要有公共财政的保障。公共体育服务在资金来源、利润指标、所有权形式等方面有其特殊性，我们必须树立公共财政的理念，正确划分公共体育服务事权、完善财政转移支付制度和财税政策、推进公共体育服务财政投入标准建设，拓宽公共体育服务融资方式，使更多的财政投入到公共体育服务领域[②]。建立稳定的与GDP或政府财政预算支出成比例的基本公共体育服务财政投入机制。体育专项资金使用的规范化，对我国公共体育设施乃至体育事业的发展都具有极为重要的意义。要强化体育经费使用的专项化和规范化，尤其是体育彩票公益金的使用。各级各类公共体育组织要严格依据各项财务制度办理各项支出活动，确保有限的资金得到规范管理、合理配置，发挥最大效用。

---

① 杨明. 我国公共体育服务标准体系构建研究[J]. 武汉体育学院学报，2017（01）：20-25.
② 邵伟钰，王家宏. 中国公共体育服务财政投入研究[J]. 成都体育学院学报，2015（03）：36-40.

第六章　优化公共体育服务对居民幸福感的推进机制

机制指各要素之间的结构关系和运行方式，在社会学中的内涵可以表述"在正视事物各个部分的存在的前提下，协调各个部分之间关系以更好地发挥作用的具体运行方式。"[①] 公共体育服务是影响体育锻炼与居民幸福感的重要机制，科学、有效的公共体育服务运行机制不仅能规范与导引公共体育供给主体间的良性互动，还能促进各供给环节的衔接顺畅与高效运行，进而实现公共体育服务的终极目标——提升居民幸福感。

本章主要探讨如何优化居民公共体育幸福感的推进机制，实际上是各供给主体在需求表达、决策、融资、生产、监督与问责、绩效评估等各环节实现协同的发展过程与内在的运行方式。主要包括：运行保障机制、经济支撑机制，文化认同机制、信息互通机制、赛事推动机制、政策协同机制以及绩效评估与问责机制。

一、运行保障机制

（一）需求表达与决策机制

政府职能部门需要进一步拓宽民主参与渠道，及时准确了解公众体育需求，支持传统渠道和智能化渠道创新并行，提高供给与需求之间的精准度，逐步完善公众参与机制，促进决策制定民主化发展，实现供给与需求的同频共振。逐步完善公众直接向政府表达需求的渠道，将公共体育服务

---

① 机制. 360百科，baike.so.com/doc/3255049-342

与互联网、大数据、云计算等技术相结合，推动需求表达线上平台建设，实现线上访谈、征集民意等栏目的推广，在体育行政部门官网、微信公众号、微博等平台进行满意度调查，保证社会公众能够通过网络平台更加便捷地反映自己的体育需求。政府部门根据公众的意见和建议，提供具有针对性的公共体育服务。提高企业在需求表达过程中的参与度，加强企业与政府的协商合作，通过企业收集体育消费者的需求信息，了解公众的取向和喜好，并将数据反馈给政府，由政府制定供给方案。此外，政府可以利用所收集的数据建立公共体育服务数据库，为区域性公共体育服务供给侧改革提供有效支撑。充分发挥第三部门的衔接作用，公众通过第三部门表达体育需求，再由第三部门传递给政府，进一步完善自下而上的需求表达体系。在决策过程中，政府充分尊重非政府主体享有的基本权利，重视公众参与，合理采纳民意，通过公开听证、协商对话等方式协调各方利益，营造良好的协商决策环境，形成公众代表参与、专家学者论证、政府职能部门决策相结合的决策机制。基于公众的真实需求确定供给目标，并从多个角度拟定供给方案，保证供给方案的多样性，并对供给方案的有效性和可行性进行分析，并选择风险低、效益高、兼顾各方利益的最佳方案，推动决策过程朝着科学化、民主化的方向发展。

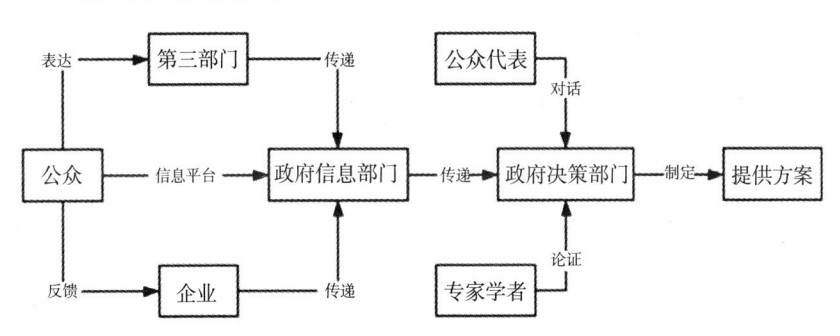

图6-1 需求表达与决策机制优化路径

（二）动力保障机制

城市社区公共体育服务体系动力保障的构建是由党和政府领导、社会（主要指社区企业、非政府组织和事业单位）、各方参与、住地居民自治管理的区域性公共服务体系动力保障的构建系统[1]。城市社区公共体育服务体系动力保障系统的主要参与者有政府组织（体育行政管理部门）、社区企业、社区组织和社区居民四大主体要素共同作用形成的动力保障系统（如图6-2所示），并由四者共同作用、共同运转发挥最大效应，形成城市社区公共体育服务体系运转的四大动力保障系统，这四种动力机制对城市社区公共体育服务的管理不可或缺，四种动力保障之间同城市社区公共体育服务体系的构建密不可分。

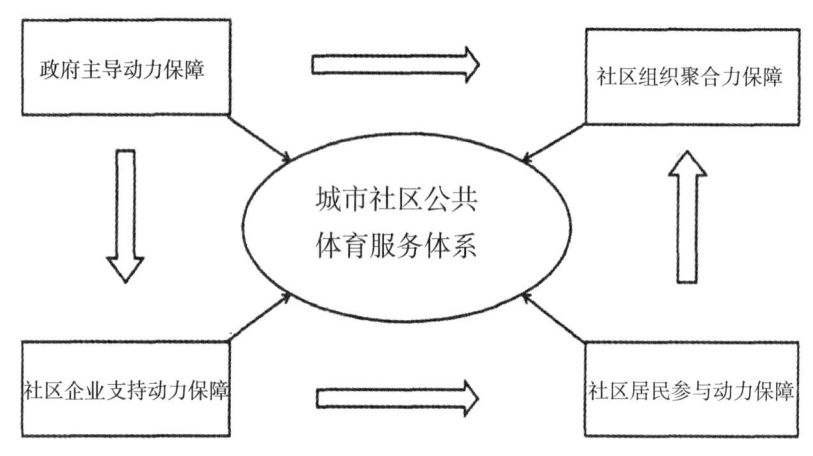

图6-2 城市社区公共体育服务体系动力保障体系参与者组成及关系

城市社区公共体育服务体系中的动力保障应建立以社区居民体育需求为中心的内在动力保障和以政府体育行政部门、体育社会组织为主体的外在动力保障。动力主体、动力受体和动力媒介共同组成城市社区公共体育服务的外在动力系统，动力主体主要包括社区街道体育行政管理部门、社区居委会等，动力受体包括社区公共体育服务的内容要素体系，动力媒介包括社区体育政策法规、社区体育活动信息在社区居民个体以及社区间的传播，内部动力主要包括动力源、动力主体、动力受体和社会行动四部分组成，动力机制的内外机构运行程序应由动力源开发、动力转化、动力培育、动力分配和动力反馈构成。

---

[1] 房游光，李秋萍，赵仙伟. 我国城市社区体育建设的体制选择和机制创新[J]. 体育与科学，2004（05）：32-34.

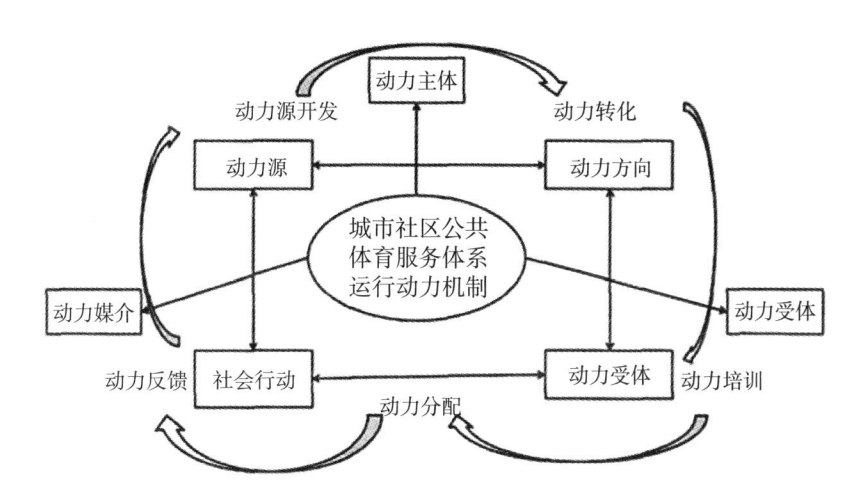

图6-3 城市社区公共体育服务动力保障运行系统

（三）整合保障机制

资源整合就是将各环节有机结合，使社区公共体育服务的运作具有整体的效果。城市社区公共体育服务整合保障指影响整合要素的彼此联系与功能实现，主要包括政府、市场、社会组织、社区企业以及居民个人等元素参与进来加快城市社区公共体育服务的体系建设，需要建立一个科学的资源整合保障体系，构建多层次的城市社区公共体育服务体系。

政府应为社区提供公共产品为目的，满足社区居民的多元体育需求，政府组织要出台专门的体育政策法规，协调和管理好相关组织关系，明确各部门的责任划分，体育行政部门要贯彻国家的体育方针政策；市场组织要在扩大内需和政府供给不足的情况下，利用政府所提供的资金和政策优势，加大对城市社区公共体育服务的供给；鼓励企业、个人加大对社区公共体育服务的投入，满足不同层次人群对于社区公共体育服务的需求，社区自治组织以政府出台的政策为指导加强社区体育自我管理和自我监督；社区居民应积极反馈体育需求并提出社区体育服务的意见。

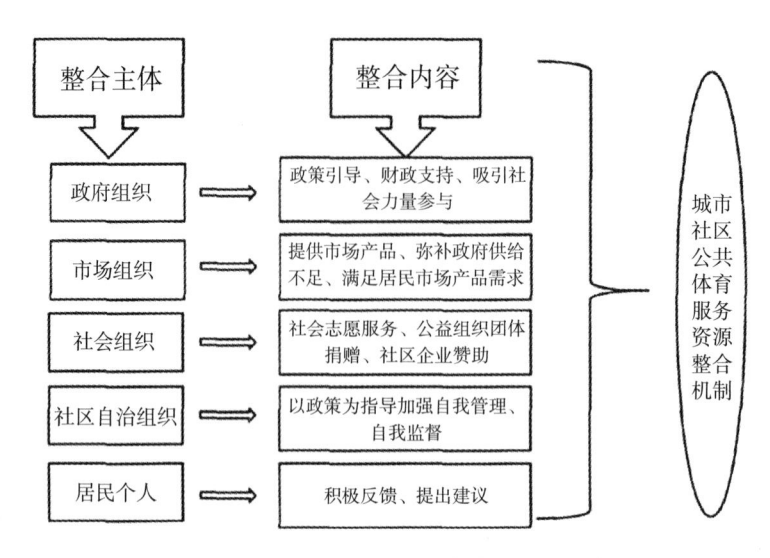

图6-4 城市社区公共体育服务资源整合保障

（四）控制保障机制

在社区公共体育服务供给的过程中，存在政府法规制度缺失、资金供给方式单一等问题，因此，需要建立社区公共体育服务的控制保障体系，对城市社区公共体育服务的供给过程中的内容要素进行全方位的把控，确保城市社区公共体育服务的供给质量与服务效率。

建立社区公共体育服务监管体系是社区公共体育服务高效运转的重要环节，社区公共体育服务的供给主体多元化、供给内容和形式多样化，社区公共体育服务的控制难度较大，社区公共体育服务的最大特性就是公共性和福利性，政府作为社区公共体育服务的主要供给者和参与者必须对公共体育服务监管，才能确保公共体育服务的准确性。首先，政府作为监管主体可以完善相关的法律法规政策对社区公共体育服务进行监管，还可以在政府出台的体育政策的指导下根据社区特点制定社区体育工作的法律法规，还可以成立社区体育工作机构负责社区体育工作的监督管理，及时了解社区居民对社区体育工作的需求和意见；其次政府可以通过引入市场组织中企业和评估机构对社区公共体育服务的投入资金的使用和设施建设进行跟踪监督；最后政府要鼓励社区自治组织和居民个人对社区公共体育服务进行自我监督和管理，实现社区体育自治化。

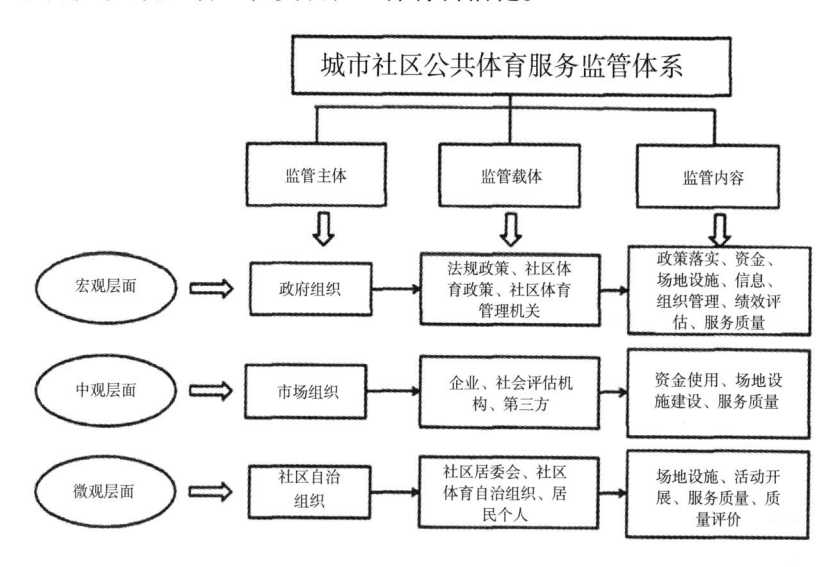

图6-5 城市社区公共体育服务监管体系

（五）资源保障机制

资源保障是满足公共体育服务需求，提高公共体育服务信息能力的前提，也是我国公共体育服务信息保障体系良好运行的基础，根据社会管理学的视角可将其按"人、财、物、信息及政策"分为政策法规资源保障、人才资源保障、资金保障和组织管理保障。

1. 建立完善的社区公共体育服务制度保障

政策法规发挥着制约、导向和管理的重要作用，城市社区公共体育服务其公益性和社会性决定了离不开政策法规的支持和引导。新时期，在建设我国服务型政府的理念下要实现公共服务社会化，提高公共服务的质量和效率。城市社区公共体育服务在城市服务现代化进程中具有重要作用，逐渐受到国家的重视。在推进公共服务均等化的过程中，政策出台和法规建设要在总想层次上做到整合，如国家层面《体育强国建设纲要》指出加强城市绿道、健身步道和社区文体广场建设，再到地方政府如襄阳市出台《襄阳市中心城区社区公共体育设施建设与服务三年行动计划（2021—2023）》加强社区体育设施建设，3年投入4 000万在城区建设15分钟社区体育健身圈，同时推动社区内学校、国有企业、事业单位分时段向社区居民开放体育场地设施。在制度规范方面，以《体育事业发展十三五规划》《全民健身计划（2016—2020）》形成了城市社区公共体育服务的基本制度框架，政策法规的保障是有效发挥政府的引领作用，确保城市社区公共体育服务发展的重要保障。

2. 社区体育人才资源保障

城市社区体育服务人才队伍建设是社区服务的重要力量，也是制约社区体育发展的关键因素。社区体育人才主要包括组织管理人才、健身指导人才、健康监测人才、科研人才和体育产业经营人才等[1]，社区体育服务人才队伍建设可分为三个部分，核心部分是由社区工作者、社区康复中心工作人员、街道或社区文体干部和体育行政人员组成的主要工作人员，基础部分由公益社会体育指导员和社区民间组织负责人组成，外围部分包括专业社会体育指导员、体育教师、体育志愿者、社区体育运动和体育宣传爱好者[2]。应建立以社区体育行政人员、社区体育指导员和体育教师为主体的社区体育多元化人才服务体系，定期开展体育人才培训会，开展健身培训和体质监测服务，为社区居民提供更加科学的健身指导和服务保障。

3. 建立多渠道、多元化资金来源渠道

在市场机制参与的影响下，城市社区公共体育服务的资金来源呈现多样化的趋势，建立以政府为主体的投资主体多元化的融资机制，鼓励和引导社区企业和社会组织开展多种形式的社区体育项目。通过充分利用社区资源和政府财政支持等，确保资金能够满足社区公共体育服务的发展需要。

4. 建立完善的组织保障体系

随着服务型政府建设和治理能力现代化的不断推进，社区公共体育服务的权利逐渐下放到街道和社区，社区居民的管理形式逐渐转变为社区自治，应建立以政府部门导向为主，以社区体育自治组织为主体，联合社区企业、事业单位和体育协会共同参与社区体育组织管理体制建设，加强对体育社团组织的培育指导和社区公共体育服务各相关部门之间协同合作，为城市社区公共体育服务提供完善的组织保障。

---

[1] 张文圣. 构建我国社区体育服务体系探析 [J]. 山西师大体育学院学报，2005（S1）：1-3.
[2] 刘永强. 我国社区体育服务人才队伍建设研究 [J]. 体育文化导刊，2015（03）：15-18.

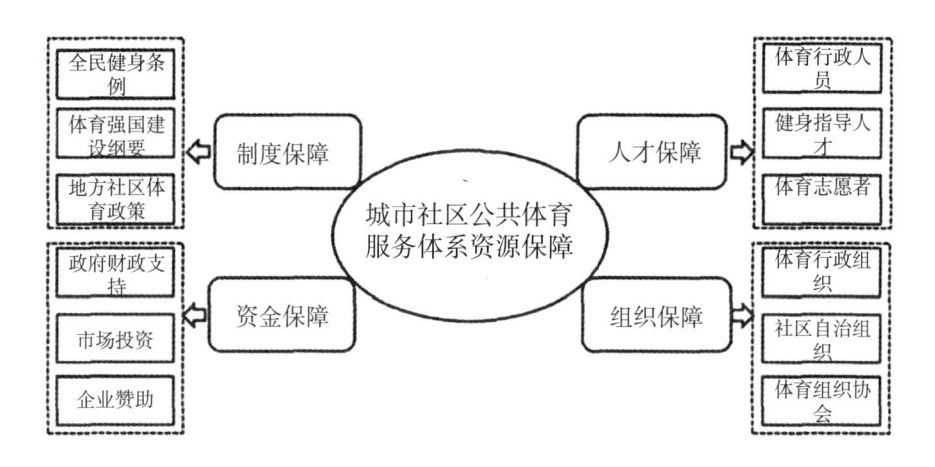

图6-5 城市社区公共体育服务体系资源保障体系

（六）协同治理保障

公共体育服务协同治理，不仅是参与的企业、体育社会组织等微观主体自组织过程，也是政府主导的公共体育服务制度变迁的他组织过程。公共体育服务战略目标——提升居民幸福感的实现离不开协同治理保障，而协同治理离不开协调机制的构建。由此，必须充分发挥各级政府在协调机制中的主导作用，推进公共体育服务多元主体协同机制创新，提升协同治理成效，为公共体育服务战略目标的实现提供保障。

1. 需求表达环节的建立与协同

公共服务取决于社会公众的公共需求，有需求才有服务，公共供给必须适应公共需求[①]。公共体育服务供给必须以满足公众多样性、个体性、异质性的体育需求为导向，只有在准确获取公众需求信息的情况下，如何供给才显得有价值，才能实现动态均衡，否则供非所需的问题将在所难免。因此，准确地获得公众的需求偏好、需求质量与数量、需求结构是多元主体协同供给最为关键的环节，决定供给内容、供给方式、供给主体的选择。需求表达环节是指公民在政府、体育非营利性组织、社区自治组织、体育市场组织的共同合作下，通过一定的途径或方式表达体育需求偏好的过程。当前，我国公共体育服务供给中存在着需求表达渠道单一、表达机制不健全、

---

① 马庆钰. 关于"公共服务"的解读[J]. 中国行政管理，2005（02）：78-82.

回应滞后等弊端，造成供需不匹配与公共体育资源浪费的问题。公共体育服务强调"以人为本"，公民也不再局限于"消费者"这一被动角色，而是公共体育服务治理的主体。尊重公众需求表达的话语权、建立通畅的公众需求表达渠道、完善公众体育需求表达机制，是多元主体协同供给的基础。

（1）"公众——社区体育自治组织——政府"需求表达途径

在这一途径中，公众通过社区体育自治组织表达体育需求偏好，再由社区递送给政府，实现公众、社区、政府的三者的需求表达协同。这一表达途径是公众体育需求表达的重要途径。社区体育自治的性质决定了它主要代表公众的体育利益、表达公众的体育诉求，维护公众体育权益。分散的公众及其体育需求通过社区体育自治组织集中起来，再递送给基层政府及其体育行政部门，使以体育行政部门为代表的政府及时掌握公众体育需求，有的放矢地进行公共体育产品供给。当前，我国体育自治组织还存在着诸管理失序、决策不规范、民主监督低效等问题，因此，提高体育自治组织的自治能力、完善自我管理是其关键。

（2）"公众——体育非营利性组织——政府"需求表达途径

公众通过体育非营利性组织表达体育需求，再由体育非营利性组织传递给政府，实现了公众、体育非营利性组织、政府三者的需求表达协同。非营利性组织在弥补公共体育服务供给过程中的"市场失灵"与"政府失灵"发挥着重要的作用，还可以提高公众需求表达的组织化水平、很好地维护公众的体育利益与权益。其公益性目的使得人们完全有理由相信体育非营利性组织能向政府反映广大群众的真实体育需求，从而最大限度地满足萨缪尔森的最优供给理论的假设条件。公众可以通过各项目体育协会、各级体育总会、行业协会、体育民办非企业等非营利性体育社会组织向政府传递体育社情民意。然而，我国体育非营利性组织还存在着不少积弊，影响这一合作路径的作用发挥，因此，加快体育非营利性组织的发展，使其成为有能力真实反映公众体育需求的组织是当前当务之急。

（3）"公众——政府"需求表达途径

随着现代网络信息技术的发展，公众需求表达可以在通过人大、政协、热线电话、市民信箱、广播电视的渠道上，利用互联网平台与手机移动终端直接登录政府政务平台，实现公众与政府直接对话，表达自己的需求，政府也能及时了解社情民意，并针对公众主要呼声做出及时部署，提高公共体育服务的时效性。

（4）"公众——体育精英——政府"需求表达途径

体育精英是体育领域里面的杰出人才，主要由体育技术精英、体育政治精英体育知识精英、体育经济精英四个部分组成[①]。涉及体育优秀运动员、体育行政部门重要官员、项目协会法人代表、体育知名专家学者、体育商界的领袖、企业家、知名的体育新闻媒体工作者等。体育精英在政治、经济、文化层面上可以对公共体育服务决策、融资、监督反馈等环节产生重要影响。因此，政府可以采取积极的措施，引导体育精英充当需求表达的中间人，鼓励其收集公众体育需求信息，以实现三者的需求表达合作。

以上4条需求表达途径的参与主体并非一成不变的，任一合作表达途径都可能有其他主体参与，如"公众——社区体育自治组织——政府"需求表达途径，体育非营利性组织以及体育市场组织都可以加入，从而壮大合作表达渠道，增强需求表达效果。

2. 决策环节的建立与协同

决策是指公共体育服务协同供给系统里的各供给主体在政府部门的主导下，对公共体育服务供给目标、供给内容、供给顺序及供给的程序方式等做出决定的过程。决策环节没有固定的模式，大致可以分为几个阶段：即信息收集、召集决策会议、确定供给目标、方案设计、方案的评价与选择等。信息收集与召集决策会议为决策环节的准备部分，确定供给目标、方案设计、方案的评价与选择为正式决策程序。

（1）信息收集

现代决策以信息为基础，决策的每一个环节都离不开信息的支持，决策从某种意义上来说是在收集信息的基础上发现问题、分析问题与解决问题的过程，是一种信息收集、加工、处理的动态过程。因此，及时、准确、全面地掌握公众体育需求信息是协同供给有效决策的前提。在前面的需求表达环节主要是作为消费者的公众向供给者的信息递送。与此同时，作为供给者一方对消费者信息的主动收集，对公共体育服务供需平衡也同样重

---

① 李国军，张军. 社会阶层分化过程中的中国体育精英群体特征分析[J]. 肇庆学院学报，2015（02）：87-91.

要。既然公共体育服务协同供给涉及政府、体育社会组织、体育市场组织、社区体育自治组织、公民5大供给主体的多元组合，那么主动收集体育需求信息自然也是5大供给主体的共同责任。为此，政府可以搭建信息收集平台，并对信息收集给予一定的资金保障，对信息收集过程中所发生费用给予补偿。一方面要搭建实体平台，如：政府部门专门设立体育信息收集小组，在科研机构、大专院校、新闻媒体、社区、体育非营利性组织活动场所等设立信息收集站点，另一方面要搭建虚拟平台，如：政府的门户网站、体育非营利性组织、市场组织的网站、公众微信号、微博等。

（2）召集决策会议

当前，公共体育服务决策主要采取的是以政府为主导的"自上而下"的单向封闭的决策模式，带有较强主观性、指令性与强制性。决策过程注重上级领导、主管部门与专家学者的意见，轻视公众的诉求。脱离公众参与的决策方式难以保证决策的有效性与科学性。随着时代的变迁，应改变这种传统的单向的只注重权力的决策方式，转为重视公众参与、实现权利向社会回归的决策方式，形成公众参与、专家论证、政府决策相结合的决策模式。因此，公共体育服务协同供给的决策应由相应政府部门负责召集相关公众进行会议表决、共同决策。决策会议的组织由相应的政府部门负责，参与决策会议的人员可以是相关政府部门代表、体育行政官员、专家学者代表、体育营利性组织代表、体育社会组织代表、媒体代表、公众代表。决策会议应制定专门的会议制度，对决策程序、决策结果等应做出明确规定，注重参会人员的代表性，合理划分参会人员构成比例，杜绝一切形式主义，降低参会成本，使公众能切实感受决策会议的影响力与效用。

（3）确定供给目标

确定供给目标即设定公共体育产品供给的内容、供给的质量与数量、供给价格、供给顺序、受益对象等内容。供给目标设计是否合理关乎供给的成效，当前，造成我国公共体育服务困境的原因之一在于供给目标设计存在着非理性的问题。因此，科学设计供给目标显得尤为重要。在宏观层面上，目标的设定必须以公众体育需求为导向，以人为本，坚持公平与效率兼顾的原则。在微观层面上，需要考虑供给项目的必要性与可行性，坚持成本——收益的原则考虑投入与产出的问题，此外，目标设定应尽量做到明确具体。

（4）方案设计

方案设计主要涉及公共体育产品的融资主体、融资方式与渠道、具体的生产与经营模式以及监督问责与对各供给主体激励等问题。一个科学专业的设计方案关乎公共体育服务项目的成败，因而，方案设计的专业性是其必然要求。在这一阶段可以从多角度多途径设计出多种可行方案，以保证预备方案的多样性，然后对各种拟定的可行方案进行可行性、有效性的分析与预测，并对方案进一步充实与完善。

（5）方案的评价与选择

对预备方案进行评价与选择时应该考虑如下因素：第一，方案的限制性因素。任何方案的实施都受一定的条件制约，因此应充分考虑方案的一切内外部条件。第二，方案潜在的风险。方案决策往往伴随一定的风险，需对方案潜在的风险、不利条件等问题进行充分的估计。第三，技术问题。现有的技术条件对方案是否能提供支持，即方案实施所需的技术条件是否具备。第四，方案带来的效益。包括方案带来的直接效益与间接效益、经济效益与社会效益。第五，利益相关者的利益。应充分考虑方案利益相关者的利害关系，兼顾各方利益诉求，保证公平。此外，方案评价与选择还需考虑时间问题。评价选择方式可以采取集体投票或打分的方式，也可以利用经验判断法或模拟实验法。在综合考虑各方面的因素后，可以选择限制性因素少、风险低、技术成熟、效益高、兼顾各方利益、时间最佳的方案。经过方案的评价与选择这一阶段，公共体育产品的筹资、生产经营、监督等内容基本定型，这也为多元主体协同供给的顺利实施奠定了基础。

3. 融资环节的协同

融资环节是公共体育服务供给中占据着极其重要的位置，充足的资金来源为公共体育供给提供强大的物质基础，离开了资金的物质保障，体育公共产品的供给就无从谈起。体公共体育服务多元主体协同供给的融资环节是在政府的引导与支持下多元供给主体共同筹集体育公共产品供给所需资金的过程。融资环节是解决公共体育服务过程中资金短缺的关键一环。

（1）融资主体

传统的公共产品供给理论指出，由于公共产品的非竞争性与非排他性，市场供给往往存在失灵的状态，公共产品理应由政府提供。但是国内外的公共产品供给实践表明，政府的供给也存在着低效率、资源浪费的政府失灵状态。人们期望通过"重塑政府"，寻求政府之外的供给主体在满足公众对公共产品的需求。在新公共管理理论的指引下，市场、社会力量大量参与公共产品供给过程，政府也不再是唯一的供给主体。但是并不能因此而否定政府在公共产品供给过程中的主导地位。各级政府依然是公共体育服务治理过程中的首要资金来源、占据着筹资的主导性地位。在我国现行的行政体制下，政府体系由中央到地方的五级行政体系构成，中央、省、市、县、乡五级政府构成了筹资的主体系统。我国现行的财政体制是"一级政府、一级财政"，任何一级的政府都负有公共体育服务筹资的责任与义务。各级政府筹资义务的划分从协同学的视角来说是政府内部的协同问题，合理的筹资义务分配有利于实现政府内部的协同效应。在处理好政府内部筹资协同后，还需要革新政府与非政府主体之间的筹资合作关系。在我国公共体育服务治理过程中，由于政府的财力不足限制尤其是县与乡镇一级财力不足限制，使得体育市场组织、体育非营利性组织以及公民个体完全可以成为公共体育服务的融资主体。由于一些公共体育产品的产权难以确定以及营利性组织的营利动机驱使，体育市场组织在没有政府的引导与支持下很少考虑公共体育服务投资问题。因此，作为主导部门的政府应该采取积极的措施，激励体育市场组织参与到公共体育服务的融资实践中。体育非营利性组织可以弥补政府与体育市场组织的作用盲区，发挥其自愿机制为相关对象提供特定的体育服务。因此，可以通过法律法规与制度建设引导、鼓励、规范体育非营利性组织，利用其筹资的资金为公众提供公共体育产品。

（2）融资渠道

我国公共体育服务所需资金主要通过政府、体育市场组织、体育非营利性组织、社区体育自治组织、公民5种渠道进行融资。

①政府资金渠道。政府资金渠道可划分为正式渠道与非正式渠道。非正式渠道是财政外收入，是一种非正式融资方式；正式渠道主要为通过税收获取的地方与中央财政收入以及向金融机构借款而形成的资金来源。

②体育市场组织渠道。主要包括体育企业以及其他商业机构。利用体育企业投资属于市场化融资渠道，是除政府之外的又一重要资金来源。常

见的市场化融资渠道有特许经营（BOT、BTO、BLOT等）、合同外包、政府购买等。

③体育非营利性组织渠道。主要包括体育社会团体、体育基金会、体育民办非企业等体育非营利性组织。服务性收费（如开展培训）、政府购买、机构与个人的捐赠是其资金来源渠道。当前，我国的体育非营利性组织相对于西方国家还不够发达，应加强其建设来达到融资的目的。

④社区体育自治组织渠道。对受益范围仅限于社区的公共体育产品，如社区内的小型场地设置、群众体育活动等，可以由本社区集体来筹资。资金可以是社区集体积累的公共资金，也可以由社区居民分摊或集资。

⑤公民渠道。主要为企业家、体育名人等的公益捐赠。

以上5种公共体育服务融资渠道在实践操作中可以灵活组合。根据不同地区不同条件下的公共体育服务供给资金需求形成任意组合。如政府资金＋市场组织资金、政府资金＋体育非营利性组织资金、政府资金＋社区体育自治组织资金＋公民资金、政府资金＋体育非营利性组织资金＋公民资金等。公共体育服务多样化的融资渠道的形成以政府的支持与引导为前提，较之单方出资供给，对缓解供给过程中的资金缺口更具优势，既有一定的灵活性，又充分体现了各供给主体参与的自愿性。多元化的融资主体和多样化的融资渠道为公共体育服协同供给创造了有利条件。

（3）融资机制

①政府内部的融资合作。首先按照公共体育产品的受益范围确定中央、省、市、县、乡镇五级政府在公共体育服务供给过程中的职责，合理划分与确定各级政府的事权。其次，依据事权与财权相互匹配的原则重构各级政府的财权。避免各级政府在公共体育产品提供过程中的财力掣肘。再次，规范与完善财政转移支付制度。财政转移支付制度有利于促进基本公共体育服务供给的均等化。但是存在着转移支付不规范、监督机制不健全、转移支付中补助数额的确定缺乏科学性等问题[1]。今后应加大对中西部地区以及农村、老少边穷地区的一般性转移支付力度，使省与省之间、城乡之间、不同群体之间、不同阶层之间能享受均等的公共体育服务，完善全民健身

---

[1] 范子英. 中国的财政转移支付制度：目标、效果及遗留问题[J]. 南方经济, 2011（06）: 67-80.

工程、农民体育健身工程、体育后备人才培养工程、雪炭工程的专项转移支付政策，同时，加强财政转移支付的制度建设，减少资金运转过程中的中间环节，防止转移支付资金不到位或被挪用的现象发生。

②政府与体育市场组织的融资合作。对体育市场组织而言，只有盈利才能驱使其参与公共体育服务的投资。为此政府应该建立公平、公正、开放的竞争环境，适当降低市场准入门槛，扩大市场准入范围，按照"谁投资、谁受益"的原则明确体育市场组织投资项目的产权关系，使其正当收益能够通过产权归属得到确认。

③政府与体育非营利性组织的融资合作。当前，我国体育非营利性组织的独立性还不强，政府补贴是其资金的主要来源，其他渠道资金来源相对缺乏，政府可以通过减免税收、免除向其捐赠的机构与个人的税款等多种方式为其创造开展公益性体育服务所需的物质条件，增加其参与公共体育服务合作的机会，在提升其参与治理能力的同时提升其筹资能力，使之成为公共体育服务供给重要的资金来源渠道。

④政府与社区体育自治组织的融资合作。社区居委会就社区性体育公共产品向居民进行筹资时可以采取"一事一议"的筹资方式。如果"一事一议"的筹资方式不够灵活，可能会增加公众的筹资负担。因此，政府在社会体育自治组织合作筹资过程中应承担主要责任，补足所缺资金的缺口，并保证资金按时到位。

4. 生产环节的协同

公共体育服务生产环节是将投入转变为产出的技术过程，这一环节相对于其他环节具有一定的特殊性，体现在这一环节既包含了合作机制，也包含了竞争机制，是竞争与合作机制的和谐统一。

（1）生产环节的合作

公共体育服务协同供给的合作生产是指在政府的主导下，依据公共体育产品的不同属性、地域差异等因素选择适宜的生产主体，生产主体之间彼此合作、共同生产公共体育产品的过程。

当下，公共体育需求的多样性、复杂性致使单凭任一个生产主体是无法实现公共体育产品的有效供给。需联合各供给主体的力量，进行协同生产。公共产品理论指出，政府提供公共产品无需由政府直接生产。政府在公共体育服务供给过程中的最大优势在于通过公共选择来制定公共政策，界定产权、制定竞争规则等最大劣势在于难以实现资源的有效配置。而体育市场组织的最大优势在于通过经济理性人在市场过程中的自由选择过程实现资源的有效配置，弥补政府在资源配置上的不足，最大劣势在于难以消除外部效应与兼顾公平，而保证社会公平正义是政府的职责所在。体育社会组织因其数量众多、服务领域的专业性能很好地弥补政府与市场的服务空缺，是政府与市场的有益补充。缺陷在于承接服务的能力不足，虽然以公益性为目的，但是只能代表有限范围的公益性，难以考虑整体社会公益性，统筹全局。社区体育自治组织关注社区较小范围的群体，能真实地感知居民的体育需求，并把真实的体育需求转变为有效供给。不足之处是范围固定、受益面较狭窄。公民个体可以利用其自愿精神进行自愿服务，在体育场馆建设、体育活动的开展上提供资金上的资助与技术上的支持等。总之，政府、市场、体育社会组织、社区体育自治组织及其公民个体完全可以成为公共体育服务协同生产的主体，关键在于扬长避短，尽可能地发挥各自生产主体的优势，弥补其不足。除了纯公共体育产品之外，对大量准公共体育产品政府均可委托其他生产主体，通过特许经营（BOT、BTO、BLOT）、政府采购等方式与其他主体建立"公私伙伴关系"。

现阶段，公共体育服务多元主体合作生产主要表现为政府向其他主体购买服务的形式。2013年党的十八届三中全会提出"要推广政府购买服务，凡属于事务性管理服务，原则上都要引入竞争机制，通过合同、委托等方式向社会力量购买[1]"。政府购买公共体育服务是指"政府承担、定项委托、契约管理、评估兑现"的服务方式[2]。其目的在于通过引入市场竞争机制来提高公共体育服务供给效率，降低供给成本。诚然，政府通过向其他治理主体购买服务相对于传统垄断供给方式是一种改革与创新，对加速体育行政部门职能转变、减轻政府财政压力、激发社会力量活力、重塑政府与市场、社会的关系等有着极其重要的意义。然而，政府购买公共体育服务还处于试验探索阶段，存在着不少的问题，主要表现为：第一、购买的范围有限、

---

[1] 中共中央关于全面深化改革若干重大问题的决定[N]. 人民日报，2013-11-16.
[2] 郝君超. "政府购买社会组织公共服务"国际学术研讨会综述[J]. 社团管理研究，2012（02）：57-59.

服务项目与承接主体单一、区域发展不平衡。购买的范围主要局限在体育赛事承办、体育活动组织、体育场馆建设等方面，大部分项目并未纳入购买的范围，一些重大项目还是由政府直接生产和供给。承接购买服务的主体主要为学校与体育协会，企业参与不多。购买仅限于经济发达的沿海城市以及中部省会城市，而大部分欠发达地区尚未启动，覆盖地区还不广[1]。第二、购买过程中制度供给不足[2]。我国目前还没有专门的针对政府购买公共体育服务的法规，2002年颁发的《政府采购法》，距今十余年，存在着时效性与针对性不足的问题。此外，现有的《政府采购法》《招标投标管理办法》仅适用于场馆建设、体育器械购买，无法满足实际制度需求。体育领域相关法律法规（如体育法、全民健身条例）也没有政府购买公共体育服务的相关内容。各地在实践中主要依据2013年9月国务院颁布的《关于政府向社会力量购服务的指导意见》出台一些相应的"指导意见"或"暂行办法"。此外，购买过程中还存在着需求表达的决策制度缺乏，公平竞争制度不完善、监督、评估制度供给不足等问题，导致了购买过程中购买的项目与公众需求向背离、钱权交易、购买行为"内部化"等问题，极大地影响了购买的质量与效益。第三、缺乏具有承接资质的体育社会组织。我国体育社会组织存在着"公信力、专业性、公共性、竞争力、生命力"5大考验，即服务过程中是否值得公众信赖、体育专业能力是否达到服务要求、是否以公共体育利益为目的、是否具有比体育企业和体育事业单位更强的竞争力、是否过度依赖政府的支持等。由于社会组织独立性不强、自身能力不足、政府扶持力度不大、受登记管理部门与业务主管部门"双重管理"等方面的原因使得体育社会组织承接服务的能力不足，难以引进竞争机制提高供给质量。为提升政府购买公共体育服务质量需要改善以下几个方面的问题。

第一、加强制度顶层设计。明确购买服务的指导思想、基本原则、购买主体与承接主体需具备的资质、购买内容、方式、资金管理、绩效与监

---

[1] 王占坤. 政府购买公共体育服务的地方实践、问题及化解策略[J]. 武汉体育学院学报, 2015 (02): 12-17.

[2] 丛湖平, 卢伟. 政府购买公共体育服务的模式、问题及建议—基于苏、浙、沪、粤等省市的调研[J]. 体育科学, 2016 (12): 11-17.

督管理等内容。合理界定购买范围，根据经济社会发展水平与公共体育需求特点动态调整购买内容，原则上适合非政府主体承接的项目应该采取购买的方式。建立政府购买服务网络管理平台，在平台上设计信息发布、信息查询、业务办理、公众互动、绩效评价等模块，使之具备管理与查询等功能。修订完善购买服务相关法律法规，配套出台承接主体资质、监督问责、绩效评价、社会组织培养等方面的政策文件。此外，政府购买公共体育服务是一项专业性较强的工作，涉及合同规划、承包权谈判、市场分析预测、资金预算等诸多内容，对政府相关工作人员的能力要求较高，应不断提升其专业水平，尽快形成政府购买公共体育服务的专业力量。

第二、加强购买服务过程中公众参与力度。建立需求导向的决策制度，对购买内容、承接主体的选择上公众有知情权与决策权。在绩效评价上把公众对购买服务的满意度作为最为重要的评价指标。在完善政府内部监督的基础上拓宽公众监督渠道与方式，新闻媒体、体育第三部门以及私人部门都可以纳入监督主体，对购买服务过中的权力寻租、腐败、滥用资金等行为进行问责。

第三、提高体育社会组织承接服务的能力。着力改变当前体育社会组织登难、生存难、发展难、监管难的窘境[1]。

（2）生产环节的竞争

公共体育服务治理的关键不是在于公营还是私营，而是在于竞争还是垄断。完全自由竞争的市场才有利于实现体育资源的最优配置。生产环节是注重效率的环节，在生产环节引入竞争机制目的是为了提升公共体育服务供给质量与供给效率，降低供给的成本。生产环节的竞争主要体现在两个方面。

第一、政府主体与非政府主体之间的竞争。

为公众提供公共体育产品是政府天然的责任与义务，但是并不是意味着政府必须亲力亲为，政府可以把生产的职能让渡给非政府主体，而充当"掌舵者"的角色。一般情况下政府的生产职能仅仅体现在纯公共体育产品的供给上，全国性的体育公共体育产品由中央政府负责生产，地方性的纯公

---

[1] 郭修金，戴健. 政府购买体育社会组织公共体育服务的实践、问题与措施—以上海市、广东省为例[J]. 上海体育学院学报，2014（03）：7-12.

共体育产品由地方政府负责生产。而对大量存在的体育准公共产品可以引入竞争机制，把生产职能让渡给体育市场组织与体育第三部门，实行公共体育产品供给的市场化与社会化。长期以来，公共体育产品供给效率低下、质量不高的一个关键因素在于政府供给的垄断，单一政府供给主体势必会导致政府机构臃肿、组织僵化、财政不堪重负、体育资源配置失衡、供给低效、无效等诸多问题。要化解上述困境就必须引入竞争机制，变革政府垄断供给的局面，将政府不具备比较优势、"无为"的公共体育服务让渡给非政府主体，让多元平等的供给主体在一个开放、公平的环境中展开自由竞争，公众可以在多个供给主体之间进行自由选择。

第二、体育市场组织、体育非营利性组织、体育自治组织、公民之间的竞争及其组织内部之间的竞争。

一个生产主体依据市场的需求变化可以提供多个公共产品，而同一种公共产品也可以由多个生产主体提供。当公众能根据自身的需求在多个供给主体之间自由选择的时候，竞争就不可避免地产生了。每一个供给主体为了能在竞争中获胜，必须不断提高产品质量，降低供给成本。公众也实现了"用脚投票"，自然会选择质量最好、成本最低、效率最高的生产主体所提供的公共产品，而将高成本、低质量、低效率的生产主体淘汰出局。这种优胜劣汰的竞争法则不仅体现在不同类型的供给主体之间，同样体现在同一类型不同组织之间的竞争。诚然，合作与竞争是一对矛盾，既相互对立又相互统一，不存在绝对的竞争，也不存在绝对的合作。人们愿意见到竞争之中的合作，合作之中的竞争，多元供给主体在竞争与合作的对立统一中为公众提供富有竞争力的公共体育产品，从而为公众带来实惠。这也是生产环节较之其他环节的特殊之处。

5. 监督与问责环节的协同

公共体育服务监督问责是指对公共体育产品供给质量、各主体供给行为进行有效监管，对供给主体责任履行不到位进行追究的制度安排。其目的在于防止权责脱节导致供给行为失范而损害公共体育利益。公共体育服务监督问责包含监督问责主体、监督问责客体、监督问责的手段三大要素。监督问责的主体是指由"谁"来问的问题，主要涉及政府部门、广大社会公众、新闻传媒等。监督问责的客体是指问"谁"的问题，主要指公共体育产品的提供者。监督问责的手段是指"如何"问的问题,需要明确的规则与程序。监督问责作为公共体育服务多元主体协同供给过程中的重要环节,能有效保障多元主体供给的质量与数量、提升体育资源的利用效率、杜绝因责任不明、管理不清、服务不到位所导致效率低下、权利寻租、贪污腐败等问题的发生[①]。

（1）监督问责的必要性

公共体育服务的有效供给,需要政府和社会投入大量的人力、财力和物力。最终效果如何,比如数量上是否满足居民的需要,质量上是否达到判定标准的要求,结构上是否合理等,以及在财力、物力投入过程中是否存在资金截留、挪用以及供给过程中偷工减料、以次充好等问题都需要完善的监督过程,并对供给过程中的违规情况进行责任追究。协同监督与问责是公共体育产品有效供给的保障。为此,必须建立和完善政府主导的包括其他供给主体在内的社会公众广泛参与的协同监管问责机制。

（2）监督问责的主体

一般来说,公共体育服务多元主体协同供给的监督与问责主体可以划分为同体和异体。同体监督问责主要是指政府内部的上级部门、内部的监察与审计部门。异体监督问责主要指政府外部的人大、政协、各民主党派及社会团体、公众、新闻媒体等。以往公共体育服务的监督问责大多是同体监督与问责,当前,监督问责主体逐步由同体向异体拓展。公众作为公共体育服务的消费者,最具优先发言权,理应成为监督问责的主体。但是现实中,公众的力量薄弱、能力有限,对公共体育服务的绩效评价结果只有知情权,要实现直接的问责可行性不强。监督与问责的权利在于公民,但是,监督与问责的主体可以多元化。在政府主导、其他供给主体承担责任任务的项目上,政府可以代表公民进行监督问责。在政府直接供给的项目上,其他供给主体可以依据监督程序、司法程序代表公民进行监督问责,在公共体育服务出现漏洞导致公众体育利益受损时,体育私人组织、第三部门、体育自治组织和公民可以通过人大、政协甚至直接向政府问责。

---

① 谢叶寿,阿英嘎. 实施体育公共服务问责制的困境与路径[J]. 武汉体育学院学报,2015(06):12-17.

（3）监督问责的原则

第一、民主原则。

从公共体育产品协同供给的全过程来看，公共体育产品协同供给需求表达、决策和监管环节是最需要坚持民主的环节。民主需求表达有利于真实显示公众的需求偏好，民主决策有利于决策的科学性，民主监管有利于体现监管的公正性和公众的广泛参与性。发扬民主，依靠群众，是制约权利滥用和遏止腐败、防止官商勾结的根本。在公共体育产品供给监管过程中，要尽最大可能保证多元供给主体的广泛参与，并赋予他们监管的权威和效力。

第二、公开透明原则。

在公共体育产品协同供给过程中，政府官员权利的滥用和腐败的滋生往往是与"暗箱操作"有着直接的关系。如果能坚持公开透明的原则，将公共体育产品供给决策、筹资和生产过程中直接相关主体的真实情况向公众公开，并把资金的筹集、资金的使用、所需的资金等情况也都公布于众，那么公共体育产品供给的"暗箱操作"就会无法进行，腐败行为可能就会大大收敛。

第三、重点突出原则。

在公共体育产品协同供给过程中，首先要重点加强对与公共体育产品供给直接有关的领导干部特别是主要领导干部的监督与问责，以防止公共资源的滥用和招投标等环节的官商勾结。其次，重点加强对公共体育产品生产主体、公共资源使用的监管与问责，防止资源的浪费或者偷工减料、以假代真、以次充好等行为的发生。最后，重点加强对公共产品供给过程和质量监管人员的监督，防止公共体育产品生产主体对监管人员的贿赂，进而避免公共体育产品的质量出现问题。

二、经济支撑机制

公共体育服务是一个体现公平、公正、公益能为广大市民提供基本体育服务的体系，是一个保障市民体质和健康水平得到普遍提高的保障体系[①]。而要实现公共体育服务的可持续发展，与有力的物质基础和经济支撑密不可分。从战略角度分析，公共体育服务经济支撑机制，应坚持"两条腿走路"：一是政府逐步提升在公共体育服务领域的财政投入比重，包括增加财政性公共体育服务投入、增加体育彩票公益金在公共体育服务的投入比例等；二是充分利用社会资源，借助社会力量为公共体育服务提供经济支撑。

（一）合理规划政府财政支出

合理规划政府财政支出，加大财政对公共体育服务的扶持力度。公共体育服务的发展，有赖于政府公共体育服务财政投入水平。财政投入水平的提高，公共体育服务供给水平才有可能提升。因此，推进公共体育服务高质量发展，应以稳定可靠的财力来源为保障，并与区域经济发展水平密切关联。政府对公共体育服务的财政支出，一方面要突出财政资金向农村以及公共体育服务发展水平较低地区的倾斜，缩小城乡之间、区域之间公共体育服务的差距；另一方面，财政应从一般性竞争领域"理性退出"，在保证民众体育需求的基本公共体育服务支出的同时，更多的财政资金应投入社会性公共体育服务领域，以满足不同人群的多样化公共体育服务需求。

（二）健全财政管理体制

健全财政管理体制，科学规划政府间财权和事权。各级地方政府提供公共体育服务过程中，存在上下级政府之间财权、事权不匹配的问题，即财权多集中于高层及政府，事权则由底层及政府担当，导致基层地方政府受财力不足所限，难以全面推动公共体育服务建设。基于此，一方面，应不断健全省级以下地方税收体系，合理调节各级政府之间的财力配给；应进一步明晰中央政府与地方政府以及地方政府间在提供公共体育服务方面的事权，逐步完善财权与事权相对应的财政体制。对地方性公共体育服务的提供，应依据受益层面科学划分各级政府在公共体育服务供给方面的职责：受益范围是本省的公共体育服务，应由省级政府承担；受益范围是市县一级，由市县政府提供；对跨多个市县的公共体育服务可由相关市县政

[①] 樊炳有. 体育公共服务理论框架及系统结构[J]. 体育学刊，2009（06）：14-19.

府承担，也可由相关地方政府财政联合划拨、设立公共体育服务专项基金予以扶持，各地方政府在一定程度上参与组织与协调。

（三）合理变革财政转移支付制度

合理变革财政转移支付制度，以财力均等化推动公共体育服务高质量发展。财力均等化是推动公共体育服务高质量发展的重要抓手，而公共体育服务高质量发展则是衡量财政资源配置优化与否的主要标准。各地方政府财政能力差距是制约公共体育服务高质量发展的重要因素，而财政转移支付是调配地方财力相对均衡的有效手段，财政转移支付的成效集中体现在能否实现各地方财力分配均等化，继而促进公共体育服务高质量发展。

以长三角为例，当前，长三角三省一市之间财政收入水平存在较大差异，省（市）内各县（市、区）之间、城市与农村之间也存在差距。因此，可以在本省（市）内尝试进行财政转移支付制度变革。一方面，尝试通过省级财政向省内财政收入水平相对较低的市（区、县）进行纵向财政转移支付；另一方面，在省内各市财力差距较大、仅依靠省级财政进行纵向转移支付很难缩小地区间差异的前提下，则需要市（区、县）之间通过横向财政转移支付，将部分财政资金由财政收入水平较高的市（区、县）向较低的市（区、县）转移，以缩减地区间的财力差距，实现区域间公共体育服务供给能力的相对均等。

（四）充分动员社会力量为公共体育服务提供经济支撑

公共体育服务一体化发展需要财力扶持，政府财政资金是其主要来源；但仅依靠政府投入，公共体育服务供给形式和效率难以得到显著提升。因此，需要构建社会、政府和市场多元主体参与的公共体育服务供给机制，为公共体育服务高质量发展提供支撑。在财政扶持方面，首先应坚持公共体育服务发展由政府主导的背景下，通过降低公共体育服务投资准入"门槛"，采取招标竞标、合同出租、特准经营、政府参股等手段，改革体育公共服务投资手段，将本身由政府主要负责的财政职责转向市场和社会组织；其次，应积极探索公共体育服务财政供给的社会参与机制，充分发挥社会力量提供公共体育服务财政支持的积极作用，使公共体育服务的成本摊派和利益同享由政府、市场和社会三方协同完成，发挥多元供给主体的作用，促进公共体育服务资源优化配置；第三，在实施公共体育服务财政多元化供给方式过程中，应在合作项目签署前，进行充分商议，明确产权分割与利益划分。在成本摊派层面，应依照享受利益程度商定投资比例。在签约前明确规定成本分摊原则，并遵循相关行业的专业标准核定分摊数目。

三、文化认同机制

（一）构筑维系区域优性文化认同

区域经济社会的发展，是以一脉相承的区域文化为基础、通过交流与理解，增强彼此的认同与信任，进而推动区域间的合作与发展。中华文化历史悠久，源远流长，在发展中形成了各具特色的区域文化。例如"艰苦奋斗，追求卓越"的吴文化、"激流勇进，敢为人先"的越文化以及"海纳百川，贯通中西"的海派文化等，共同编织出长三角文化的丰富内涵。在悠久的历史发展中，诸文化彼此交融、相互借鉴，逐渐形成"开放包容，务实创新"[1]的长三角文化共同特征。因此，实现区域文化认同，并非简单地将多种文化进行集聚与叠加，而是对区域优性传统文化的继承与发扬、对非优性传统文化的隔离与摒除，通过不断扬弃形成认同的动态性过程。

受行政体制机制影响，各地方政府缺乏区域整体观和利益协调机制，各自为政，行政性区际关系渐渐弱化，区域合作"若即若离"。部分地方政府领导的"以官为本、权力至上、小富即安"的不良思想，阻碍区域合作的有效开展[2]。公共体育服务的发展，既要遵循公共服务发展的客观规律，又要向区域文化认同"借力"：各级政府应积极发挥自身作用，对区域文化因子进行科学遴选与划分，推动传统文化的现代转型，努力打造与时俱进的优良社会文化氛围，增进公共体育服务的协作意识、开放意识和创新意识；在区域协作的基础上，精心构建被区域各级政府普遍认可的"一体发展、合作共赢"的公共体育服务发展理念，大力宣扬区域优质文化基因，充分发挥其"造血功能"，使之成为区域公共体育服务一体化发展的精神

---

[1] 吕国辉. 区域文化在长三角区域创新系统中的地位和作用[J]. 兰州学刊, 2009（03）: 85.
[2] 朱定秀. 文化认同视角下的泛长三角区域合作的基础与阻力[J]. 巢湖学院学报, 2012（01）: 7-8.

动力；通过宣传引导，增强区域优性文化在民众心中的社会认同和认知度，从社会氛围、体制机制及精神理念等层面共同推进公共体育服务文化建设，建立并巩固广泛的群众基础。

区域经济、文化等发展水平存有差异，区域文化认同的构建与维系，不是一蹴而就的，而是从"小范围文化认同"逐渐走向"大范围文化认同"，这是由"在向集体身份的进化过程中处处存在阻力"[①]决定的；也是由区域文化的交融性、可造就性等特征和已存在的基础性集体认同，成为实现区域文化认同的重要前提条件所决定的。构建和强化区域文化认同，不仅要增进已有的集体认同，还应注重有益于区域合作的优性文化构筑，更要主动接收具有光明前景、能为区域合作带来更大利益的新兴文化，这些都是区域文化认同的内涵所在，也是区域公共体育服务一体化发展的动力源泉。

（二）加强区域内多样性、相异性文化交流互鉴，深化文化认同

同一区域由于文化背景相同、价值观念相近，有相似的思维方式和行为导向，使区域内文化有诸多共性特点。但因涵盖不同的省市，各地经济社会发展也不尽相同，使得区域内的文化又各具特性。区域文化认同并非是抹除某一文化的主体认同感，但倘若某一文化"个性刚烈"不能与其他文化交融，将造成区域文化认同过程中较多的文化撞击与争锋，导致无法产生具有实效性，可以将区域民众紧密团结的文化意识和象征符号，不能形成共识，将影响区域一体化发展[②]。

在某种意义上，区域文化认同是在多种文化的相遇中，在原有文化因子的基础上，不同的文化主体持续建构自身的多重认同，维持自身的特色和完整性的过程；而"认同的过程既要发现共同之处，又要发现不同之处，认同就是通过彼此了解、理解，求同存异"[③]，又是由文化认同的多层级性和双重性特点决定的。因此，建立正确的区域文化认同应是保持包容、有目的的合理化过程，是本地文化与外来优质文化创造性的相互作用过程。

---

① ［美］亚历山大.温特. 国际政治的社会理论[M]. 秦亚青译. 上海：上海人民出版社，2000：45.
② 丁宏. 长三角一体化中的文化协调发展研究[J]. 南京社会科学，2007（09）：26-28.
③ 陶希东. 跨界区域协调：内容、机制与政策研究——以三大跨省都市圈为例[J]. 上海经济研究，2010（01）：58-60.

第六章 优化公共体育服务对居民幸福感的推进机制

通过文化间的互动，不同文化主体进行着全新的开放性多重文化认同的重新建构。

有些区域文化既包括国际都市文化，又包含城市文化、县域文化以及乡镇文化等，各类文化绚丽多姿、别具一格，既是同根同源，又可差异互补。对区域内各类文化的差异性和多种性的认同，有利于文化间的互鉴互补和各自优质文化元素的整合，推动区域文化的共同繁荣。此外，由于"在文化交流中，传播的进程不单是信息互换的程序，更是文化在互换过程中不断积淀、不断融合、推陈出新的过程"[1]，促使在多种文化之间进行的全面而深入的传播与互动过程中，区域文化共识日益增多，加深彼此认同和相互适应，促进区域文化的积聚、融汇以及创新发展。因此，建立区域文化认同，实现区域优性文化间的互补效应，正视区域文化的多元性与差异性，秉承和而不同、各美其美的发展理念，是助推区域文化互动与联动发展的必然途径；也是真正创建出独树一帜、内涵多样的地方公共体育服务品牌，夯实区域公共体育服务合作的现实基础，实现区域公共体育服务一体化的必由之路。

（三）构建"文化共同体"，助推区域公共体育服务一体化

区域文化认同不仅对增进区域群体间的相互认同和区域合作的建立与深入开展，具有积极的推动作用；并且有利于培育区域成员的共同体意识，因为"共同的语言体系、交流方式和共同的文化符号、象征和标记等，可以在区域成员间搭建某种积极的关联，区域成员通过共有的理念使自身觉察到彼此是相同的，进而产生具备相同文化特质的社会共同体，即文化共同体"[2]。在一定程度上，随着区域文化认同的不断深化，区域文化共同体将会随之出现。文化共同体是在遵照"共同体"理念的前提下，积极挖掘文化的功能，探求区域社会个体与群体间的文化切合点，利用文化互动促进彼此间的联动，建立一个物质与规范并存、精神与认知连通的文化统一体[3]。对文化共同体内部的群体和个人而言，可能彼此之间缺乏沟通与交集，

---

[1] 周荣耀. 文化认同与欧洲一体化[J]. 世界知识，2006（21）：38-39.
[2] ［美］本尼迪克特.安德森. 想象的共同体：民族主义的起源与散布[M]. 吴叡人译. 上海：上海人民出版社，2003：5-6.
[3] 鲁明川. 文化共同体视域下的高等职业教育内涵发展[J]. 现代教育管理，2012（03）：11.

但可以凭借文化层面的身份认同获取对共同体的"依附感",在心理上确立相互依存、休戚相关的关系。这种心理上的认同与联系,是社会群体和组织间的由集体性认同而衍生出的共同体意识,是形成一致的利益观念的行为规范的必需条件。因此,区域文化共同体的显现,发端于区域组织和个人形成的共同体理念,社会群体共同的文化意识形态直接成为区域合作乃至区域一体化发展的重要基础。

由此可见,区域文化共同体展现出的是一种建立在相同情感、高度认同、同一规范和共同利益根源上的密切而有序的连接;而且是一种在基本没有外部强制力约束的前提下、主要依托群体间内化的有机关联,促使社会组织和个体就相关事务形成共同意见和统一行动,体现出强大的自组织能力[①]。有的区域公共体育服务在不断发展的过程中,地方政府的交流合作日益密切,体育联盟和合作组织逐渐增多,已初步具备区域公共体育服务合作的现实基础;但"供给主体单一、供给规模和质量较低、资源要素流通性不足"等问题,依然存在。区域公共体育服务一体化发展,本质上是要重新建构区域内行政部门、社会组织以及个人等公共体育服务利益相关者之间的逻辑关联,从高度依从行政力约束转向深受文化共同体影响的自觉主动的有机对接,可以就区域公共体育服务诸多事项的共同利益、共同关切以及共同担当等,合理化地达成共同认知、统一规范以及一致行动等。可以说,文化共同体恰是区域公共体育服务一体化发展应当具有的现实样态。

四、信息互通机制

信息技术的高速发展及其在社会诸多领域的广泛应用,为经济社会发展提供了重要契机和条件,信息资源已成为推动人类社会不断向前发展的强劲动力和基本要素。在复杂多变的社会环境下,众多行为主体均是关键的"信息节点",掌控不同层面的信息资源,任一行为主体都无法获得全面完整的信息资源。行为主体掌控信息不全面,会导致有限理性和信息成本;而信息不对称,则易出现反向抉择和信任危机。掌握更多信息资源的

---

① 徐琴. 从横向协作、竞合联盟到区域共同体的长三角一体化发展[J]. 现代经济探讨,2009(09):28.

第六章 优化公共体育服务对居民幸福感的推进机制

一方有可能为本地区、本部门或个人谋求私利；而掌握信息资源处于劣势的一方，则可能在竞争中遭遇损失并在利益博弈中处于不利地位。如此，将导致行为主体之间产生"信任危机"，降低互利共赢的合作意愿[1]。因此，构建公开便捷的信息互通机制，达成不同行为主体之间的信息互通与共用，可有效发挥信息资源在不同主体间合作中的整合激励作用，提高有关政策制定的准确性和可执行性，降低或减除由于信息资源不对等而产生的投机行为，巩固主体间合作的信任感、安全感与稳定性，形成长久稳健的合作局面。

近些年，各级地方政府官方网站、微博、交流论坛以及微信等信息化平台建设快速发展，为社会公众表达诉求、参与决策、信息互通提供了交流渠道和科技支持。公共体育服务信息互通机制建设是为了防范公共体育服务一体化发展进程中，由于信息缺失或不对称导致的沟通障碍、实效性差等问题，政府、社会组织及民众等主体准确便捷地公布、传递和沟通公共体育服务信息，并且遵照相关准则和要求，对服务信息进行即时归纳、整合和优化，以协助利益相关者实时高效地掌握信息资源，实现互利共赢的目标。当前体育公共服务进程中，政府信息资源因其权威性和资源优势在信息资源体系中处于核心地位。政府通过体制机制创新和技术革新，有效借助高科技信息化技术，利用官方渠道公布公共体育服务相关信息，尤其是关联到公共体育服务重大决策项目、民生福祉等领域的重要信息，及时告知民众并接收民众信息反馈。通过信息公开，实现公众公共体育服务信息知情权，及时了解民众切身诉求，不仅可以促进政府、企业、公众之间的互信、互助与互利，而且可以增强公众的公共体育服务参与意识、提供参与便利、拓展参与渠道，减少因信息不对称而产生的矛盾与不和谐。良好的信息互通机制，可以使公众以更有主见、更富积极性的形式参与到公共体育服务一体化发展中，破除各主体因信息不对称产生的阻碍，真正实现全民参与。各企业团体也应遵循相关制度规定，及时准确地公布公共体育服务信息，切实履行其应尽的职责和义务，自觉接受政府和公众对其参与公共体育服务市场化行为的监督与管理。综上，构建多层次、立体化

---

[1] 潘加军，刘焕明. 新时代环境利益冲突协同共治的运行机制与制度保障[J]. 贵州社会科学，2009（12）：14-15.

和全方位的公共体育服务信息互通机制,促进行为主体间彼此信任,构筑诚信理念,达成共识并建立共同的目标,对构建事先预防的公众公共体育服务利益保障体系、推进公共体育服务一体化发展,具有重要意义。

五、赛事推动机制

我国著名的体育社会学专家卢元镇先生在其《体育社会学》一书中明确指出,"进入20世纪90年代以来,伴随着中国体育事业的飞速发展,中国的体育观念开始发生新的变化,即更多人开始从一个新的文化角度去认知体育、理解体育,甚至是发展体育。在新的体育文化观念的观照下,体育变得更加人性化,体育中人的地位从手段变为目的,同时体育在整个社会文化中的地位得到进一步提升"[1]。进入21世纪以来,随着我国政治经济文化事业的快速发展,社会民众在获得生活水平不断提高的同时,对保障生命意义具有重大作用的体育参与价值的认识得到了空前的提高,促使了国民的体育需求开始呈现出新的多元化趋势,在公共体育服务领域尤为明显,突出表现在以下几个方面:"一是大众参与性体育需求处在持续的总量扩张阶段,越来越多的人加入运动健身休闲的行列;二是大众观赏体育需求处在结构升级的阶段,人们不再满足于每四年观看一次奥运会,或者是仅仅观看中国运动员的比赛,而是希冀每天都能观赏到各种各样的高水平体育赛事"[2];甚至是能实现公民直接参与到体育赛事之中,体验与运动明星"相伴"的体育参与"品味"的提高,感受与竞赛场地"相吻"的体育参与"品格"的提升,进而实现其体育参与"品质"的改变。享受全面"介入"体育赛事、体育活动的权力。所以,在传统体育赛事无法满足公民这种权利实现的背景下,具备赛场闭合性与开放性相融、参与者职业性与非职业性同在、项目选择的标准化与娱乐性共存等特征的民众广泛参与的新型体育赛事活动,成为满足公民参与体育心理诉求的主要载体。也正是基于此,各地群众性的各类体育赛事活动展现出蓬勃的生命力。

当下,各类体育赛事,更聚焦于民众的参与度,应该说是面向大众的

---

[1] 卢元镇主编. 体育社会学(第三版)[M]. 北京:高等教育出版社,2010:31.
[2] 鲍明晓. 美美与共:和谐社会与体育发展[J]. 体育文化导刊,2005(10):15.

体育赛事。它尽管在一些项目上选择了职业体育运动员的参与，但更多的赛事项目和介入门槛是面向大众的。因为，体育的终极目的是求得人的全面发展。正如鲍明晓研究员所言及的"体育事业必须真正做到以人为本，以人对体育的基本诉求为根本，提高人的生命质量和生活质量，把关心人、尊重人、解放人、发展人作为体育发展的目的"[1]那样。体育回归大众，不再是"群众体育"抑或是"社会体育"一个层面的事情，"竞技体育"或者是"赛事体育"也应该承担这样的责任和义务。

居伊·索尔曼（GUY Sorman）在《美国制造》一书中，这样评价未来体育发展的走向问题，"现在美国人热衷的是他们自己的身体，而不是参加竞赛的运动员的身体。"因为，在美国人看来"垒球、足球和篮球总是可能将广泛的群众汇集在体育场中，或电视机前，但是，它们的黄金时代似乎结束了……垒球适应乡村式的美国……足球的巅峰时期与向工业化世界进军时代十分契合……篮球讲究个人天赋和速度，是后工业时代的特点。此后，发展到现在这个时代的信息化经济，集体运动就让位给个人自主的运动了，这样一个发展线路对体育运动的支持者又意味着什么呢？"[2]这不是一个简单的问题，而是体育发展过程中的经典命题。可以说，现在人们更多地追求"个体身体健康"。也正是这一时代特征的出现，引发了体育赛事的变革成为必然。将体育赛事与公民的直接参与紧紧地捆绑在一起，切实发挥体育赛事对体育公共服务发展的推动作用，进而促进公民身体健康水平。

就城市马拉松赛而言，开始于1996年的上海国际马拉松赛，首届参赛人数仅为6 000人。而2019年的上海国际马拉松赛，报名人数已达38 000人，其中马拉松报名人数25 000人，10千米报名人数6 000人，健身跑报名人数7 000人。[3]民众的广泛参与提升了赛事影响力，2020年3月6日，上海国际马拉松赛获得世界田径白金标赛事称号[4]。赛事参赛人数的不断增加，

---

[1] 鲍明晓. 美美与共：和谐社会与体育发展[J]. 体育文化导刊，2005（10）：16.

[2] [法]居伊.索尔曼. 美国制造[M]. 王新连译，北京：中央编译出版社，2006：71-72.

[3] 2019上海马拉松11月17日开跑大众选手报名8月1日开启_赛事[EB/OL].https://www.sohu.com/a/330267951_398564.

[4] 中国第一个！上海马拉松获评世界田联白金标赛事_国际田联[EB/OL]. https://www.sohu.com/a/378078160_314192.

不仅与赛事的项目设置有关，更为重要的是体现出主办方在组织赛事的目的选择上，开始选择让更多民众直接参与其中，作为其赛事组织的核心力量。摒弃传统赛事的参与者始终围绕"体育精英"进行的模式，将赛事的参与主体向大众倾斜，已经成为新型体育赛事的价值趋向。将所谓的体育赛事的精英文化特征，直接引向为一种新的文化形态，即精英文化与大众文化的融合之路。可以说，当前体育赛事从体育精英参与的高水平竞技体育起步，在引导社会民众参与意识觉醒的过程中，以实现更多的社会民众直接参与其中为宗旨的赛事运行机制，是保障体育赛事持续生命力的秘诀所在，也是推动区域公共体育服务一体化发展的重要因素。

六、政策协同机制

受行政区划和"属地保护主义"思想影响，各级地方政府在涉及跨地域政策议题上，出于自身利益考虑，往往做出有限理性决策或无法达成一致性决策，继而出现意见不一致甚至争议冲突等问题。离散化的决策会导致出现"碎片化"行政管理和政策协同障碍，增加了政策制定、实施的交易成本，难以科学应对复杂化、关联度强的跨区域问题的挑战，降低了区域政策的公信力和实效性。

政策协同是涉及跨地域、跨部门多样性公共体育服务问题，政府与市场、社会组织之间在出台与实施公共体育服务政策过程中强化政策之间的一致、协作和整合，形成政策合力并努力实现预期目标的动态发展过程。公共体育服务政策协同不应是简单的政策一致，而应体现在政策体系架构的纵向一体和横向整合，即公共体育服务政策设计、出台、落实以及评价等多层面的"纵向协同""横向协同"与"内外协同"。而依据不同的手段和措施，政策协同分为强调政策协同的组织载体的"结构性协同"和突出实现政策协同的程序化安排和技术性手段的"程序性协同"[①]。因此，公共体育服务政策的制定、落地与执行，应尽可能规避"各自为政、职能重叠、责权不清、未形成合力以及互动性不足"等困境，多元主体应根据当地公共体育服务

---

① 周志忍，蒋敏娟. 整体政府下的政策协同：理论与发达国家的当代实践[J]. 国家行政学院学报，2010（06）：29.

的发展现状,从系统化视角对政策协同形式做出科学判断与选择。

长期以来,受行政区划影响,我国地方行政管理逐渐出现属地化、部门化的"局限式"态势,形成一种各自为政、缺乏协同、横向权力不集中的政策体系,体现在"强调单一政策建构而轻视政策体系整体配置、中央政府政策决策与地方政府领会执行之间的偏差、跨区域政府、部门在具体执行政策中发生的矛盾以及政策引导与调节未得以全面发挥"等层面。公共体育服务领域亦是如此。

影响政策协同的因素有多种,包括固化的管理权利结构、区域经济社会发展水平、地区资源禀赋差距、政策信息不对称以及区域利益博弈等;但就其核心而言,仍是受益不均衡。基于此,应构建以公平公正、互惠互利为目标导向的政策谋划与政策抉择机制,使利益相关者摆脱复杂的利益博弈束缚,为区域公共体育服务政策协同发展提供有效助力。基于协同发展的理念、机制和操作要求,公共体育服务政策协同应分别从纵向和横向两个层面展开:纵向层面集中在"上一级政府为实现跨区域、跨部门的政策目标而突破现有政策领域界限,超出单一部门的职能范围,从而整合不同部门之间政策的行为"[1]。纵向协同的主旨在于推动不同部门政策之间的相互支撑,削减不同政策之间的冲突与张力,推动公共体育服务政策制定与执行之间的有效衔接,增强公共体育服务政策的实际效能。横向层面主要是不同地区之间以及不同部门之间公共体育服务政策的一致和有机协作,要求各地方政府从体育公共服务的公共属性出发,破除"本位主义"思想,突破地区利益或部门利益的禁锢,构建区域公共体育服务政策执行联调机制,推进区域公共体育服务一体化发展。受地区公共体育服务实际发展水平所限,构建政策协同机制应强调不同主体之间的利益差异性,倡导构建政策协同利益补偿机制,适当向获益较小化的主体倾斜,提升不同主体参与政策协同的主动性,规避协调障碍并发掘协同制度创新动能。

七、绩效评估与问责机制

建立健全绩效评估与问责机制,有利于完善公共体育服务的监督体系,

---

[1] 蔚超. 政策协同的内涵、特点与实现条件[J]. 理论导刊, 2016(01): 56.

可以避免供给决策的盲目性和供给过程的随意性，保证供给的公平和效率；有利于把握公众的实际需求方向，了解公众真实的满意度，推动多元供给主体协同发展，是优化公共体育服务供给现状的重要参考。

（一）坚持内部评估与外部评估相结合

在内部评估中要明确绩效评估的基本要素，包括评估主体是谁，评估方法是什么，评估的依据是什么，具体的评估过程该如何进行等。制定科学合理的绩效评估规则和方法，公开评估的过程，及时反馈评估结果并总结经验，实现评估透明化。在外部评估中充分发挥非政府主体的作用，建立由企业、第三部门和社会公众组成的第三方评估机构，向政府提供评估所需的信息，并参与评估。

（二）坚持主观评估和客观评估相结合

主观评估包括公众满意度测评、意见反馈、访谈对话等，以公众的主观感受来衡量公共体育服务供给的绩效。客观评估是指政府部门要坚持经济、效率、效能、公平、民主的价值标准，将业绩、效率、效能、成本作为绩效评估的指标，合理运用关键绩效指标法（KPI）、平衡计分卡法（BSC），对公共体育服务供给过程展开分析，进而评估供给工作的绩效。创新发展绩效评估方法与技术，进一步完善公共体育服务监督体系。

（三）做好重点项目的评估工作

着重对筹资过程、资金使用过程进行评估，遵守公开透明的原则，将资金来源、资金使用情况对外公布，防止资金的挪用和滥用，遏制腐败滋生，一旦发现违法违规行为，将依法追究相关部门和人员的责任，进一步实现供给过程的公开、透明，保证工作人员的廉洁、高效。

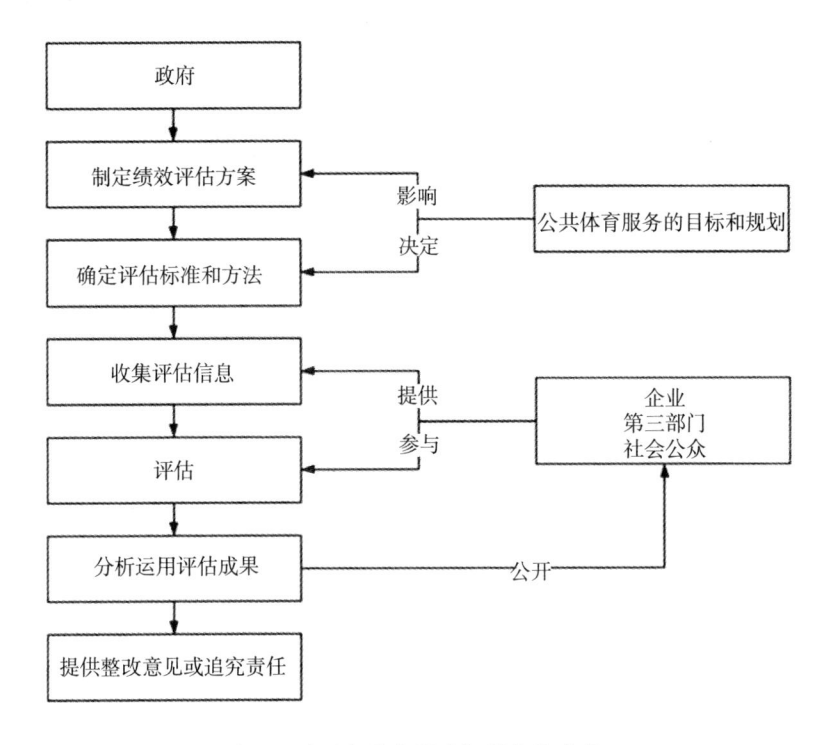

图6-6 绩效评估与问责机制优化路径

参 考 文 献

[1] Applepy, Pual. Morality and Administration in Democratic Government[M]. Baton Rouge:Louisana State University Press，1950.

[2] 陈纪方. 社会心理学教学参考资料选集[M]. 郑州：河南人民出版社，1986.

[3] 沈赓方，奚从清. 城市社区服务[M]. 杭州：浙江大学出版社，1989.

[4] [美]詹姆斯. M. 布坎南著. 平新乔等译. 自由、市场与国家——80年代的政治经济学[M]. 上海：上海三联书店，1989.

[5] U.S.DEPARTMENT OF HEALTH AND HUMAN SERVICES. Healthy people 2000: Understanding and improving health[R]. Washington, DC: U.S. Government Printing Office，1990.

[6] 刘一民. 关于创建体育行为学的构想[J]. 体育科学，1990（02）.

[7] Lillrank.P.,Kano.N..Continuous Improvement:Quality Control Circles in Japanese Industry[J]. Journal of Asian Studies，1991（02）.

[8] 张金马. 政策科学[M]. 北京：中国人民大学出版社，1992.

[9] [美]丹尼斯. 缪勒著. 王诚译. 公共选择[M]. 北京：商务印书馆，1992.

[10] Waterman A S. Two conceptions of happiness: contrasts of personal expressiveness（Eudaimonia）and hedonic enjoyment[J]. Journal of Personality and Social Psychology，1993（04）.

[11] 欧阳灵伦. 《体育行为学》评介[J]. 体育世界，1994（04）.

[12] [美]戴维·奥斯本，特德·盖布勒. 改革政府：企业家精神如何改革着公共部门[M]. 周敦仁等，译. 上海：上海译文出版社，1996.

[13] Langley G J,Nolan K M,Nolan T W.The foundation of improvement [J].Quality Progress，1994（27）.

[14] Deneve K, Cooper H. The happy personality: a meta-analysis of 137 personality traits and subjective well-being[J]. Psychological Bulletin, 1998（02）.

[15] 严迪英，张安玉，薛安娜，等．健康促进干预：方法与应用[M]．北京：中国医科大学，1999．

[16] Myers S C. Financial Architecture. European Financial Management[J]. European Financial Management，1999（05）.

[17] 埃利诺·奥斯特罗姆．公共事务的治理之道[M]．上海：三联书店，2000．

[18] [美]亚历山大.温特．国际政治的社会理论[M]．秦亚青译．上海：上海人民出版社，2000．

[19] [英]维特根斯坦．哲学研究[M]．陈嘉映译，上海人民出版社，2001．

[20] 刘刚．浅议体育行为学[J]．昭乌达蒙族师专学报（自然科学版）．2001（06）．

[21] Rafael D T, Robert M C, Andrew O. Preferences over Inflation and Unemployment: Evidence from Surveys of Happiness[J]. American Economic Review, 2001（03）.

[22] [美]萨缪尔森，诺斯，弗里德曼，等．西方经济学经典选读[M]．王学武，左柏云，李俊等人译，深圳：海天出版社，2002．

[23] Department for Culture,Media and Sport/Strategy Unit.Game Plan: A Strategy for delivering government,s sport and physical activity objectives [R]. London:DCMS/Strategy Unit，2002.

[24] 基利．公共部门标杆管理：突破政府绩效的瓶颈[M]．北京：中国人民大学出版社，2002．

[25] 丁煌．政策执行中阻滞机制及其防治对策[M]．北京：人民出版社，2002．

[26] JENNIFER M RRINKERHOFF. Government-nonprofit Partnership: A Defining Framework [J].Public Administration and Development，2002（01）．

[27] SPORT BUND D.Sport in Deutschland[M].FrankFurtam Main:Deutscher

Sportbund Generalserariat,2003.

[28] 王乐夫,蔡立辉. 公共管理学[M]. 北京:中国人民大学出版社,2003.

[29] 陈振明. 政策科学——公共政策分析导论[M]. 北京:中国人民大学出版社,2003.

[30] GB/T 15624.1-2003. 服务标准化工作指南第1部分:总则[S]. 北京:中国标准出版社,2003.

[31] [美]本尼迪克特.安德森. 想象的共同体:民族主义的起源与散布[M]. 吴叙人译. 上海:上海人民出版社,2003.

[32] 马志和,张林. 非营利体育组织发展前瞻:一个市民社会的视角[J]. 天津体育学院学报,2003(02).

[33] 李儒林,张进辅,梁新刚. 影响主观幸福感的相关因素理论[J]. 中国心理卫生杂志,2003(11).

[34] [美]伊壁鸠鲁,卢克来修. 自然与快乐:伊壁鸠鲁的哲学[M]. 包利民译. 北京:中国社会科学出版社,2004.

[35] 李跃年. 体育行为学[M]. 哈尔滨:哈尔滨工业大学出版社,2004.

[36] 董晓宇. 公共管理的由来及其与公共行政的内在差异——由传统公共行政到公共管理研究之一[J]. 北京行政学院学报,2004(01).

[37] 房游光,李秋萍,赵仙伟. 我国城市社区体育建设的体制选择和机制创新[J]. 体育与科学,2004(05).

[38] 陈振明. 政府工具研究与政府管理方式改进——论作为公共管理学新分支的政府工具研究的兴起、主题和意义[J]. 中国行政管理,2004(06).

[39] Alesina A, Tella R D, Culloch R M. Inequality and Happiness: Are Europeans and Amerieans different?[J]/ Journal of Public Economics,2004(88).

[40] [古希腊]亚里士多德. 亚里士多德文集:尼各马可伦理学[M]. 北京:中国民艺出版社,2005.

[41] 邢占军. 测量幸福:主观幸福感测量研究[M]. 北京:人民出版社,2005.

[42] 吴锡泓,金荣枰著. 政策学的主要理论[M]. 上海:复旦大学出版社,2005.

[43] 赵生辉，汤志伟. 卡诺模型在政府公共服务中的应用[J]. 河南社会科学，2005（S1）.

[44] 张文圣. 构建我国社区体育服务体系探析[J]. 山西师大体育学院学报，2005（S1）.

[45] Wann D L, Pierce S. The Relationship between sport team identification and social well-being: additional evidence supporting the team identification social psychological health model[J]. North American Journal of Psychology，2005（01）.

[46] 卢霞. 政府工具研究的新进展——对萨拉蒙《政府工具：新治理指南》的评介[J]. 福建行政学院学报，2005（02）.

[47] 马庆钰. 关于"公共服务"的解读[J]. 中国行政管理，2005（02）.

[48] 李相如，刘国永. 关于我国两种社会体育指导员制度的比较研究——兼论构建中国社会体育指导员制度体系的设想[J]. 体育科学，2005（03）.

[49] Ferrer-I-Carbonell A. Income and Well-being: An Empirical Analysis of the Comparison Income Effect[J]. Journal of Public Economics，2005（05）.

[50] 刘旭涛，纵向东. 欧盟国家公共部门通用评估框架评介[J]. 国家行政学院学报，2005（06）.

[51] 鲍明晓. 美美与共：和谐社会与体育发展[J]. 体育文化导刊，2005（10）.

[52] 戴健，张盛，唐炎，等. 治理语境下公共体育服务制度创新的价值导向与路径选择[J]. 体育科学，2015（11）.

[53] Rehdanza K, David M. Climate and Happiness[J]. Ecological Economies，2005（52）.

[54] AUDIT COMMISSION, Public Sports and Recreation Facilities: Making them fit for the future[R]. London: Audit Commission，2006.

[55] 于炳贵. 中国特色社会主义和谐社会建设[M]. 北京：中共中央党校出版社，2006.

[56] [法]居伊.索尔曼. 美国制造[M]. 王新连译，北京：中央编译出版社，2006.

[57] 编写组. 《中共中央关于构建社会主义和谐社会若干重大问题的决定》辅导读本[M]. 北京：人民出版社, 2006.

[58] 周嵩. 我国体育彩票产业的现状与对策研究[D]. 华中师范大学, 2006.

[59] 刘淑影, 于芳. 我国公共政策执行阻滞的制度因素分析及对策探讨[J]. 江西行政学院学报, 2006（02）.

[60] 陈振明, 和经纬. 政府工具研究的新进展[J]. 东南学术, 2006（06）.

[61] 刘武, 朱晓楠. 地方政府行政服务大厅顾客满意度指数模型的实证研究[J]. 中国行政管理, 2006（12）.

[62] 周荣耀. 文化认同与欧洲一体化[J]. 世界知识, 2006（21）.

[63] Mogillivray M. Human Well-being: Issues, Concepts and Measures[M]. Basingstoke: Palgrave Macmillan, 2007.

[64] 魏来. 中国公共体育服务产品供给研究[D]北京体育大学, 2007.

[65] Hayo B. Happiness in Transition: An Empirical Study on Eastern Europe[J]. Economic Syslems, 2007（02）.

[66] 丁宏. 长三角一体化中的文化协调发展研究[J]. 南京社会科学, 2007（09）.

[67] 黄晓勇, 高翔等：中国民间组织报告（2008）[M]. 北京：社会科学文献出版社, 2008.

[68] 郑希付. 我们的幸福感[M]. 广州：暨南大学出版社, 2008.

[69] 王才兴. 构建完善的体育公共服务体系[J]. 体育科研, 2008（02）.

[70] 陈东灵. 基于政府服务质量差距模型的政府服务改进[J]. 决策咨询通讯, 2008（04）.

[71] 黄晓红. 完善我国体育产业政策的若干建议[J]. 成都体育学院学报, 2008（09）.

[72] 顾德宁, 顾燕. 健康忠告：当代人身心问题警示录[M]. 南京：东南大学出版社, 2009.

[73] 陈振明. 政府工具导论[M]. 北京：北京大学出版社, 2009.

[74] 黄志伟, 吴毅, 刘常林. 国内外体育场馆资源的利用状况分析[J]. 华章, 2009（02）.

[75] 吕国辉. 区域文化在长三角区域创新系统中的地位和作用[J]. 兰州学

刊，2009（03）.

[76] 樊炳有. 体育公共服务理论框架及系统结构[J]. 体育学刊，2009（06）.

[77] Moen Ronald, Nonnan Clifford. The History of the PDCA Cycle [C]. The 7th Asian Network for Quality Conference, Tokyo, 2009（09）.

[78] 徐琴. 从横向协作、竞合联盟到区域共同体的长三角一体化发展[J]. 现代经济探讨，2009（09）.

[79] 潘加军，刘焕明. 新时代环境利益冲突协同共治的运行机制与制度保障[J]. 贵州社会科学，2009（12）.

[80] 樊炳有，高军. 体育公共服务-内涵、目标及运行机制[M]. 北京：人民体育出版社，2010.

[81] 亓涛伟. 转型期中国居民主观幸福感的计量分析[D]. 武汉：华中科技大学，2010.

[82] [美]乔纳森·R·汤普金斯. 公共管理学说史：组织理论与公共管理[M]. 上海：上海译文出版社，2010.

[83] 卢元镇主编. 体育社会学（第三版）[M]. 北京：高等教育出版社，2010.

[84] 陶希东. 跨界区域协调：内容、机制与政策研究——以三大跨省都市圈为例[J]. 上海经济研究，2010（01）.

[85] Angner E, Miller M J, Ray M N, et al. Health literacy and happiness: A community-based study[J]. Social Indicators Research, 2010（02）.

[86] 周志忍，蒋敏娟. 整体政府下的政策协同：理论与发达国家的当代实践[J]. 国家行政学院学报，2010（06）.

[87] Duncan G. Should happiness-maximization be the goal of government?[J]. Journal Happiness Study, 2010（11）.

[88] 陈振明等. 公共服务导论[M]. 北京：北京大学出版社，2011.

[89] 冯俊科. 西方幸福论：从梭伦到费尔巴哈[M]. 北京：中华书局，2011.

[90] 郑颖颖，史慧静. 健康促进理论与实践[M]. 上海：复旦大学出版社，2011.

[91] 黄晓勇. 中国民间组织报告（2010~2012）[M]. 北京：社会科学文献出版社，2011.

[92] 叶先宝. 公共服务组织内生激励研究[M]. 北京：经济管理出版社，2011.

[93] [德]格奥尔格·威廉·弗里德里希·黑格尔. 黑格尔历史哲学[M]. 北京：九州出版社，2011.

[94] Nahum-Shani I, Bamberger P, Bacharach S. Social support and employee well-being: The conditioning effect of perceived patterns of supportive exchange[J]. Journal of Health and Social Behavior，2011（01）.

[95] 詹姆斯·R·埃文斯，威廉·M R·林赛，焦叔斌. 质量管理与质量控制（二）[J]. 中国质量，2011（02）.

[96] Momtaz Y, Ibrahim R, Hamid T, et al. Sociodemographic predictors of elderly's psychological well-being in Malaysia[J]. Aging & Mental Health，2011（04）.

[97] 阮庆文. 政府治理工具的运用与社会管理及其创新[J]. 厦门特区党校学报，2011（04）.

[98] 林晞，阎涛. 我国体育服务质量监管法律问题研究[J]. 沈阳体育学院学报，2011（04）.

[99] 范子英. 中国的财政转移支付制度：目标、效果及遗留问题[J]. 南方经济，2011（06）.

[100] 王佳欣. 基于多中心视角的旅游公共服务供给机制研究[D]. 天津大学，2012.

[101] 朱定秀. 文化认同视角下的泛长三角区域合作的基础与阻力[J]. 巢湖学院学报，2012（01）.

[102] 郝君超. "政府购买社会组织公共服务"国际学术研讨会综述[J]. 社团管理研究，2012（02）.

[103] 陈文博. 公共服务质量评价与改进：研究综述[J]. 中国行政管理，2012（03）.

[104] 鲁明川. 文化共同体视域下的高等职业教育内涵发展[J]. 现代教育管理，2012（03）.

[105] 刘志成. 我国社区全民健身公共服务体系构建研究[J]. 体育与科学，2012（04）.

[106] 毕红星. 我国体育场地建设状况分析[J]. 体育文化导刊, 2012（05）.

[107] 陈刚, 李树. 政府如何能够让人幸福?——政府质量影响居民幸福感的实证研究[J]. 管理世界, 2012（08）.

[108] 戴永冠. 公共体育服务概念、结构及人本思想[J]. 武汉体育学院学报, 2012（10）.

[109] 章建刚. 什么是公共服务[J]. 新湘评论, 2012（11）.

[110] 刘军强, 熊谋林, 苏阳. 经济增长时期的国民幸福[J]. 中国社会科学, 2012（12）.

[111] 于宇. 杭州市公共体育服务供给问题研究[D]浙江大学, 2013.

[112] 戴健. 中国公共体育服务发展报告（2013）[M]. 北京：社会科学文献出版社, 2013.

[113] 曹可强, 俞琳. 公共体育服务：体系构建、机制创新与制度安排[M]. 北京：北京体育大学出版社, 2013.

[114] Abd H, Hashim I, Zaharim N. Workplace friendships among bank employees in Eastern Libya[J]. Digest of Middle East Studies, 2013（01）.

[115] 王永. 体育锻炼与扬州市老年人主观幸福感、自主生活能力关系的调查研究[J]. 当代体育科技, 2013（01）.

[116] 李春. 我国城市社区公共服务模式的发展历程与启示[J]. 理论导刊, 2013（02）.

[117] 种莉莉. 我国体育系统人才资源现状调查及对策研究[J]. 中国体育科技, 2013（03）.

[118] 张瑞林, 王晓芳, 王先亮. 我国全民健身公共政策执行阻滞分析[J]. 上海体育学院学报, 2013（04）.

[119] 邱旭东等. 我国体育信息化建设现状及对策研究[J]. 中国体育科技, 2013（05）.

[120] 邵伟波, 魏丹, 刘晶. 基于ＫＡＮＯ模型的政府信息公开的公众需求研究[J]. 图书情报工作, 2013（07）.

[121] 袁正, 郑欢, 韩骁. 收入水平、分配公平与幸福感[J]. 当代财经, 2013（11）.

[122] [美]弗雷德里克·温斯洛·泰勒. 托克尔岑的运动与休闲管理[M]. 北

京：中国旅游出版社，2014.

[123] Humphreys B R,Mcleod L,Ruseski J E.Physical activity and health out come:Evidence from Canada[J].Health E-conomics，2014（01）.

[124] 郭修金，戴健. 政府购买体育社会组织公共体育服务的实践、问题与措施——以上海市、广东省为例[J]. 上海体育学院学报，2014（03）.

[125] 陈振明，孙杨杰. 公共服务质量认证的兴起[J]. 湘潭大学学报（哲学社会科学版），2014（04）.

[126] 刘峥，唐炎. 公共体育服务政策执行阻滞的表现、成因及治理[J]. 体育科学，2014（10）.

[127] [古希腊]柏拉图. 柏拉图全集（增订版）[M]. 王晓朝译. 北京：人民出版社，2015.

[128] 戴健. 公共体育服务体系建设[M]. 上海：上海交通大学出版社，2015.

[129] 董丽. 基本公共服务质量评价问题研究[D]. 长春：吉林大学，2015.

[130] 陈刚，乔均. 公共体育服务体系建设——比较研究与创新探索[M]. 南京：江苏凤凰科学技术出版社，2015.

[131] 张瑞林. 体育管理学（第三版）[M]. 北京：高等教育出版社，2015.

[132] 郭冬冬，王沐实. 中国残疾人体育行为机制的理论模式探析[J]. 湖北体育科技，2015（02）.

[133] 王占坤. 政府购买公共体育服务的地方实践、问题及化解策略[J]. 武汉体育学院学报，2015（02）.

[134] 李国军，张军. 社会阶层分化过程中的中国体育精英群体特征分析[J]. 肇庆学院学报，2015（02）.

[135] 邵伟钰，王家宏. 中国公共体育服务财政投入研究[J]. 成都体育学院学报，2015（03）.

[136] 邵伟钰，王家宏. 中国公共体育服务财政投入研究[J]. 成都体育学院学报，2015（03）.

[137] 刘永强. 我国社区体育服务人才队伍建设研究[J]. 体育文化导刊，2015（03）.

[138] 郑君君，刘璨，李诚志. 环境污染对中国居民幸福感的影响——基于CGSS的实证分析[J]. 武汉大学学报（哲学社会科学版），2015（04）.

[139] 齐向华，符晓阳. 基于Kano模型的图书馆电子服务质量要素分类研究[J]. 情报理论与实践，2015（04）.

[140] 谢叶寿，阿英嘎. 实施体育公共服务问责制的困境与路径[J]. 武汉体育学院学报，2015（06）.

[141] 戴健，张盛，唐炎，等. 治理语境下公共体育服务制度创新的价值导向与路径选择[J]. 体育科学，2015（11）.

[142] 孟祥斐. 政府绩效、社区能力与居民幸福感——基于深圳与厦门的数据考察[J]. 领导科学，2015（23）.

[143] 刘国永，裴立新. 群众体育蓝皮书 中国体育社会组织发展报告（2016）[M]. 北京：社会科学文献出版社，2016.

[144] 萨拉蒙. 政府工具：新治理指南[M]. 北京：北京大学出版社，2016.

[145] 王家宏. 我国公共体育服务体系研究[M]. 苏州：苏州大学出版社，2016.

[146] 冯伟. 国家"苏南现代化示范区"公共体育服务有效供给模式及效率研究[D]. 苏州大学，2016.

[147] 刘国永，裴立新. 中国体育社会组织发展报告[M]. 北京：社会科学文献出版社，2016.

[148] 陈向明. 质的研究方法与社会科学研究[M]. 北京：教育科学出版社，2016.

[149] 檀秀侠. 从制度看政府公信力 逻辑 评价与提升路径[M]. 北京：中国社会出版社，2016.

[150] 丁述磊. 公共服务对居民主观幸福感的影响——基于医疗、住房、就业服务视角[J]. 东北财经大学学报，2016（01）.

[151] 蔚超. 政策协同的内涵、特点与实现条件[J]. 理论导刊，2016（01）.

[152] 张磊. 我国公共体育服务的理论实践及其有效治理—苏州大学王家宏教授学术访谈录[J]. 体育与科学，2016（06）.

[153] 丛湖平，卢伟. 政府购买公共体育服务的模式、问题及建议—基于苏、浙、沪、粤等省市的调研[J]. 体育科学，2016（12）.

[154] [英]亚当·斯密. 西方经济学圣经译丛富国论[M]. 唐日松译，北京：华夏出版社，2017.

[155] 陆俊波. 体育人力资源管理创新与能力的提升策略探究[J]. 宏观经济管理, 2017（01）.

[156] 杨明. 我国公共体育服务标准体系构建研究[J]. 武汉体育学院学报, 2017（01）.

[157] 韩永君. 国外体育政策研究演进的可视化分析[J]. 上海体育学院学报, 2017（02）.

[158] 胡琳琳. 将健康融入所有政策：理念、国际经验与启示[J]. 行政管理改革, 2017（03）.

[159] 吕和武, 吴贻刚. 美国建成环境促进公共健康对健康中国建设的启示[J]. 体育科学, 2017（05）.

[160] 董德朋, 袁雷, 韩义. 基于Arc GIS的城市中心城区公共体育服务空间：结构, 问题与策略——以长春市为例[J]. 上海体育学院学报, 2017（06）.

[161] 袁书华, 邢占军. 农村留守儿童社会福利与主观幸福感的关系研究[J]. 中国特殊教育, 2017（09）.

[162] 樊娜娜. 城镇化、公共服务水平与居民幸福感[J]. 经济问题探索, 2017（09）.

[163] 李长春. 我国公共体育服务多元主体协同供给研究[D]. 北京体育大学, 2018.

[164] 胡赛. SERVQUAL量表用于我国社区卫生服务质量评价的适用性研究[D]. 华中科技大学, 2018.

[165] 宋伟鹏. 居民满意视角下秦皇岛市体育公共服务质量测评研究[D]. 河北师范大学, 2018.

[166] 向德平, 刘风. 价值理性与工具理性的统一：社会扶贫主体参与贫困治理的策略[J]. 江苏社会科学, 2018（02）.

[167] 石磊. 民主与幸福感——解析中国的民主幸福感现象[J]. 青年研究, 2018（03）.

[168] 张伟, 王彤. 创新社会治理视域下社会体育服务组织的培育与发展[J]. 广州体育学院学报, 2018（03）.

[169] 杨桦. 体育改革：成就、问题与突破[J]. 体育科学, 2019（01）.

[170] 袁新锋，张瑞林，王飞，陈洪鑫. 公共体育服务质量：概念界定与影响因素分析[J]. 天津体育学院报，2019（03）.

[171] 郭雷祥，于少文，冯俊杰. 社区体育公共服务发展模式分析与优化——在主动健康视阈下[J]. 石家庄学院学报，2019（03）.

[172] 田思源. "健康中国"视域下《体育法》与《全民健身条例》的修改[J]. 上海体育学院学报，2019（03）.

[173] 翟小可，吴祈宗. 基于AHP-模糊综合评价的农村电商物流服务质量评价研究[J]. 数学的实践与认识，2019（05）.

[174] 姜熙. 比较法视角下的我国《体育法》修改研究——基于30国体育法的文本分析[J]. 体育学，2019（07）.

[175] 王学彬，郑家鲲. 新中国成立70周年我国群众体育发展：成就、经验、问题与展望[J]. 体育科学，2019（09）.

[176] 施衍如. 基于Kano模型的少儿图书馆服务质量影响因素分类研究[J]. 图书馆，2019（10）.

[177] 张俊珍，方可. 供给侧结构性改革视角下陕西省竞技体育的机遇与挑战[J]. 新西部，2019（17）.

[178] 刘望，王政，谢正阳，等. 新时代我国公共体育服务高质量供给研究[J]. 体育学研究，2020（02）.

[179] 陈元欣，邱茜. 我国体育场馆公共服务居民获得感的时代意愿、内涵特征、评价维度及其应用[J]. 体育科学，2020（09）.

[180] 张勇，李凌. 体育参与对主观幸福感的影响：基于社会学实证研究[J]. 沈阳体育学院学报，2021（02）.